A quem cabe formar o(a) professor(a) de história?

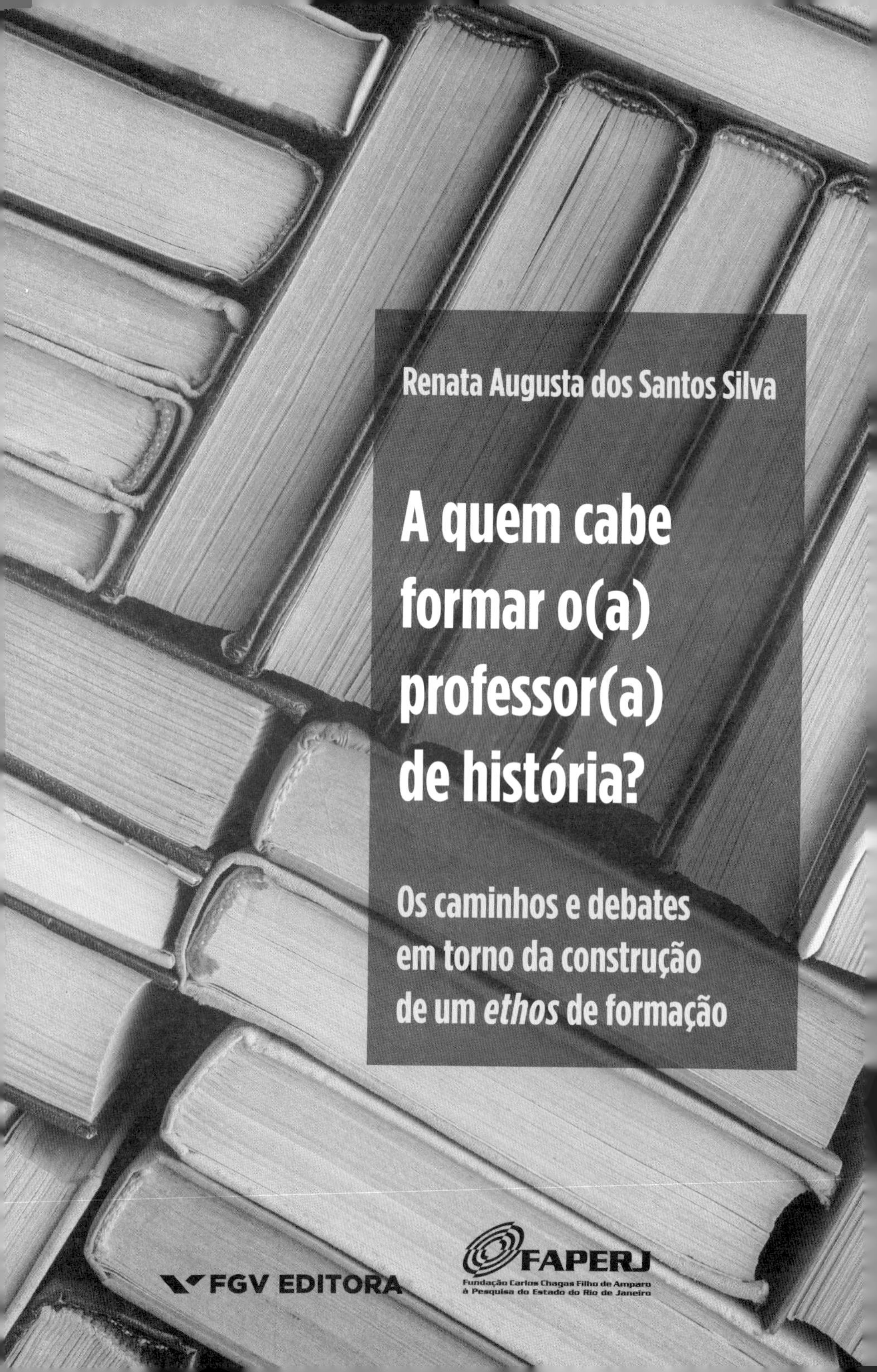

Renata Augusta dos Santos Silva

A quem cabe formar o(a) professor(a) de história?

Os caminhos e debates em torno da construção de um *ethos* de formação

FGV EDITORA

FAPERJ
Fundação Carlos Chagas Filho de Amparo à Pesquisa do Estado do Rio de Janeiro

Direitos desta edição reservados à
FGV EDITORA
Rua Jornalista Orlando Dantas, 9
22231-010 | Rio de Janeiro, RJ | Brasil
Tel.: 21-3799-4427
editora@fgv.br | www.editora.fgv.br

1ª edição: 2023

Preparação de originais: Sandra Frank
Editoração eletrônica: Abreu's System
Revisão: Aline Duque Erthal
Capa: Estúdio 513

Dados Internacionais de Catalogação na Publicação (CIP)
Ficha catalográfica elaborada pela Biblioteca Mario Henrique Simonsen/FGV

Silva, Renata Augusta dos Santos
A quem cabe formar o(a) professor(a) de história? : os caminhos e debates em torno da construção de um *ethos* de formação / Renata Augusta dos Santos Silva. – Rio de Janeiro : FGV Editora, 2023.
276 p.

Inclui bibliografia.
ISBN 978-65-5652-220-3

1. Professores – Formação – Brasil – História. 2. Professores de história – Formação. 3. História – Estudo e ensino. I. Fundação Getulio Vargas. II. Título.

CDD – 370.71081

Elaborada por Mariane Pantana Alabarce – CRB-7/6992

Sumário

Introdução

Diálogos com a história

No contexto das reformulações curriculares propostas pelas diretrizes do início dos anos 2000, os sentidos da formação inicial do professor[1] de história estavam sendo (re)construídos. Esse processo vai definir percursos de formação e perfis de curso. É importante buscar compreender como essa realidade social, em determinada época, estava sendo "construída, pensada e dada a ler" (Chartier, 1991:17). Que *ethos* de formação foi constituído ou preservado nesse processo?

Nas duas últimas décadas, a formação de professores tem sido alvo de inúmeras políticas públicas. Os resultados da educação básica com índices insuficientes nos exames nacionais e internacionais passaram a ser associados a possíveis problemas na formação dos professores. O censo educacional de 2016, apresentado pelo MEC, informa que, dos 2.196.397 professores da educação básica que atuam no país, apenas 1.606.889 possuem formação em licenciatura e muitos não lecionam em suas áreas de formação.[2] As pesquisas

1 A opção de usar "o(a)" para identificar os artigos e substantivos femininos e masculinos foi usada no título do livro, mas não será usada no texto.

2 Informação disponível em: <http://portal.mec.gov.br/ultimas-noticias/211-218175739/55921-mec-lanca-politica-nacional-de-formacao-de-professores-com-80-mil-vagas-para-residencia-pedagogica-em-2018>. Acesso em: 2 nov. 2018.

apontam que nos dias de hoje a qualidade do professor seria o fator que mais influenciaria na aprendizagem dos alunos.

As preocupações em torno da formação de professores ganharam força no final dos anos 1990 e início dos anos 2000, com os debates em torno do modelo de formação que seria determinado pelas políticas públicas educacionais então em curso. Resultaram desse processo as Diretrizes Curriculares Nacionais de Formação de Professores (DCNFP) e as Diretrizes Curriculares Nacionais dos Cursos de História (DCNH), que seriam responsáveis por direcionar a elaboração ou reelaboração dos currículos dos cursos de graduação. Este ambiente de debates e interpretações foi mediado por influências políticas diversas, internas e externas, negações e consensos, marcado por uma relação dialética entre o contexto de produção das políticas públicas educacionais e o das práticas dos docentes universitários. As mudanças na organização institucional dos cursos de formação de professores teriam entre suas tarefas rever o antigo modelo do 3 + 1 (três anos de disciplinas específicas e um ano de disciplinas pedagógicas), construir uma nova cultura institucional.

Os estudos sobre currículo apontam que as mudanças curriculares deveriam ser sempre analisadas levando em consideração a inter-relação dos seus aspectos internos e externos.

> Quando o *interno* e o *externo* estão em conflito (ou dessincronizados) a mudança tende a ser gradual ou efêmera. Uma vez que a harmonização simultânea é difícil, a estabilidade ou conservação curricular é comum. O que acontece muitas vezes é uma divergência entre as "categorias institucionais" [...] e as "mudanças organizacionais". Se a mudança a um determinado nível não acontece (ou é malsucedida), então a mudança ao outro nível poderá ser inadequada, malsucedida ou efêmera [Goodson, 1997:29].

Analisando o caso de uma mudança organizacional nas escolas secundaristas inglesas nos anos 1960, no sentido de implementação de um ensino unificado, Goodson coloca que ela não teria sido acompanhada de uma mudança geral nas categorias institucionais. Segundo Goodson, o *interno* e o *externo* estariam "dessincronizados e desarmonizados", ou mesmo divergentes, e apesar de as mudanças terem sido sancionadas politicamente, estas eram mais organizacionais do que institucionais, no sentido de uma mudança efetiva na cultura institucional.

> Este episódio exemplifica essencialmente uma situação em que assuntos internos e as relações externas não estão em harmonia, mais concretamente, são divergentes. As mudanças organizacionais foram assim implementadas, mas as categorias institucionais dependentes de grupos de apoio externos, mostraram-se resistentes à mudança. É muito improvável que a mudança organizacional, sem um apoio ou acompanhamento ao nível institucional (isto é, com significados para grupos mais vastos), venha a ter efeitos a longo prazo [Goodson, 1997:30].

Os estudos de Goodson nos ajudam a entender as reformas curriculares, pois apontam que toda mudança organizacional tem de ser acompanhada de uma mudança de categoria institucional, ou seja, de dada cultura institucional, no sentido de práticas aceitas e consolidadas, para desse modo se assegurar uma transformação de fato fundamental.

> Mas o estabelecimento de uma nova categoria institucional, e de práticas institucionalizadas associadas, acarreta as sementes de novos padrões de tradição e inércia. Em suma, a mudança fundamental exige a invenção de (novas) tradições [Goodson, 1997:31].

Nessa passagem, Goodson faz referência à expressão de Hobsbawm, tradições inventadas. Essas tradições são entendidas como um conjunto de práticas reguladas por regras tácitas e também explícitas, que trazem dentro de suas configurações uma dimensão simbólica e ritual que busca introduzir valores e normas que teriam uma marca de continuidade em relação ao passado. Esse processo de invenção de novas tradições ocorre muitas vezes para dar conta de transformações muito amplas que aconteceram rapidamente e estariam envolvendo tensionamentos e debates.

O que percebemos é que essas políticas irão forçar um olhar para dentro dos cursos. Elas apontavam uma mudança no perfil da formação. Uma das hipóteses é a existência, nesse momento, de uma disputa por um *ethos* de formação. Os significados e sentidos de se formar um professor de história precisavam ser definidos. Para uma grande parcela de historiadores, o desafio era como fazer as mudanças propostas pelas diretrizes sem afetar o caráter de uma formação pautada na indissociabilidade entre ensino e pesquisa, ou seja, no entendimento de que ao se formar um historiador/pesquisador, que conhece o ofício e a escrita da história, necessariamente se estaria formando um bom professor.

As diretrizes instituídas pelo MEC no início dos anos 2000 buscavam uma remodelação dos cursos de licenciatura e bacharelado. Em julho de 2015, essa história ganhou um novo capítulo com a publicação das novas Diretrizes Curriculares Nacionais para a Formação de Professores em nível superior, que atualizava as diretrizes anteriores, de 2002. Esta política estaria abrangendo a ampliação do acesso à formação inicial e continuada e também prevendo a criação de uma Base Nacional Docente. Em continuidade a essa política, em outubro de 2017, o MEC lançou o projeto de residência pedagógica. O objetivo é, a partir de uma política nacional, melhorar a qualidade da formação, ampliando o chamado "conhecimento prático profissional". Trata-se de uma espécie de aprender a lecionar *in loco*, dentro de uma sala de aula da educação básica. A ideia central é fazer com que o estudante da graduação tenha o estágio supervisionado em escolas da educação básica desde o terceiro período do curso de licenciatura, promovendo uma parceria entre as instituições formadoras e as escolas da rede pública de ensino.[3]

Os quase 20 anos de reformas nas políticas educacionais no âmbito dos cursos de licenciatura, incluindo aí os de história, talvez ainda deixem algumas perguntas sem resposta. Essas mudanças relacionadas ao perfil de formação estariam constituindo uma determinada realidade social, intelectual e histórica. Elas seriam, ao mesmo tempo, produto e produtoras de determinados esquemas intelectuais que buscam dar sentido ao processo de formação inicial. Para refletir sobre tal realidade é importante analisar os aspectos envolvidos nesse contexto. É importante pensar como essas mudanças se articulam com a construção ou a reelaboração dos currículos dos cursos de história e também com a prática do professor universitário.

Dessa forma, a questão da formação não estaria envolvendo apenas, por exemplo, um ajuste para serem incluídas mudanças como as 400 horas de prática ou a separação entre bacharelado e licenciatura. Seria muito mais do que isso. Mas como harmonizar essas propostas com as questões teóricas e práticas do campo da pesquisa historiográfica? Qual seria o perfil dos cursos resultantes dessas mudanças? As diretrizes teriam conseguido mudar os sentidos da formação do professor de história? Que *ethos* de formação estaria sendo forjado nesse processo?

---

3 Informação disponível em: <http://portal.mec.gov.br/ultimas-noticias/211-218175739/55921-mec-lanca-politica-nacional-de-formacao-de-professores-com-80-mil-vagas-para-residencia-pedagogica-em-2018>. Acesso em: 2 nov. 2018.

Ethos é uma expressão de origem grega que se refere aos aspectos ligados ao comportamento humano e suas disposições permanentes de viver e agir de uma determinada forma, uma espécie de orientação habitual, costume, "tornando-se lugar privilegiado da práxis humana" (Ribeiro, Lucero e Gontijo, 2008:127). Para o antropólogo norte-americano Clifford Geertz, o conceito de *ethos* é entendido como "o tom, o caráter". Em suas palavras,

> os aspectos morais (e estéticos) de uma cultura, os elementos valorativos, foram resumidos sob o termo de "ethos", enquanto os aspectos cognitivos, existenciais foram designados pelo termo "visão de mundo". O "ethos" de um povo é o tom, o caráter e a qualidade de sua vida, seu estilo moral e estético, e sua disposição é a atitude subjacente em relação a ele mesmo e ao seu mundo que a vida reflete. [...] A crença religiosa e o ritual confrontam e confirmam-se mutuamente; o ethos torna-se intelectualmente razoável porque é levado a representar um tipo de vida implícito no estado de coisas real que a visão de mundo descreve, e a visão de mundo torna-se emocionalmente aceitável por se apresentar como imagem de um verdadeiro estado de coisas do qual este tipo de vida é expressão autêntica [Geertz, 2008:93].

Apesar de as ideias de Geertz se dirigirem aos estudos sobre religião, em que o antropólogo tenta desvendar sua dimensão cultural e simbólica, podemos encontrar boas pistas para pensarmos a construção de uma dada cultura institucional, na medida em que descobrir algo sobre o *ethos* nos ajudaria a perceber o que estaria "implícito no estado de coisas real que a visão de mundo descreve", melhor dizendo, o que o modelo de formação descreve. As pessoas não viveriam o tempo todo dentro de rituais permeados por símbolos, mas, sim, no mundo cotidiano, com os objetos do senso comum. Contudo, podemos observar o impacto e a influência desses rituais para além de sua duração, encontrando suas marcas nas ações cotidianas, individuais e coletivas.

Propondo uma livre associação dessas ideias, podemos relacionar essa concepção de *ethos* com a conformação de um determinado entendimento ou um senso comum a respeito da formação de professores. Essa conformação estaria dando sentido a esses processos, influenciando a constituição das docências dos professores de história da educação básica, que são egressos dos cursos de graduação. Os impactos de uma dada formação estariam fora dos limites da universidade, estariam atravessando a constituição das identidades de professores e definindo contornos de suas experiências profissionais.

Diálogos com o ensino de história

Nas últimas décadas, houve um crescimento dos estudos sobre o ensino de história. Inúmeras publicações de livros e coletâneas sobre o tema comprovam esse crescimento. Apesar disso, grande parte das pesquisas sobre ensino de história é desenvolvida nos programas de pós-graduação de educação; os programas de história acolhem ainda muito timidamente projetos de pesquisa na área. No Brasil, são poucos os programas de história que possuem como linha de pesquisa o ensino de história.

O campo de pesquisa em ensino da história se tornou, de fato, muito abrangente, abordando temas que, por perspectivas diversas, vão ao encontro dos novos paradigmas de interpretação do passado, dos novos objetos e problemas. Um bom exemplo dessas abordagens são os eixos temáticos estruturados nos últimos encontros nacionais de pesquisadores do ensino de história (Enpeh): currículo e ensino de história, formação de professores e saberes docentes, a formação da consciência histórica, ensino de história nas Américas e das Américas, educação histórica, história da história ensinada, juventude e ensino de história, a cultura escolar, práticas de memórias e espaços educativos, ensino de história e diversidade cultural.

A efervescência desses estudos se deve, em parte, à inquietação de professores de história da educação básica e universitários que têm trabalhado cada vez mais com o propósito de expandir a pesquisa nos programas de pós-graduação em educação e história. No Brasil, tem sido cada vez maior o número de professores em pleno exercício docente em escolas de educação básica dialogando e produzindo saberes em parceria com pesquisadores da educação superior. Autores como D. Schön (1995), T. Popkewitz (1995) e A. Nóvoa (1995) apontam para a necessidade de o professor integrar em seu fazer pedagógico a ação e a reflexão para conseguir desvendar a complexidade do seu trabalho.

Essas pesquisas contribuíram enormemente para mudar o perfil do trabalho docente em sala de aula. Numa relação dialética, uma geração de professores de história influenciou e foi influenciada por esses trabalhos. O ensino de história mudava, ganhava novas cores e contornos. De maneira geral, as pesquisas do campo do ensino de história se direcionavam ao saber histórico escolar. Eram poucos os estudos sobre a formação inicial dos professores nos cursos de história. Apesar do avanço desse debate, ainda costumamos ouvir de professores com muitos anos de magistério como foi difícil a entrada na profissão e as dificuldades que até hoje enfrentam em seu cotidiano. Entre as muitas dúvidas que esses professores carregam está a questão de como mobilizar tudo que aprendemos na universidade no cotidiano em sala de aula. Quais as relações entre saber acadêmico e saber escolar? Como a formação inicial nos ajuda a construir uma profissionalidade docente? Como e quando de fato nos tornamos professores de história?

O aquecimento do debate a respeito das questões de ensino vem acompanhando as mudanças ocorridas na história recente do país. As décadas de 1980 e 1990 foram marcadas pela redemocratização. A vitória de partidos de oposição à ditadura civil-militar pareceu um momento propício para iniciar um processo de revisão curricular. Era necessário resgatar o papel da história no currículo, da disciplina escolar e também da formação do profissional docente, antes, de certa forma aprisionados pela licenciatura curta em estudos sociais.

Na década de 1990, o esforço do MEC, em conjunto com o Conselho Nacional de Educação (CNE), se dirigiu no sentido de formular diretrizes curriculares nacionais para a educação infantil, o ensino fundamental, o ensino médio, a educação profissional de nível técnico e a formação de docentes, em nível médio, na modalidade normal.

Nesse contexto houve a reestruturação dos cursos de graduação em história. Essas mudanças estavam sendo influenciadas pelo debate internacional no campo da historiografia. Nas universidades brasileiras, os currículos das licenciaturas em história estavam sendo reformados. O tema de discussão nos departamentos de história era a renovação metodológica do ensino e da própria pesquisa historiográfica. As maiores influências vieram da história social inglesa, da *nouvelle histoire*, originada dos *Annales* e da Escola de Frankfurt. Surgiam novas questões, novas fontes, novos métodos e novas abordagens (Fonseca, 1993).

No início dos anos 2000, o foco das políticas públicas se direcionou para a educação superior com a aprovação das Diretrizes Curriculares Nacionais dos Cursos de Graduação e das Diretrizes Curriculares Nacionais da Formação de Professores da Educação Básica em nível superior. Os currículos dos cursos universitários deveriam passar pelas reformulações apontadas pelas Diretrizes

Curriculares Nacionais (Magalhães, 2006). A resolução CNE/CP nº 1, de 18 de fevereiro de 2002, que institui as Diretrizes Curriculares Nacionais para a Formação de Professores de Educação Básica (DCNFP), em nível superior, seria a base para a mudança dos cursos de licenciatura.

O direcionamento para a reestruturação das licenciaturas estava dado. O final dos anos 1990 e o início dos anos 2000 foram marcados por intensos debates entre os historiadores. Esses debates relacionavam-se com as lutas dos historiadores contra as licenciaturas curtas e, paralelamente, com o impulso da profissionalização da pesquisa historiográfica. A primeira versão do texto das diretrizes de história foi feita por Ciro Flamarion Cardoso, Elizabeth Canceli e Margareth Rago. Nesse texto, fica evidente a indissociabilidade entre pesquisa e ensino, tendo como pressuposto que para ensinar história é preciso conhecer como se constrói o conhecimento na área. A resolução CNE/CES nº 13, de 13 de março de 2002, estabelece as Diretrizes Curriculares Nacionais dos Cursos de História (DCNH), em que são definidas, entre outras coisas, as competências e habilidades gerais e específicas para os cursos de licenciatura em história.

Diante desse cenário de mudanças, nas duas últimas décadas observamos o crescimento de pesquisas que têm buscado estudar a formação de professores de história. Recentemente, Caroline Pacievitch (2018) construiu um panorama desses estudos e apontou, como um primeiro aspecto, que raramente essas pesquisas são defendidas em programas de pós-graduação em história. Os programas de educação lideram esses trabalhos. Suas conclusões também revelam que os problemas das pesquisas normalmente giram em torno de: como se organizam os programas e projetos de formação inicial ou continuada de professores de história; as relações entre teoria-prática e ensino-pesquisa; e como os professores de história da educação básica constroem e mobilizam seus saberes. Elas sugerem alguns aspectos que ainda estariam em aberto e que precisariam ser mais explorados em futuras pesquisas. Entre eles está a construção de problemas de pesquisa que busquem reconhecer as tensões entre ensino-pesquisa e teoria-prática, sob novas formas de definição e compreensão. Além disso, a autora aponta a necessidade de investigar elementos ainda pouco explorados, como

> a investigação da formação docente cada vez mais com professores de História e com formadores de professores, incluindo principalmente as práticas pedagógicas destes últimos, um dos elementos menos explorados nas pesquisas da área [Pacievitch, 2018:28].

Pensando sobre essas questões, entendemos que tais reflexões são de grande importância e apontam para o que ainda precisa ser explorado nos estudos sobre formação de professores de história.

O desafio neste livro é buscar compreender os processos de reelaboração curricular que envolveram uma complexa relação entre as políticas públicas, os cursos de história e os professores desses cursos. Analisamos os cursos de história de três instituições públicas de ensino superior do Rio de Janeiro: Unirio, UFRJ e Uerj/FFP. A escolha dessas universidades se relaciona com o fato de possuírem cursos de história consolidados e com perfis diferentes. O curso de história da Unirio surgiu no início dos anos 2000, no contexto dos debates sobre a elaboração das diretrizes, fato que contribuiu para que grande parte de seu currículo fosse construído de acordo com as novas políticas. O curso da Uerj/FFP, do *campus* de São Gonçalo, criado nos anos 1990, tem como especificidade ser uma licenciatura, sem que a unidade ofereça também o curso de bacharelado. O curso de história da UFRJ é o mais antigo e ainda se encontra em fase de reestruturação.

Para compreender esses processos, o capítulo 1 do livro percorre a história de construção dos espaços de formação de professores no Brasil, que dialogou com as demandas da educação básica e com as políticas educacionais ao longo do período republicano. Os pareceres e diretrizes curriculares do final dos anos 1990 e início dos anos 2000 foram o foco de nossa análise. A documentação oficial definia os principais aspectos para a construção dos paradigmas desejados para a formação de professores no Brasil.

Nesse momento, ocorre a elaboração das Diretrizes Curriculares dos Cursos de História, alvo de intensos debates. O perfil que teriam os cursos de história estava no centro dessa discussão, que envolvia comissões de professores de todo o Brasil, a Anpuh e o MEC. A chamada "briga das diretrizes" relaciona-se com as diferentes expectativas para os currículos de graduação e é entendida aqui como uma disputa na construção de um novo *ethos* de formação nos cursos de história.

A contextualização do debate travado por historiadores e associações em torno da elaboração das diretrizes nos conduziu para a construção da seguinte hipótese: as mudanças curriculares propostas acabaram por descortinar e trazer para a ordem do dia a necessidade de construir ou manter determinado *ethos* acadêmico, ou *ethos* de formação, que muitas vezes poderia estar em conflito com aquele desejado pelos sujeitos envolvidos na elaboração das políticas públicas. Em outras palavras, de alguma forma estariam sendo disputados entre os sujeitos envolvidos nos contextos de produção e de prática uma representação de formação ou de professor formador e também um modelo de professor de história, pautados fortemente pelo discurso da indissociabilidade entre ensino e pesquisa.

A investigação sobre os saberes relacionados à docência nos cursos de história é o foco do capítulo 2. Este olhar sobre as docências universitárias foi motivado pela percepção de um estranhamento que muitos professores de história sentem no exercício de seu trabalho em sala de aula na educação básica. Para isso, proponho uma análise e um debate em torno do que chamamos de razão pedagógica dos cursos de graduação. A quem caberia formar um professor? Qual a intencionalidade da prática do docente universitário e o papel das disciplinas específicas neste processo? Tais indagações seriam alguns dos fios condutores da análise. Além das especificidades das disciplinas e de seus objetivos, é importante perceber as práticas epistemológicas que estariam definindo um determinado perfil de formação.

O capítulo 3 analisa os percursos de formação de três cursos de história (Unirio, Uerj/FFP e UFRJ) a partir dos projetos pedagógicos, manuais, ementas e também de entrevistas feitas com professores, diretores e coordenadores. O processo de interpretação das políticas e reelaborações dos currículos foi marcado por debates e tensões, avanços e, em alguns casos, imobilismos que se arrastam até hoje. Não se tratava de uma simples adaptação ou não a uma legislação. Em nosso entendimento, as estratégias e os silenciamentos que estiveram relacionados aos processos de elaboração dos currículos dos cursos estariam contribuindo para a construção e consolidação de um determinado *ethos* de formação.

Para compreender essa primeira etapa de formação ligada aos saberes disciplinares, é preciso analisar, além da construção curricular dos cursos de formação, o papel e a atuação do docente universitário e das disciplinas específicas que comporiam o chamado núcleo comum nos cursos de história; investigar um pouco mais os aspectos do chamado saber disciplinar ou domínio científico de uma determinada área do conhecimento que se daria, nesse primeiro momento de formação, nas licenciaturas em história.

As entrevistas com os professores universitários responsáveis pelas disciplinas específicas de história (do Brasil, moderna, contemporânea, antiga etc.) foram fundamentais nesse processo de compreensão. Importava saber como esses professores pensam a formação de seus alunos e como dialogam com as propostas curriculares do curso.

Os questionamentos giraram em torno de perguntas fundamentais para essa compreensão, por exemplo: como esses professores constroem seus cursos sabendo que em suas turmas estão matriculados, ao mesmo tempo, licenciandos e bacharelandos, pois a oferta das disciplinas, na maior parte dos cursos de história, contempla as duas formações? Que mudanças teriam ocorrido com a instauração da terminalidade própria das licenciaturas? E ainda, qual seria o papel dessas disciplinas específicas na formação? Estas e outras questões buscaram analisar o que esses professores estavam entendendo sobre o processo de formação de um professor de história e as relações entre suas práticas docentes e o ensino de história. Importava percebê-los não como sujeitos de práticas individuais, mas, sim, como sujeitos professores formadores inseridos em uma coletividade, organizados dentro de uma institucionalidade regida por regras próprias internas e externas, marcados por questões históricas e sociais. Todos esses aspectos estariam envolvendo a construção de um determinado *ethos* de formação, com características bem definidas.

1. A formação de professores em perspectiva histórica

> *JL/Educação: Está atualmente no Brasil como consultor da Unesco e também como professor visitante da Universidade de Brasília. Como tem sido esta experiência?*
> *António Nóvoa*: Muito interessante. O meu trabalho como consultor da Unesco incide essencialmente sobre a formação de professores, que é um enorme problema no Brasil. Existem mais de dois milhões de professores, muitos deles com formação deficiente. E há hoje uma clara consciência de que grandes mudanças educativas no Brasil vão depender de melhorias das condições de trabalho dos professores, seu nível salarial, mas também da sua qualificação [...]
> *JL/Educação: Que retrato faz do atual estado da educação no Brasil?*
> *António Nóvoa*: Além de uma débil formação dos professores o Brasil tem outro grande problema que é a fragmentação entre as escolas públicas e privadas [...] [Nóvoa, 2014].

Desde o final dos anos 1990, as pesquisas sobre formação de professores e sobre os saberes docentes têm se direcionado para entender o que chamamos de fracasso escolar. A formação de professores tem sido apresentada como um dos setores que precisa ser repensado para tentar superar muitos dos problemas da educação brasileira nos dias de hoje.

O professor torna-se alvo privilegiado dos vários produtores de discursos educacionais. Há o diagnóstico de que o professor portador de diploma de licenciatura emitido pelas instituições de ensino superior não estaria bem preparado para o exercício da profissão docente. O cotidiano escolar é um desafio que muitas vezes não consegue ser enfrentado, recaindo sobre o professor a ideia de descompromisso ou falta de formação adequada para lidar com os alunos.

Investir mais em sua capacitação, por meio da formação continuada, muitas vezes é apontado como um dos caminhos para resolver o problema de aprendizagem presente nas escolas brasileiras. Obviamente, sozinha, sem enfrentar outros problemas do campo educacional, a formação continuada passa a ser uma solução superficial e, por vezes, individualista, fruto da vontade de cada docente. Além disso, esses professores, com problemas em suas formações – inicial e continuada –, não saberiam desenvolver no aluno as competências fundamentais para o exercício da cidadania e para o mundo do trabalho. Por sua vez, o aluno, futuro cidadão e trabalhador, precisaria estar bem preparado para lidar com as novas tecnologias, bem como estar apto a enfrentar as novas organizações no mundo do trabalho.

Para os professores recém-formados, que estão iniciando o trabalho como docentes nas escolas, a formação também lhes parece deficitária. Sem saber como enfrentar os desafios do cotidiano escolar, passam a questionar a formação que receberam nos cursos superiores.

Durante muito tempo, a formação de professores ocorreu dentro da lógica da racionalidade técnica, que deveria garantir fundamentalmente ao futuro professor o conhecimento científico que ele ensinaria a seu aluno depois de formado. Esse *ethos* de formação encontrava ressonância nos currículos, também orientados pelo modelo da racionalidade técnica, em que o que deveria ser ensinado eram os chamados conteúdos universais compilados pelas ciências. Em termos didáticos, havia apenas a preocupação em "como ensinar". Manter a turma calada e atenta, conhecer bem o que estava sendo ensinado, ou seja, ter excelência teórica e científica eram fórmulas didáticas perfeitas para o controle da aprendizagem. Caso o aluno não aprendesse, dentro da lógica da racionalidade técnica, a culpa pelo fracasso escolar era dele e de seus familiares.

A imagem do professor era associada à de um especialista, uma pessoa tecnicamente preparada para aquela função. Essa abordagem ganha fôlego a partir da Lei de Diretrizes e Bases da Educação (LDB), nº 5.692/1971, e baseia-se na psicologia do comportamento. Ao professor caberia aplicar as regras que o conhecimento científico produz, sendo o aluno visto como um depositário desse conhecimento. Esse tipo de percepção marcou a educação brasileira nas últimas décadas, não só na escola básica como também na formação de professores. "Tornar-se professor nessa concepção significa adquirir o conhecimento de princípios, leis e teorias que explicam os processos de ensino-aprendizagem e aplicar normas e regras que possibilitam uma intervenção eficaz no processo educativo" (Favaro, Tonieto e Roman, 2013:281). Para Gómez (1995), a maioria dos cursos de formação de professores, com raras exceções, estaria ainda vinculada ao modelo da racionalidade técnica ou instrumental.

Atualmente, os debates sobre o fracasso escolar têm envolvido a questão dos saberes. Uma nova perspectiva tende a romper com o modelo da racionalidade técnica, em que o professor deveria dominar e aplicar rigorosamente as teorias e técnicas científicas aprendidas no curso de formação inicial. Nesse modelo, o saber seria o próprio conhecimento científico, que, em uma relação hierarquizada, estaria em patamar superior aos conhecimentos próximos da prática, vistos como inferiores ou subordinados dentro de uma racionalidade prática meramente instrumental.

No momento, as atenções estão voltadas para os professores. Para Nóvoa, ao lado das condições de trabalho e do nível salarial, a qualificação dos professores aparece como um dos problemas da educação no Brasil. Essa formação é entendida pelo pesquisador como "deficiente".

Para Ana Waleska Mendonça, o problema dos cursos de licenciatura reflete uma "descaracterização e desvalorização social da educação em geral, e em especial do magistério". Para a pesquisadora, a falta de vontade política dificulta a valorização profissional e a formação de professores, acabando por transformar magistério em uma atividade marginal, uma espécie de contingência, e não uma opção consciente. Alguns desses problemas teriam origem ainda nos primeiros cursos que surgiram no Brasil.

> Um aspecto específico nos chama particularmente atenção. É uma espécie de inércia institucional que impede um encaminhamento adequado dessa questão e que, a nosso ver, reflete o fato de a universidade brasileira nunca ter conseguido assimilar como atribuição relevante a formação de professores para as escolas de 1º e 2º graus. No contexto do nosso ensino superior, formar professores tem sido atividade secundária, marginal mesmo, classificada entre aquelas de menor prestígio acadêmico [Mendonça, 2002:15-16].

Historicamente, as políticas de formação de professores estiveram envolvidas em contextos marcados por disputas, consensos, influências internas e externas. Uma verdadeira arena onde se disputavam não só os matizes e finalidades da educação nacional, como também o perfil do professor formado nas universidades a partir dessas políticas.

Os caminhos da docência escolar e a construção dos espaços de formação no Brasil

Durante grande parte do século XIX e início do XX, a docência era exercida por juristas, médicos, bacharéis em direito e letras. Os catedráticos do Colégio Pedro II eram o exemplo maior desse tipo de docência, responsáveis por cadeiras em diferentes áreas do conhecimento. Sem formação docente específica, dotados muitas vezes de notório saber sobre história, por exemplo, ministravam aulas e se consagravam como professores (Monteiro, 2013).

A escolarização das redes públicas e das escolas confessionais convivia com o ensino doméstico. Essa rede doméstica incluía uma ou mais famílias que contratavam um professor e organizavam, assim, uma "escola" que funcionava numa casa de família ou do próprio professor. Esse perfil foi se modificando ao longo da República.

> Isso significa dizer que a escola se transformou numa instituição educacional fundamental para a sociedade brasileira há apenas cerca de 100 anos. Ela é, nesse sentido preciso, uma instituição republicana, projetada para ser a imagem e a referência dos novos tempos que se anunciavam. República e educação escolar estavam associadas à crença na civilização e no progresso, que com toda certeza seriam alcançados, a despeito das dificuldades do caminho [Gomes, 2002:387].

A Constituição de 1891 traz como princípios a gratuidade e a obrigatoriedade do ensino primário. A questão da gratuidade seria matéria de regulação das constituições estaduais; a obrigatoriedade, no entanto, se tornou um debate entre aqueles que achavam que tal princípio iria ferir a liberdade individual e aqueles que a defendiam como uma diretriz importante para a "formação do cidadão" republicano. A escola como instituição social exigia, além de prédios especialmente projetados, profissionais preparados para esta tarefa.

> Era preciso que o aluno permanecesse mais tempo na escola e que o professor usasse uma maneira de ensinar considerada adequada: um método. Ser professor era saber, mas também saber ensinar. Prédios, professores formados, alunos em idade apropriada, tempo de permanência na escola, classes seriadas, tudo isso começou a constituir uma "cultura escolar" que sustentou o nascimento do modelo de rede escolar que, em linhas gerais, conhecemos até hoje [Gomes, 2002:391].

Para isso, era necessário refletir e discutir sobre a formação de professores para a escola secundária. Essa foi a tônica dos debates sobre o papel da universidade entre os intelectuais brasileiros nas primeiras décadas do século XX. Ao lado da formação de professores, como objetivo das universidades estava a preparação da classe dirigente do país.

Em setembro de 1920, é criada a Universidade do Rio de Janeiro (URJ) que reunia a Escola Politécnica, a Escola de Medicina do Rio de Janeiro e uma das faculdades livres de direito. Segundo Fávero, a primeira universidade oficial foi criada como resultado da reunião de três escolas de caráter profissional, mas esse processo não promoveu uma integração entre estas escolas, cada uma conservando suas características (Fávero, 2006).

> Todavia, apesar das restrições feitas à criação dessa Universidade, cabe assinalar que, na história da educação superior brasileira, a Universidade do Rio de Janeiro é a primeira instituição universitária criada legalmente pelo Governo Federal. Não obstante todos os problemas e incongruências existentes em torno de sua criação, um

> aspecto não poderá ser subestimado: sua instituição teve o mérito de reavivar e intensificar o debate em torno do problema universitário no país [Fávero, 2006:22].

O debate sobre educação ganha fôlego nos anos 1920, principalmente pela atuação da Associação Brasileira de Educação (ABE) e da Academia Brasileira de Ciências (ABC). As discussões giravam em torno da concepção de universidade, suas funções, se teria ou não autonomia. Apesar de existirem posições divergentes sobre a questão da ciência, existia uma convergência em relação à questão da pesquisa como o "núcleo da instituição universitária" (Fávero, 2006:22-23).

> No que diz respeito às funções e ao papel da universidade, há duas posições: os que defendem como suas funções básicas a de desenvolver a pesquisa científica, além de formar profissionais, e os que consideram ser prioridade a formação profissional. Há, ainda, uma posição que poderia talvez vir a constituir-se em desdobramento da primeira. De acordo com essa visão, a universidade, para ser digna dessa denominação, deveria tornar-se um foco de cultura, de disseminação de ciência adquirida e de criação da ciência nova [Fávero, 2006:22-23].

A ABE era uma entidade civil que congregava uma pluralidade de pessoas e visões em torno da educação e integrava o movimento conhecido como Escola Nova. Entre os princípios defendidos pelo movimento escolanovista estavam, além do ensino leigo, as defesas da escola pública universal e gratuita. Além disso, propunham a construção de um sistema nacional de educação dirigido a todas as classes sociais. Davam ênfase ao ensino secundário e ao superior. Era necessário criar escolas secundárias e também mudar a mentalidade da sociedade no que se refere à finalidade desse segmento.

Getúlio Vargas incorporou a questão educacional em seu projeto de governo. A criação do Ministério da Educação e Saúde (MES), em 1930, respondia a uma demanda que crescia na sociedade e nos fóruns educacionais. Duas reformas importantes ocorreram em sua gestão. Em meio ao clima de ideias renovadoras, em abril de 1931 a reforma Francisco Campos organizou o Conselho Nacional de Educação (CNE). Em seguida, a Constituição de 1934 deu ao conselho a incumbência de criar o Plano Nacional de Educação. O Decreto nº 19.851, de 11 de abril de 1931, organiza o ensino superior e institui o Estatuto das Universidades Brasileiras, que estabelece os padrões de organização do ensino superior em todo o país. Em relação ao ensino secundário, o Decreto nº 19.890, de 18 de abril de 1931, dispõe sobre sua organização e, posteriormente, o Decreto nº 21.241, de 4 de abril de 1932, consolida as disposições sobre esse segmento de ensino.

A Constituição de 1934 reafirmou a obrigatoriedade e a gratuidade do ensino primário. Pela primeira vez, a educação também foi considerada como um direito de todos os adultos e não só das crianças. Dentro de um contexto internacional marcado pelo intervencionismo do Estado, a uniformização do ensino em todo o país era um dos objetivos do governo que criou o CNE e previa a elaboração de um Plano Nacional de Educação.

Gustavo Capanema assumiu o Ministério da Educação e Saúde em 1934. Durante sua gestão, Capanema promoveu reformas que reestruturaram o curso secundário, que passou a ser constituído pelo ginásio de quatro anos, e o ensino colegial, que se dividiria em clássico e científico. A grade curricular do clássico seria dedicada à área de humanidades.

Entre 1930 e 1945, houve um aumento bastante significativo das matrículas no ensino secundário, 209%. Em face desse crescimento, houve uma ampliação da demanda por formar professores para o ensino secundário:

> Esse crescimento é decorrência de um duplo movimento derivado do processo de industrialização e urbanização da sociedade brasileira. Por um lado, a demanda por mão de obra qualificada se intensifica [...]. Por outro, essa expansão gera, dialeticamente, a partir da diversificação social, uma procura maior por escolarização pelas camadas médias urbanas, com perspectiva de ascensão social, isto é, estes setores pressionam no sentido da expansão vertical do sistema escolar [Reznik, 1992:7].

Nesse período, foram criadas três universidades: a Universidade de São Paulo (USP), em 1934; a Universidade do Distrito Federal (UDF), em 1935; e a Universidade do Brasil, em 1937. Ainda em 1934, foi criado o primeiro curso de formação de professores de história do Brasil, na Faculdade de Filosofia, Ciências e Letras da Universidade de São Paulo.

A ideia principal era de que a universidade tivesse uma tripla função: investigação, ou melhor, criação de conhecimento científico; transmissão dos conhecimentos elaborados; extensão para popularizar os conhecimentos. Sendo assim, estar-se-ia garantindo a formação das elites intelectuais do país – pesquisadores, técnicos e professores. Eram essas concepções que estavam por trás dos projetos da USP e da UDF.

A USP é criada em um contexto de crise das oligarquias paulistas. No seu projeto, havia um nítido caráter político de ser um centro de renovação e formação das elites intelectuais e políticas. Na sua organização, ficava claro o objetivo de separar formação para as humanidades de formação para a prática docente. A Faculdade de Filosofia, Ciências e Letras (FFCL) era o eixo central da universidade, e em torno dela se organizavam as demais escolas profissionalizantes, oferecendo cursos para o magistério àqueles interessados em exercer a carreira docente. Estava posta uma clara distinção entre "cientistas", mais prestigiados, e "educadores", portadores do saber prático. Em relação aos cursos de história e geografia, diferentemente do que ocorria na UDF, na USP esses cursos foram introduzidos de forma unificada, ou seja, o aluno que se formava estava habilitado a lecionar as duas disciplinas.

Com um projeto diferente, baseado nas concepções de Anísio Teixeira, a UDF procurava dar maior organicidade aos cursos e maior centralidade à Escola de Educação, que, além de formar os professores em todos os graus, tinha como objetivo ser um centro de pesquisa sobre a formação pedagógica em âmbito nacional.

> Com este objetivo, incorporava a Escola de Professores do Instituto de Educação, que passava a denominar-se Escola de Educação, tendo como finalidades não só prover a formação do magistério em todos os graus, como também "concorrer, como centro de documentação e pesquisa, para a formação de uma cultura pedagógica nacional" (art. 4º do Título II do decreto de criação) [Candau, 1987:13].

Os objetivos da UDF em relação à educação e à formação de professores eram, nesse sentido, bem mais amplos do que os do projeto da USP. A ideia era formar uma "cultura pedagógica nacional" baseada na organização de um centro de documentação e pesquisa acadêmica, bem diferente da formação de um saber "prático".

Em estudos sobre a grade curricular do curso de história da UDF de 1937, Marieta de Moraes Ferreira aponta a ênfase nos chamados "cursos de integração profissional", que privilegiavam as temáticas pedagógicas, como "introdução ao ensino" e "filosofia da educação".

> Desde os primeiros momentos a UDF foi concebida para formar professores secundários, daí a valorização das disciplinas ligadas à prática de ensino, na formação de professores de História. Deve ser mencionada, no entanto, a articulação entre as cadeiras de conteúdo e as de integração profissional, havendo em alguns casos professores que se responsabilizavam pela docência nas duas áreas, como é o caso de Delgado de Carvalho [Ferreira, 2006:147].

No que se refere ao curso de história da UDF, existia uma separação entre história e geografia e a duração era de três anos. Ferreira aponta que o curso possuía um projeto inovador em relação aos conteúdos ensinados, à preocupação com o ensino e no que se refere à atenção dada à pesquisa.

> A ideia de seus professores era orientá-los de forma que não só desenvolvessem habilidades para o ensino, mas também aprendessem a pesquisar e escrever sobre o Brasil a partir de teorias e métodos [...] Henri Hauser tentou esclarecer esse ponto ao dizer que os professores de História deveriam, de um lado, ser iniciados no trabalho histórico e na pesquisa crítica, de outro, ser preparados para as funções de professores, não como uma preparação pedagógica abstrata, mas como uma preparação que deveria estar diretamente ligada uma pedagogia especial das ciências históricas [Ferreira, 2013:31].

Em julho de 1935, o ministro Gustavo Capanema formou uma comissão com o objetivo de ampliar a Universidade do Rio de Janeiro. O objetivo era dar continuidade ao projeto de Francisco Campos, de 1931. Esse projeto visava ao estabelecimento, em todo o país, de um padrão nacional para o ensino superior.

Para essa finalidade, foi composta uma comissão com 12 professores e intelectuais de diferentes correntes ideológicas, como Edgar

Roquete Pinto, Inácio Azevedo e Lourenço Filho. Em 5 de julho, por meio da lei de 1937, aprovada pelo Poder Legislativo, foi criada a Universidade do Brasil, que reuniu 15 escolas ou faculdades que receberam a denominação de "nacionais", 16 institutos e o Museu Nacional. Sua estrutura e organização serviriam como um padrão para a criação das demais universidades.

O início do Estado Novo foi marcado por forte tensão política, que resultou na extinção da UDF e na acusação de Anísio Teixeira ser comunista. A Universidade do Brasil (UB) absorveu muitos dos professores da extinta UDF. Foi criada a Faculdade Nacional de Filosofia na UB, não havendo uma continuidade em relação ao projeto inicial de formação da UDF.

No processo de criação da UB, o ministro da Educação, Gustavo Capanema, excluiu a Escola de Educação no formato existente na UDF. Essa separação pode ser percebida como uma oposição entre formação humanística e formação pedagógica, como uma dimensão técnica e prática afastada dos aspectos filosóficos, o que favorecia o controle do Estado sobre a formação de professores. Tais medidas demonstravam uma descontinuidade em relação às concepções de Anísio Teixeira.

> Pelo decreto-lei nº 1.190, de 4/4/39, que organiza a Faculdade Nacional de Filosofia, erigida como se viu em modelo padrão para as demais escolas, prevê-se a existência de uma seção especial de didática, responsável por um "curso ordinário" com o mesmo nome, cuja duração prevista é de um ano, que se acrescenta ao curso de bacharelado, com duração de três anos, fornecido pelas demais seções da Faculdade. Este curso compreende as seguintes disciplinas: Didática Geral, Didática Especial, Psicologia Educacional, Administração Escolar, Fundamentos Biológicos da Educação e Fundamentos Sociológicos da Educação [Candau, 1987:19].

O modelo de formação de professores que surge com esse decreto deveria servir de base para todo o país. A forma organizacional do curso universitário estabelecia que o aluno, após cursar os três anos de bacharelado, faria as disciplinas da seção de didática para obter sua formação pedagógica, previstas para durar um ano.

> Assim foram criados, no Brasil, os cursos de "licenciatura" nas suas diferentes "habilitações", constituindo-se em "categoria institucional" que se implementava mediante a "forma organizacional" conhecida como "3 + 1". Baseavam-se em uma "necessária" separação entre formação humanística e pedagógica, e assim inventou-se uma tradição que afirma uma concepção tecnicista de pedagogia [Monteiro, 2013:27].

Nesse momento, começava a se caracterizar uma nova categoria institucional (Goodson, 1997), que iria se consolidar nos anos seguintes: o chamado modelo "3 + 1", ou seja, três anos de formação específica e um ano de formação pedagógica. A determinação dessa forma organizacional evidenciaria um caráter tecnicista dado à formação pedagógica, acirrando uma aparente oposição entre teoria e prática.

> Nesse sentido, a possibilidade de criação dos cursos de licenciatura como "categoria institucional" instaurou-se a partir de 1939 quando, através do Decreto-Lei 1.190, de 4 de abril, foi criada a Faculdade Nacional de Filosofia que instituiu a "forma organizacional", conforme a concepção de Capanema, e que a configurou até a realização da "Reforma Universitária", por meio da Lei 5.540/68. A Lei, entre outras medidas, extinguiu a Faculdade Nacional de Filosofia e viabilizou a criação das Faculdades de Educação [Monteiro, 2013:29].

O ensino superior passa a funcionar, no final dos anos 1960, com essa divisão dos lugares institucionais de formação. As disciplinas específicas seriam oferecidas pelos institutos, faculdades ou escolas e as pedagógicas seriam, assim, oferecidas pela Faculdade de Educação. Após cursar durante três anos as disciplinas do bacharelado, o aluno faria mais um ano de formação pedagógica. Pensando dessa forma segmentada, construiu-se um entendimento de que a licenciatura corresponderia a apenas um ano da formação universitária: "muitos consideram que, para ser professor, basta dominar conhecimentos de determinada área e técnicas e procedimentos didáticos" (Monteiro, 2013:29).

Tal estrutura de formação, construída nos anos 1930, se aprofundou no final da década de 1960, com a criação da Faculdade de Educação como espaço em que os alunos de licenciatura teriam de fazer as disciplinas pedagógicas. A universidade passava a ter espaços diferenciados de formação – institutos e faculdade de educação. Consolidava-se o modelo 3 + 1, que marcou a formação de professores a partir de então. Muitos professores que nos dias de hoje possuem vasta experiência no magistério foram formados na vigência desse modelo, imersos num processo de consolidação dessa cultura institucional.

No que se refere ao campo disciplinar da história, com o fim da UDF, o curso da UB reunia a história e a geografia, que só seriam separadas em 1955. Ele era oferecido na Faculdade Nacional de Filosofia (FNFi) e serviria como referência para a organização de diversos cursos no país. Nesse curso existia uma preocupação com a articulação entre ensino e pesquisa. A tarefa da pesquisa seria delegada a outras instituições, como o Instituto Histórico e Geográfico Brasileiro, por exemplo (Ferreira, 2013). Dessa forma, a função do curso de história seria apresentar aos graduandos os conhecimentos sobre a história do Brasil que eles, depois de formados, atuando como professores na escola secundária, iriam transmitir a seus alunos. Neste sentido, os primeiros cursos de história tinham uma ênfase muito maior na atividade de ensino do que na atividade de pesquisa.

Nas faculdades existiam os professores catedráticos, ou as cátedras. Esses professores, especialistas em determinado assunto, organizavam suas disciplinas, muitas vezes, de forma autoritária, apresentando uma sequência de fatos e datas, sem nenhum tipo de crítica ou debate e sem fazer referência às pesquisas que originaram aquele conhecimento.

> Entre as conturbações políticas e embates acadêmicos forjou-se, com a FNFi, um modelo de curso universitário de História que privilegiava a formação de profissionais para o ensino secundário, em que conteúdos enfocados tinham por fim estimular o processo de fortalecimento de identidade nacional. Essa questão, no entanto, gerou inúmeras tensões ao longo das décadas seguintes até que, finalmente, nos anos 1970, a criação dos programas de Pós-Graduação em História tornaria a universidade o espaço por excelência de formação profissional do historiador [Ferreira, 2013:35].

Durante a ditadura militar, momento de intensa repressão e censura, foi implementada a LDB nº 5.692/1971, responsável por uma reformulação importante nos currículos, pois limitava enormemente os conhecimentos ligados ao campo das humanidades. História e geografia, no 1º grau, foram reunidas em uma só disciplina: estudos sociais. Para dar conta dessas mudanças, foram criadas as chamadas licenciaturas curtas em estudos sociais. Tais medidas implicavam uma descaracterização do campo específico do conhecimento histórico, impactando também na formação do professor de história.

Outro aspecto presente nos 1970 foi a ampliação dos debates em torno da criação de programas de pós-graduação. As décadas seguintes vão assistir a importantes mudanças no que diz respeito ao crescimento dos programas de pós-graduação no Brasil e ao perfil dos professores universitários de história. Segundo Ferreira (2013), a expansão e a consolidação da pós-graduação ocorrida nos anos 1980 e 1990 fez com que a pesquisa fosse mais valorizada do que a docência. A produção do conhecimento historiográfico passava a ser a principal preocupação. As articulações entre ensino e pesquisa ganhavam cada vez mais fôlego. A docência universitária dividia espaço com o trabalho de orientação de monografias, dissertações e teses.

Nas palavras da autora, "o foco das graduações passou a ser formar pesquisadores para ingressar nos programas de pós e não oferecer ferramentas para sua atuação como professores, destino maior dos cursos de licenciatura" (Ferreira, 2016:32). Para Ferreira, essa é uma visão que ainda persiste nos dias de hoje na maioria dos cursos de história. Esse aspecto estaria, portanto, constituindo um determinado *ethos* de formação que, aos olhos de uma parcela de professores, precisava ser preservado.

> Os anos 1980 trouxeram novas perspectivas, graças não só à incorporação dos cassados, mas também ao retorno dos que foram obrigados a se afastar em função da repressão. Foi nessa década que os programas de pós-graduação se expandiram de forma expressiva no país, e as atividades de pesquisa ganharam um novo impulso, com apoio das agências de financiamento governamentais. Nesse contexto, o curso de Mestrado em História Social na UFRJ foi reconhecido, e as atividades de pesquisa tornaram-se objeto de maior preocupação. O Departamento de História começou a incorporar uma nova geração de professores que ingressava mediante concurso público, possibili-

> tando a renovação da graduação e associando numa única carreira o professor e o pesquisador [Ferreira, 2013:80].

Esse processo também provocou mudanças na historiografia brasileira. Ainda nos anos 1930, a historiografia brasileira era marcada por um processo em que disciplinarização e profissão universitária não ocorriam ao mesmo tempo, as "atividades ligadas às designações de 'professor' de história e 'historiador' demoraram muito para se unirem, fazendo parte da mesma dinâmica hoje incompleta" (Nicodemos, Santos e Pereira, 2018:39). Ferreira nos lembra que essas designações – professor e historiador – representavam dois campos com fronteiras bastante distintas.[4] Esse cenário se modificou nas décadas de 1960 e 1970, período em que houve uma organização dos cursos com foco na construção do conhecimento histórico.[5] O campo de uma historiografia brasileira se consolidava.

O processo de redemocratização do país, a partir dos anos 1980, foi marcado por transformações importantes na área da educação em seus diversos níveis. As novas tecnologias da informação e da comunicação são apontadas como elementos que vão influenciar não só as relações entre as pessoas e a organização do mundo do trabalho, como também o exercício da cidadania.

Após inúmeros debates, as licenciaturas curtas em estudos sociais foram extintas com a aprovação da Lei de Diretrizes e Bases da Educação Nacional (LDBEN) nº 9.394, de 20 de dezembro de 1996. A nova lei foi permeada por conflitos ideológicos e por tensões entre grupos da sociedade civil: empresários, centrais sindicais e intelectuais.

---

4 Ver Ferreira (2013 apud Nicodemos, Santos e Pereira, 2018).

5 Ver Nicodemos, Santos e Pereira (2018:168).

Tem início um amplo processo de revisão da educação. As primeiras ações direcionaram-se à educação básica, com a elaboração dos Parâmetros Curriculares Nacionais (PCN). No final dos anos 1990, o ensino superior começava a ser alvo das políticas públicas. O parecer CNE nº 776/1997 sugere mudanças dos currículos mínimos dos cursos de graduação e menciona a falta de liberdade das instituições para elaborarem suas atividades de ensino. O conteúdo do parecer nos revela, em grande medida, os debates sobre educação no período e aponta para uma necessidade de mudança na concepção de formação docente.

Os debates e disputas desse "território contestado", o da formação de professores, estão muito longe de serem concluídos com mínima resolução. Perguntas surgem:

> A quem compete afinal formar os professores? Qual a forma organizacional mais adequada aos cursos de licenciatura? Às Faculdades/Institutos de formação específica ou às Faculdades/Departamentos de Educação? Ou a instituições superiores criadas com esse fim? [Monteiro, 2013:29].

Tais questionamentos apontam para a necessidade de aprofundar as pesquisas a respeito dos cursos superiores que formam professores. O que haveria de formação pedagógica nas disciplinas específicas e o que haveria de específico e de pesquisa nas disciplinas pedagógicas? Como são construídos os currículos desses cursos? A partir de que diretrizes externas e internas? O professor seria formado somente no âmbito das licenciaturas? Poderíamos falar separadamente de licenciatura? E ainda: o que seriam as licenciaturas como categoria institucional? Quais os lugares de formação de professores?

Quando refletimos a partir das ideias de Goodson sobre a consolidação das categorias institucionais, podemos perceber que um dos elementos em disputa é a construção de um determinado *ethos* de formação. Tal construção estaria passando pela criação de categorias institucionais que poderiam redefinir ou manter os percursos de formação que até agora têm sido centrados no modelo 3 + 1.

Os contextos e processos de formulação das políticas educacionais de formação de professores

Stephen Ball e Richard Bowe, estudiosos das políticas educacionais, apontam que as análises deveriam direcionar seu foco para como se formam os discursos sobre essas políticas e suas interpretações feitas por profissionais que estariam atuando no contexto da prática. Esse aspecto aponta para a necessidade de compreendermos não só os atores ligados a esse processo, bem como os debates e tensionamentos que envolveriam tais políticas.

Para Ball e Bowe, as políticas educacionais devem ser pensadas como ciclos contínuos constituídos por três contextos principais: o contexto de influência, o contexto da produção de texto e o contexto da prática.

> Esses contextos estão inter-relacionados, não têm uma dimensão temporal ou sequencial e não são etapas lineares. Cada um desses contextos apresenta arenas, lugares e grupos de interesse e cada um deles envolve disputas e embates [Mainardes, 2006:50].

O contexto de influência é o primeiro, em que começam as políticas públicas e no qual os discursos políticos são construídos. Existem, nesse contexto, vários grupos de interesse em disputa para influenciar a construção das políticas educacionais do país. Formam-se comissões e grupos de especialistas que representam determinadas comunidades profissionais, constituindo-se arenas de articulação e de influência. Estariam atuando nesse contexto "as redes sociais dentro e em torno de partidos políticos, do governo e do processo legislativo. É também nesse contexto que os conceitos adquirem legitimidade e formam um discurso de base para a política" (Mainardes, 2006:51).

Segundo Ball, a formulação das políticas educacionais é forjada a partir de influências nacionais e internacionais. Como exemplo de influência internacional o autor se refere ao patrocínio do Banco Mundial, que acaba por pressionar para que se imponham algumas "soluções" oferecidas e recomendadas.

> O World Bank é particularmente importante uma vez que as intenções do banco só podem ser entendidas como uma instância ideológica de promoção de um sistema mundial integrado com as linhas de mercado. Ao lado do World Bank, a Organização para Cooperação e Desenvolvimento Econômico (OCDE), a Unesco e o Fundo Monetário Internacional (FMI) podem ser considerados agências que exercem influência sobre o processo de criação de políticas nacionais [Ball, 2001 apud Mainardes, 2006:52].

O segundo contexto é o de produção de textos políticos, que podem ter várias formas, como textos legais oficiais, os Parâmetros e Diretrizes Curriculares, por exemplo, comentários ou pronunciamentos formais ou informais sobre os textos oficiais e vídeos. Esses textos resultam de disputas de grupos que atuam em diferentes lugares de produção. Os textos políticos, apesar de terem um caráter muitas vezes mandatório, carregam em si limitações materiais e inúmeras possibilidades de interpretação.

É no terceiro contexto, o contexto da prática, que a política estará sujeita a interpretações e reelaborações, numa relação dialética com os sujeitos, em que vão ser analisadas as consequências e respostas dadas a esses textos. Nesse sentido, não são simples "implementações", mas, sim, recriações.

> [...] os profissionais que atuam no contexto da prática [*universidades, por exemplo*] não enfrentam os textos políticos como leitores ingênuos, eles vêm com suas histórias, experiências, valores e propósitos [...]. Políticas serão interpretadas diferentemente, uma vez que histórias, experiências, valores, propósitos e interesses são diversos. A questão é que os autores dos textos políticos não podem controlar os significados de seus textos. Partes podem ser rejeitadas, selecionadas, ignoradas, deliberadamente mal-entendidas, réplicas podem ser superficiais etc. Além disso, interpretação é uma questão de disputa. Interpretações diferentes serão contestadas, uma vez que se relacionam com interesses diversos, uma ou outra interpretação predominará, embora desvios ou interpretações minoritárias possam ser importantes [Ball e Bowe, 1992 apud Mainardes, 2006:53, grifo meu].

Ball e Bowe (1992) nos trazem importantes chaves de leitura para compreender a complexa articulação entre produção das políticas públicas educacionais e a maneira como a prática se dá, em um ambiente mediado por influências políticas diversas, internas e externas, por ideologias, negações e consensos. Em outras palavras, a construção das diretrizes e a dos currículos dos cursos de formação de professores a partir dessa compreensão deve ser pensada sempre numa relação dialética entre contextos de produção e prática.

O debate em torno das diretrizes e da concepção sobre formação de professores na virada do século XXI

Em maio de 2000, o Ministério da Educação remeteu para a apreciação do CNE[6] uma proposta de Diretrizes para a Formação de Professores da Educação Básica em curso de nível superior, formulada por um grupo de trabalho designado para este fim. Em julho de 2000, o CNE designou uma comissão bicameral – Câmara de Educação Básica e Câmara de Educação Superior – que, em 21 reuniões, entre agosto de 2000 e maio de 2001, discutiu a proposta de diretrizes, resultando no Parecer CNE/CP nº 9/2001, de 8 de maio de 2001.

O contexto do final do século XX e início do XXI foi marcado por debates e pela elaboração de textos políticos a respeito da educação em nível superior. A análise da produção desses textos políticos, representados aqui pelos pareceres e diretrizes, pode nos esclarecer a respeito das visões de formação de professores que estavam em disputa, além do contexto de influência da época, ou seja, quais fatores externos e internos estavam mediando sua produção.

---

6 O Conselho Nacional de Educação (CNE) é um órgão colegiado integrante do Ministério da Educação (MEC). Ele foi criado com o objetivo de colaborar com a formação da Política Nacional de Educação (PNE) e exercer atribuições normativas, deliberativas e de assessoramento do ministro da Educação. Entre as funções do conselho, estão: acompanhar a elaboração e execução do PNE; regulamentar diretrizes; assegurar a participação da sociedade; dar suporte ao MEC no diagnóstico de problemas e participar ativamente da promoção de debates que auxiliem na busca de melhorias da educação. É composto pelas Câmaras de Educação Básica e de Educação Superior, constituídas por 12 conselheiros cada. Eles são escolhidos e nomeados pelo presidente da República. Os secretários da Educação Básica e de Educação Superior do MEC são membros natos do órgão. Pelo menos metade dos indicados nas listas de cada uma das câmaras deve ser baseada em consultas a entidades da sociedade civil da área de educação. O mandato é de quatro anos. Informações disponíveis em: <www.todospelaeducacao.org.br/>. Acesso em: maio 2022.

> A internacionalização da economia confronta o Brasil com a necessidade indispensável de dispor de profissionais qualificados. Quanto mais o Brasil consolida as instituições políticas democráticas, fortalece os direitos da cidadania e participa da economia mundializada, mais se amplia o reconhecimento da importância da educação para a promoção do desenvolvimento sustentável e para a superação das desigualdades sociais.[7]

A proposta aprovada pelo MEC tinha clara inspiração nas formulações veiculadas pelos organismos internacionais, que fomentavam políticas educacionais de cunho neoliberal, em que o fracasso escolar e o número de reprovações e de evasões tinham impacto direto em suas linhas de financiamento. Era preciso resolver os fatores que pudessem contribuir para isso. Essa visão estaria obedecendo a uma dada racionalidade financeira que visava atrair financiamentos externos e internos para a educação. Dentro desta racionalidade, é necessário superar os altos índices de evasão escolar, reprovações e analfabetismo.

> a reformulação parece basear-se na ideia de que há um problema pedagógico, expresso pela inadequação dos currículos de formação; e um problema organizacional, que se define pela incapacidade das atuais instituições formadoras, tal como se organizam, de darem conta das demandas de formação de professores. Dessa forma, a reformulação propõe ações nesses dois âmbitos [Macedo, 2000:2].

Além disso, esta trajetória de debates nas últimas décadas do século XX vai se direcionar para a necessidade de mudanças no que se refere à formação de professores. Pareceres anteriores, como

---

7 BRASIL. Parecer CNE/CP nº 9/2001, aprovado em 8 de maio de 2001, p. 4.

o de nº 776/1997, já apontavam para a necessidade de os cursos de graduação serem organizados a partir da definição de diretrizes.

> Os cursos de graduação precisam ser conduzidos, através das Diretrizes Curriculares, a abandonar as características de que muitas vezes se revestem, quais sejam as de atuarem como meros instrumentos de transmissão de conhecimento e informações, passando a orientar-se para oferecer uma sólida formação básica, preparando o futuro graduado para enfrentar os desafios das rápidas transformações da sociedade, do mercado de trabalho e das condições de exercício profissional.[8]

O Parecer nº 583/2001 relativiza a autonomia das universidades, na medida em que dispõe que as diretrizes devem ser encaradas como "orientações mandatórias". A construção dos currículos das universidades deve observar as normas ditadas pelas diretrizes.

> Portanto, é fundamental não confundir as diretrizes que são orientações mandatórias, mesmo às universidades, LDB, Art. 53: "No exercício de sua autonomia, são asseguradas às universidades, sem prejuízos de outras, as seguintes atribuições: [...] II - fixar os currículos dos seus cursos e programas, observadas as diretrizes gerais pertinentes [...]" com parâmetros ou padrões - standard - curriculares que são referenciais curriculares detalhados e não obrigatórios.[9]

As propostas de diretrizes curriculares para a graduação, que foram conduzidas pela Secretaria de Educação Superior (SESu), consolidaram a formação para três categorias de carreiras: bacharelado acadêmico, bacharelado profissionalizante e licenciatura.

---

8 BRASIL. Parecer CNE nº 776/1997, aprovado em 3 de dezembro de 1997, p. 2.

9 BRASIL. Parecer CNE nº 583/2001, aprovado em 4 de abril de 2001, p. 2.

As licenciaturas, desse modo, ganham terminalidade e integralidade próprias em relação ao bacharelado, "constituindo-se um projeto específico", exigindo-se com isso "a definição de currículos próprios da licenciatura que não se confundem com o bacharelado ou com a antiga formação de professores que ficou caracterizada como modelo 3 + 1".[10]

Menciona-se no documento que uma das dificuldades encontradas para a melhoria da educação básica é a "inadequação dos professores" que têm uma formação "tradicional". Essa colocação nos remete às palavras de Nóvoa do início do capítulo e a um diagnóstico que tem se tornado comum ao longo do tempo: a formação inicial deficitária dos professores e os problemas a ela associados. Assim, a partir desse pressuposto, para os formuladores do parecer, a formação de professores não estaria contemplando "características inerentes à atividade docente", tais como:

- orientar e mediar o ensino para a aprendizagem dos alunos;
- comprometer-se com o sucesso da aprendizagem dos alunos;
- assumir e saber lidar com a diversidade existente entre os alunos;
- incentivar atividades de enriquecimento cultural;
- desenvolver práticas investigativas;
- elaborar e executar projetos para desenvolver conteúdos curriculares;
- utilizar novas metodologias, estratégias e materiais de apoio;
- desenvolver hábitos de colaboração e trabalho em equipe.[11]

À escola estariam sendo atribuídas novas tarefas e desafios. A revisão da formação docente teria como objetivo acabar com

10 BRASIL. Parecer CNE/CP nº 9/2001, aprovado em 8 de maio de 2001, p. 6.
11 Ibid., p. 4.

uma dita "inadequação" e "fortalecer ou instaurar processos de mudanças no interior das instituições formadoras", compondo base comum para os cursos de licenciatura. Os objetivos expressos na documentação seriam:

> fomentar e fortalecer processos de mudança no interior das instituições formadoras; fortalecer e aprimorar a capacidade acadêmica e profissional dos docentes formadores; atualizar e aperfeiçoar os formatos de preparação e os currículos vivenciados, considerando as mudanças em curso na organização pedagógica e curricular da educação básica; dar relevo à docência como base da formação, relacionando teoria e prática; promover a atualização de recursos bibliográficos e tecnológicos em todas as instituições ou cursos de formação.[12]

A centralidade da docência está aí bem demarcada, apontando a necessidade de pensá-la dentro do binômio teoria e prática, termos que deveriam estar relacionados como faces de uma mesma moeda. Mas que teoria seria essa? Que prática seria essa? Esse aspecto dialoga com as mudanças propostas para a estrutura dos cursos de graduação, em que as licenciaturas passariam a ganhar terminalidade própria. Surge, a partir daí, a exigência de currículos próprios para a licenciatura, que não poderiam mais ser confundidos com o clássico modelo 3 + 1 (três anos de bacharelado e um ano de licenciatura). A necessidade de ter um conhecimento atualizado do que vem se produzindo nas diversas áreas conjuga-se com a "compreensão da complexidade do ato educativo e sua relação com a sociedade". De acordo com o Parecer nº 28/2001, que dá uma nova redação ao Parecer CNE/CP nº 21/2001 e estabelece a carga horária dos cursos de licenciatura:

---

12 Ibid., p. 5.

> Faz-se necessária uma revisão profunda de aspectos essenciais da formação de professores, tais como: a organização institucional, a definição e estruturação dos conteúdos para que respondam às necessidades da atuação do professor, os processos formativos que envolvem aprendizagem e desenvolvimento das competências do professor, a vinculação entre as escolas de formação e os sistemas de ensino, de modo a assegurar-lhes a indispensável preparação profissional. [13]

Esse diagnóstico acerca dos problemas da educação brasileira foi se consolidando nas últimas décadas. Como seria possível lidar com a chamada "inadequação dos professores"? O parecer aponta o que seria uma solução: "uma revisão profunda de aspectos essenciais da formação de professores". Lidar com a inadequação dos professores estaria relacionado com ter de se defrontar também com a "inadequação" da formação dos mesmos; trata-se de lançar foco na formação inicial. A "organização institucional" dos cursos de licenciatura é apontada aqui como um desses aspectos. Os cursos deveriam rever seus planos institucionais e currículos para tentar superar essa chamada inadequação.

Outro aspecto aqui ressaltado é de que a noção de competência estaria substituindo a de currículo mínimo, considerado como uma "camisa de força" que limitava os currículos dos cursos. Essas obser-

13 BRASIL. Parecer CNE/CP nº 28/2001, aprovado em 2 de outubro de 2001, p. 2. No parecer consta: "A licenciatura é uma licença, ou seja, trata-se de uma autorização, permissão ou concessão dada por uma autoridade pública competente para o exercício de uma atividade profissional, em conformidade com a legislação. A rigor, no âmbito do ensino público, esta licença só se completa após o resultado bem-sucedido do estágio probatório exigido por lei. O diploma de licenciado pelo ensino superior é o documento oficial que atesta a concessão de uma licença. No caso em questão, trata-se de um título acadêmico obtido em curso superior que faculta ao seu portador o exercício do magistério na educação básica dos sistemas de ensino, respeitadas as formas de ingresso, o regime jurídico do serviço público ou a Consolidação das Leis do Trabalho (CLT)".

vações do parecer vão se somar à crítica aos modelos de formação. Os cursos de licenciatura seriam entendidos, de forma equivocada, como um apêndice dos cursos que possuem ênfase no conteúdo das áreas específicas e, por consequência, na formação de bacharéis. Esse aspecto vem sendo consolidado desde a reforma universitária dos anos 1930, que define o chamado modelo 3 + 1, uma forma organizacional que consolida uma dada "categoria institucional", a licenciatura. A organização institucional, na argumentação presente no Parecer CNE/CP nº 9/2001, determina a organização curricular, quando deveria ser o contrário.

> Neste sentido, nos cursos existentes, é a atuação do físico, do historiador, do biólogo, por exemplo, que ganha importância, sendo que a atuação destes como "licenciados" torna-se residual e é vista, dentro dos muros da universidade, como "inferior", em meio à complexidade dos conteúdos da "área", passando muito mais como atividade "vocacional" ou que permitiria grande dose de improviso e autoformulação do "jeito de dar aula".[14]

A falha na formação de professores estaria na falta de planejamento conjunto, ou seja, um projeto institucional que dialogasse com a educação básica, que constituísse espaços integrados que propiciassem essa integração de planejamentos, identificassem seus problemas e demandas, procurando construir uma situação de equilíbrio entre os conteúdos curriculares específicos e sua adequação pedagógica. Os autores do parecer identificam décadas de precarização das situações de estágio do futuro docente, que não encontra, na maioria das vezes, um espaço institucional assegurado para um planejamento conjunto entre os professores

---

14 BRASIL. Parecer CNE/CP nº 9/2001, aprovado em 8 de maio de 2001, p. 16.

da licenciatura e os das escolas da educação básica que recebem os estagiários nem entre os professores da licenciatura e aqueles das disciplinas específicas.

Os conteúdos trabalhados nos cursos de formação de professores são outro problema ressaltado. Tais conteúdos estariam distantes dos objetivos da disciplina em relação a sua expressão escolar. São levantadas algumas questões: quais seriam os conteúdos que um professor em formação deveria aprender? De que forma deveria aprender?

> Sem a mediação da transposição didática, a aprendizagem e a aplicação de estratégias e procedimentos de ensino tornam-se abstratas, dissociando teoria e prática. Essa aprendizagem é imprescindível para que, no futuro, o professor seja capaz tanto de selecionar conteúdos como de eleger as estratégias mais adequadas para a aprendizagem dos alunos, considerando sua diversidade e as diferentes faixas etárias [...] é preciso identificar, entre outros aspectos, obstáculos epistemológicos, obstáculos didáticos, relação desses conteúdos com o mundo real, sua aplicação em outras disciplinas, sua inserção histórica. Esses dois níveis de apropriação do conteúdo devem estar presentes na formação do professor.[15]

Todo o tempo, o parecer chama a atenção para as duas dimensões que deveriam estar presentes nos cursos de formação, a teoria e a prática, normalmente colocadas numa relação de oposição. Existiria por um lado, nas áreas específicas, uma supervalorização dos conteúdos ditos teóricos e acadêmicos; por outro lado, haveria uma desvalorização da prática pedagógica. A supervalorização da prática pedagógica tende a diminuir a importância dos aspectos

15 Ibid., p. 21.

teóricos do conhecimento específico. Da mesma forma que as teorias são construídas em cima de pesquisa e de um grande debate entre os intelectuais, não podemos deixar de lado a dimensão investigativa da prática.

O lugar da teoria e da prática ganha ainda mais significado quando o parecer trata da questão do estágio. O estágio seria o momento em que o aluno deveria colocar estas duas instâncias em diálogo, e é justamente aí que começam suas dificuldades. Geralmente o estágio estava situado nos períodos finais dos cursos, sendo curto e pontual.

> O planejamento e a execução das práticas no estágio devem estar apoiados nas reflexões desenvolvidas nos cursos de formação. A avaliação da prática, por outro lado, constitui momento privilegiado para uma visão crítica da teoria e da estrutura curricular do curso. Trata-se, assim, de tarefa para toda a equipe de formadores e não, apenas, para o "supervisor de estágio". [...] A ideia a ser superada, enfim, é a de que o estágio é o espaço reservado à prática, enquanto na sala de aula se dá conta da teoria.[16]

Neste momento o parecer traz uma gama variada de reflexões. Existe aqui uma crítica a respeito da organização dos cursos de formação em que se observaria uma clara separação entre teoria e prática. A "sala de aula" seria o lugar em que se daria conta dos aspectos teóricos, no caso dos cursos de história, por exemplo, o parecer se refere às disciplinas específicas desta área do conhecimento (história do Brasil I, história da América etc.). Já as disciplinas de estágio seriam reservadas à prática. Para os autores do parecer, essas disciplinas, ao contrário, deveriam ser pensadas

---

16 Ibid., p. 23.

como "faces de uma mesma moeda", como um duplo movimento, presente tanto nas disciplinas de estágio quanto nas específicas. Tal perspectiva estaria ampliando a ideia de formador, ou seja, a tarefa de formação estaria aqui sendo problematizada e, por que não dizer, ampliada.

A "avaliação da prática" se transformaria em um "momento privilegiado para uma visão crítica da teoria e da estrutura do curso". De acordo com esta perspectiva, os currículos dos cursos de formação deveriam ser pensados de uma forma mais dinâmica, como um campo de possibilidades e experiências de construção permanente, fruto de embates e revisões que (re)construiriam novos sentidos para as disciplinas dos cursos e a relação entre elas, afastando-se daquilo que poderia ser chamado de um currículo prescritivo, que fixaria os lugares de formação, reforçando ainda mais a separação entre teoria e prática.

No Parecer CNE/CP nº 28/2001, que estabelece a duração da carga horária dos cursos de Formação de Professores da Educação Básica em nível superior, curso de licenciatura, de graduação plena, surge novamente a discussão sobre a questão da prática. O documento entende a necessidade de ampliação da carga horária da prática de ensino e justifica tal aspecto considerando que a prática não pode ser entendida como uma "cópia da teoria" e nem a teoria apenas um reflexo da prática.

> A prática é o próprio modo como as coisas vão sendo feitas cujo conteúdo é atravessado por uma teoria. Assim a realidade é um movimento constituído pela prática e pela teoria como momentos de um dever mais amplo, consistindo a prática no momento pelo qual se busca fazer algo, produzir alguma coisa e que a teoria procura conceituar, significar e com isto administrar o campo e o sentido desta atuação. Esta relação mais ampla entre teoria e prática recobre múltiplas maneiras do seu

acontecer na formação docente. Ela abrange, então, vários modos de se fazer a prática tal como expostos no Parecer CNE/CP nº 9/2001.[17]

No parecer acima, a prática como componente curricular tem que ser entendida como uma das dimensões do conhecimento, "que tanto está presente nos cursos de formação nos momentos em que se trabalha na reflexão sobre a atividade profissional, como durante o estágio, nos momentos em que se exercita a atividade profissional".[18]

Nesse sentido, existiriam aí duas concepções de prática: a prática como componente curricular e a prática de ensino como o estágio curricular supervisionado e obrigatório. A primeira "terá necessariamente a marca dos projetos pedagógicos das instituições formadoras, ao transcender a sala de aula para o conjunto do ambiente escolar e da própria educação escolar". Ressalta-se ainda a importância dessa prática nos cursos de formação: "É fundamental que haja tempo e espaço para a prática, como componente curricular, desde o início do curso e que haja uma supervisão da instituição formadora como forma de apoio até mesmo à vista de uma avaliação de qualidade".[19]

O estágio supervisionado seria o outro aspecto desta prática. Para os autores do parecer, é um modo especial de capacitação e só pode ocorrer nas unidades escolares. É definido como uma "atividade intrinsecamente articulada com a prática e com as atividades de trabalho acadêmico".

Cabe aqui problematizar a utilização da categoria prática, que muitas vezes é aceita acriticamente pelos teóricos da educação,

17 BRASIL. Parecer CNE/CP 28/2001, aprovado em 2 de outubro de 2001, p. 9.

18 Ibid., p. 22.

19 Ibid., p. 9.

reduzindo-se trabalho pedagógico à prática pedagógica.[20] Houve, nas últimas décadas, uma massificação da categoria de prática pedagógica que vemos incorporada nas políticas públicas, nos currículos acadêmicos e nos livros da área de educação. Esse entendimento da prática pedagógica é parte de um contexto mais amplo de uma política educacional que quer construir um determinado significado como uma espécie de poder simbólico dentro do campo da formação de professores e do sistema educacional nacional. Segundo Bezerra e Silva (2006:3):

> Na medida em que se entende/compreende ou mesmo se reduz o significado do trabalho a uma prática, desloca-se o eixo da problematização do trabalho pedagógico, como atividade humano-intelectual, entendido como práxis humana, para um protocolo de atividades, meramente burocráticas, que podem ser executadas por qualquer indivíduo, desde que seja treinado para isso: formado no magistério ou cursado um conjunto de disciplinas acadêmicas denominadas de práticas: práticas de estágio; prática de pesquisa, práticas de ensino fundamental, médio, infantil, prática de ensino de língua portuguesa, história, geografia, etc.
>
> O que importa é a prática da docência: observar o fazer, aprender como fazer e fazer. As atividades formativas, dentro do percurso formativo do pedagogo, do educador ou professor têm priorizado, nos currículos de Pedagogia das universidades brasileiras, uma certa profissionalização e habilitação profissional que se propõe a desenvolver a capacidade da docência e habilitar para tal.

---

20 Este tema tem sido abordado por vários autores, como: Pimenta e Ghedin (2005:81-87), Gómez (1995:93-114), Schön (2000), Pimenta (2005:17-52) e Nóvoa (1992), entre outros.

No que se refere, mais especificamente, aos cursos de pedagogia, os autores consideram que, em termos curriculares, na "maioria dos cursos de pedagogia não se tem priorizado a formação de pensadores e cientistas em educação dentro de uma perspectiva humanista. Essa perspectiva foi anulada da história" (Bezerra e Silva, 2006:3).

O Parecer CNE/CP nº 28/2001 abre uma discussão a respeito do que seria o trabalho acadêmico, um conceito abrangente, que seria desenvolvido nos diferentes cursos de graduação e que não seria circunscrito à sala de aula, sendo composto também por seminários, participação em eventos científicos.

Tendo como fundamento os pareceres CNE/CP nº 9/2001 e nº 28/2001,[21] as Diretrizes Curriculares Nacionais para a Formação de Professores da Educação Básica (DCNFP) foram instituídas no dia 18 de fevereiro de 2002[22] e, desde o momento de sua aprovação, pretendiam normatizar as licenciaturas nas mais diversas áreas do conhecimento. Nesse sentido, faz-se necessária uma pesquisa mais aprofundada sobre o que Ball chama de contexto da prática, que no caso da nossa pesquisa se refere aos cursos de história de

---

21 Decidiu alterar a redação do item 3.6, alínea "c", do Parecer CNE/CP nº 9/2001, aprovado em 8 de maio de 2001, nos seguintes termos: "[..] c) No estágio curricular supervisionado a ser feito nas escolas de educação básica. O estágio obrigatório definido por lei deve ser vivenciado durante o curso de formação e com tempo suficiente para abordar as diferentes dimensões da atuação profissional. Deve, de acordo com o projeto pedagógico próprio, se desenvolver a partir do início da segunda metade do curso, reservando-se um período final para a docência compartilhada, sob a supervisão da escola de formação, preferencialmente na condição de assistente de professores experientes. Para tanto, é preciso que exista um projeto de estágio planejado e avaliado conjuntamente pela escola de formação inicial e as escolas campos de estágio, com objetivos e tarefas claras e que as duas instituições assumam responsabilidades e se auxiliem mutuamente, o que pressupõe relações formais entre instituições de ensino e unidades dos sistemas de ensino. Esses 'tempos na escola' devem ser diferentes segundo os objetivos de cada momento da formação. Sendo assim, o estágio não pode ficar sob a responsabilidade de um único professor da escola de formação, mas envolve necessariamente uma atuação coletiva dos formadores".

22 BRASIL. Resolução CNE/CP nº 2, de 18 de fevereiro de 2002.

determinadas universidades públicas do Rio de Janeiro. É preciso compreender como esses profissionais que estão construindo os currículos dos cursos de licenciatura em história e mesmo atuando como professores interpretaram essas resoluções no momento em que foram publicadas.

> O foco da análise de políticas deveria incidir sobre a formação do discurso da política e sobre a interpretação ativa que os profissionais que atuam no contexto da prática fazem para relacionar os textos da política à prática. Isso envolve identificar processos de resistência, acomodações, subterfúgios e conformismo dentro e entre as arenas da prática, e o delineamento de conflitos e disparidades entre os discursos nessas arenas [Mainardes, 2006:50].

Os textos políticos, mesmo que mandatórios, vão carregar sempre em seu bojo uma série de interpretações e reelaborações, diversas limitações e possibilidades. A produção das políticas educacionais do final dos anos 1990 aos anos 2000 foi marcada por uma forte tensão entre os agentes formuladores dessas políticas, no caso, os das Diretrizes Curriculares, os representantes do MEC e as universidades e seus professores, coordenações e departamentos. Alguns cursos de história resistiram às mudanças determinadas pelas diretrizes, por exemplo, a resistência em relação à implementação de uma licenciatura com terminalidade própria, como ocorreu no curso da UFF, ou ainda a manutenção da separação bem delimitada entre disciplinas específicas e disciplinas de educação, como no curso da UFRJ.

As diretrizes curriculares dos cursos de história

No mesmo momento de elaboração das Diretrizes Curriculares Nacionais para a Formação de Professores, estavam em formulação as demais diretrizes para os cursos de graduação, entre elas, as de filosofia, geografia e história. Tais diretrizes precisavam estar em consonância entre si.

No que se refere à elaboração das diretrizes dos cursos de história, alvo de nossas pesquisas, os debates foram intensos e marcados por oposições em relação ao que ficou decidido oficialmente. Em abril de 2001, o Parecer nº 492 do CNE estabeleceu as Diretrizes Curriculares Nacionais dos Cursos de História (DCNH). O objetivo era servir de parâmetro para os currículos dos cursos de história de todo o Brasil.

Nos anos 1980 e 1990, houve intensos debates em torno das mudanças nos cursos de graduação em história. Era necessário superar o currículo mínimo e dar um novo sentido à formação em história, elaborando parâmetros que norteassem uma nova proposta de organização curricular dos cursos de graduação. Seria travada uma luta pela extinção dos estudos sociais nos currículos da educação básica, mas para isso não se poderia deixar de lado a formação docente. Era necessário construir novos parâmetros para a produção do conhecimento histórico e para a prática do historiador.

Os debates sobre o ensino de história foram marcados pela reivindicação do retorno das disciplinas de geografia e história na grade escolar de primeiro grau e pelo fim das licenciaturas curtas em estudos sociais. Thiago Rodrigues Nascimento demonstra que esse debate foi tensionado em agosto de 1980, com a tentativa de Paulo Natanael, conselheiro do Conselho Federal de Educação (CFE, que foi substituído pelo Conselho Nacional de Educação nos anos 1990), de acabar com as licenciaturas curtas em estudos sociais e, no lugar, estabelecer um novo currículo que reunisse história, geografia, educação moral e cívica e OSPB. Essa proposta representava, na prática, a extinção definitiva dos cursos de história e geografia. Como aponta Nascimento, a Associação Nacional dos

Professores Universitários de História (Anpuh), criada em 1961, mobilizou os historiadores e repudiou a proposta de Natanael, que acabou retirando o projeto. A Anpuh chamou a atenção para o que considerou ser uma

> grave tentativa de destruir campos de conhecimentos científicos, de interferir na universidade brasileira, a quem caberia decidir sobre a natureza de sua produção científica e sobre os profissionais que deve formar, e de transformar a área vital do ensino e da educação num aglomerado de elementos a serem "divulgados" entre os educandos.[23]

O clima que se seguiu a esse acontecimento foi de intensificação dos debates em torno do curso de história e da formação de professores. Diante desse quadro a Secretaria de Educação Superior (SESu/MEC) criou uma comissão, formada por professores das mais variadas regiões do país, que tinha o caráter oficial do MEC, mas era presidida pela Anpuh. A comissão, chamada Grupo de Consultores (MEC/SESu, 1986:6), trabalhou entre 1981 e 1986 e elaborou o documento "Diagnóstico e Avaliação dos Cursos de História no Brasil".

O documento demonstra a preocupação em romper com um tipo de formação que apenas reproduziria o discurso científico pronto e acabado. O desejo da equipe era propor a formação de um profissional único, professor de história e historiador, sem dissociar bacharelado e licenciatura, nem ensino e pesquisa.

> Uma formação que valorizasse a prática da investigação capaz de prover o aluno da capacidade de problematizar tanto a produção intelectual quanto a própria realidade de ensino na qual o futuro pro-

---

23 Trecho da denúncia divulgada no *Boletim Informativo da Anpuh*, seção São Paulo, set. 1980 (apud Nascimento, 2013:286-287).

> fessor de História iria atuar. A pesquisa não deveria estar dissociada do ensino nos cursos de formação de professores. O saber precisava ser questionado, bem como o contexto histórico em que o docente se insere [Nascimento, 2013:288].

Esse documento condensou muitas discussões feitas a partir de questionários enviados aos cursos de história das universidades, relatórios e mesas-redondas em eventos promovidos pela Anpuh. O objetivo era "diagnosticar e avaliar os Cursos de História existentes no país, visando levantar questões fundamentais e definir com clareza as linhas básicas da licenciatura e do bacharelado, principalmente em termos de objetivos a alcançar" (MEC/SESu, 1986:6).

Entre os temas discutidos, destacamos o do chamado Grupo A – "Currículo mínimo, licenciatura e bacharelado, ensino e pesquisa, disciplinas de história e disciplinas pedagógicas, disciplinas teóricas e ciclo básico":

> [...] a licenciatura não pode ser pensada como problema específico dos pedagogos e sim, basicamente, como Curso de História, única maneira de fazer frente ao grave problema que é a profunda diferença entre a concepção de História dos respectivos profissionais e a visão que têm da História os pedagogos, [...]
>
> [...] Pontos comuns observados:
>
> 1º. Contra a definição das disciplinas pedagógicas sem articulação prévia com os Departamentos diretamente interessados; 2º. Contra a valorização dos instrumentos ou técnicas didáticas em detrimento dos conteúdos; 3º. Contra qualquer dicotomia do tipo "conteúdo x profissionalização"; 4º. Não é suficiente que a "prática de ensino" seja lecionada por professores com licenciatura em História; 5º. É preciso uma presença real e permanente do Departamento nessa matéria [MEC/SESu, 1986:14-15].

O trecho "é preciso uma presença real e permanente do Departamento nessa matéria" nos remete à ideia de que os pedagogos teriam uma desconexão com os cursos de história, abrindo caminho para algumas reflexões. Existiriam aqui duas possibilidades de interpretação. Seria uma aproximação ou um afastamento ainda maior dos professores de pedagogia? A sugestão de uma "presença real e permanente" pode se aproximar mais da ideia de afastamento. O Departamento de História deveria então, nessa perspectiva, protagonizar as questões ligadas ao ensino. Em outras palavras, estaria aqui expressa uma necessidade de diálogo entre os departamentos de história e os pedagógicos ou um aprofundamento da separação entre eles?

Esses aspectos presentes no documento reforçam ainda mais a dicotomia entre conteúdos específicos e disciplinas pedagógicas. Tal insatisfação é reflexo das perspectivas tecnicistas dos anos 1970, um chamado "pedagogismo" imposto pela Lei nº 5.692/1971, em que havia uma preponderância dos recursos técnicos em detrimento dos conteúdos a serem ensinados, como "receitas de aulas" (Oliveira, 2003:249).

Com o fim da ditadura militar há a preocupação com a formação de um profissional de história que conjugue as esferas de pesquisador e professor. O diagnóstico Anpuh/MEC não dava conta de superar a dicotomia entre teoria e prática ou universidade e escola, na medida em que apontava que o papel da universidade seria o da formação continuada, da "reciclagem de professores", de prestar uma "assessoria" na análise de livros didáticos etc. Chamavam atenção ainda para um tipo de formação livresca em detrimento do pesquisador (Oliveira, 2003:253). Algumas das conclusões do documento apontam para a necessidade de que os cursos fossem revistos numa perspectiva de maior articulação entre a universidade e o ensino escolar.

> Em primeiro lugar, seria necessário, por exemplo, que o 1º e 2º graus fossem objeto de estudo, de análise e de reflexão nos cursos de graduação. E o importante é que esse estudo fosse realmente feito ao longo de todo o curso e não se limitasse apenas a estágios finais, quando todas as disciplinas do curso já foram desenvolvidas. De forma específica, esta poderia ser, por exemplo, a primeira preocupação da disciplina Estrutura e Funcionamento do Ensino de 1º e 2º graus que, atualmente, se volta quase que exclusivamente para estudos da legislação vigente. E seria absolutamente imprescindível que, nessas análises, se colocassem os problemas específicos da História [MEC/SESu, 1986:30].

Dando continuidade ao debate, nos anos 1990 a Anpuh participou do processo de elaboração das atuais Diretrizes Curriculares Nacionais dos Cursos de História (DCNH). Em 1998, um documento preliminar foi produzido pelos historiadores Ciro Flamarion Cardoso (UFF), Elizabeth Cancelli (USP) e Luíza Margareth Rago (Unicamp) e modificado pelo Fórum Nacional de Coordenadores de Pós-Graduação em História, em 27 de novembro do mesmo ano.[24]

O objetivo do documento era substituir o currículo mínimo dos cursos de graduação em história estabelecido na década de 1960. O contexto de elaboração do documento se relaciona com as discussões que cercaram a aprovação da Lei de Diretrizes e Bases da Educação Nacional de 1996.

Os autores do documento chamam a atenção para a necessidade desse debate, devido a transformações importantes ocorridas desde a década de 1960. Os cursos de graduação em história apresentavam

---

24 Texto elaborado pela Comissão de Especialistas do MEC composta por: Ciro Flamarion Cardoso (UFF), Elizabeth Cancelli (USP) e Luíza Margareth Rago (Unicamp), membros da Anpuh. Texto modificado pelo Fórum Nacional de Coordenadores de Pós-Graduação em História, em 27 de novembro de 1998. Disponível em: <www.pr.anpuh.org/arquivo/download?ID_ARQUIVO=4394>. Acesso em: 27 jan. 2019.

baixo grau de profissionalização e praticamente uma ausência de atividades de pesquisa. O currículo mínimo tinha um descompasso com os progressos da área de história.

Nas décadas de 1980 e 1990, houve conquistas importantes no sentido da profissionalização dos historiadores e da necessidade de pensar a indissociabilidade entre ensino, pesquisa e extensão dentro das universidades. Contribuíram para isso a expansão do regime de trabalho de dedicação exclusiva e a implantação progressiva dos cursos de pós-graduação em história, com um sistema de bolsas de pesquisa para alunos e professores, além do surgimento de publicações especializadas em história.

Nesse período, os temas de discussão dentro de certos departamentos de história eram a renovação metodológica do ensino e da própria pesquisa historiográfica. As maiores influências vieram da história social inglesa, da *nouvelle histoire*, originada dos *Annales*, e da Escola de Frankfurt. Surgiam novas questões, novas fontes, novos métodos e novas abordagens (Fonseca, 1993:116). Diante disso, o currículo mínimo passou a ser considerado como um limitador do processo de conhecimento na área de história. No entanto, não bastaria uma ampliação das disciplinas oferecidas na graduação; era necessária uma ampliação via fortalecimento dos programas de pós-graduação. O texto elaborado pela comissão de especialistas aponta a existência, com o passar dos anos, de uma crescente integração entre graduação e pós-graduação em história no Brasil, superando mesmo os entraves impostos pelo currículo mínimo, achando soluções institucionais, como a criação de laboratórios.

Houve uma ampliação também nas áreas de atuação profissional.

> Se a tradicional dicotomia entre Bacharelado e Licenciatura parecia bastar no começo da década de 1960, ela parece cada vez mais limitada ou acanhada numa época como a nossa, quando, além das tradicionais

> destinações (ensino de primeiro e segundo graus, por um lado; ensino universitário ao qual se vinculava a pesquisa, por outro), pessoas formadas em História atuam, crescentemente (e a lista a seguir é seletiva, incompleta): em institutos de pesquisa que não desenvolvem atividades de ensino; realizando pesquisas ligadas a questões vinculadas ao patrimônio artístico e cultural, à cultura material (associação Arqueologia/História, atuação em museus) ou a serviço dos meios de comunicação de massa (imprensa, televisão etc.); funcionando em assessorias culturais e políticas também; trabalhando na constituição e gestão de bancos de dados, na organização de arquivos e em outras áreas de um modo geral ligadas à reunião e preservação da informação.[25]

A dicotomia do modelo 3 + 1 nunca parece ter funcionado, mesmo antes dos anos 1960. Pensando numa formação mais ampla – visto que as pessoas formadas em história atuariam cada vez mais em diversos campos profissionais, institutos de pesquisa, assessorias culturais, organização de arquivos, na área de patrimônio ou imprensa, e não só na área de ensino –, os autores do documento propõem que as diretrizes curriculares fossem "bem mais abertas do que as do antigo currículo mínimo", visto que estaríamos vivendo uma "época de ampliação do campo profissional dos profissionais formados em história".[26]

A proposta das Diretrizes Curriculares Nacionais dos Cursos de História (DCNH) foi elaborada em conjunto pela Anpuh e pela Comissão de Especialistas de Ensino de História nomeada pelo MEC-SESu. O primeiro ponto da proposta trata do

> perfil profissional, definindo que o graduando em história "deverá estar capacitado ao exercício do trabalho de Historiador, em todas as

[25] BRASIL. Parecer CNE/CES nº 492/2001, aprovado em 3 de abril de 2001, p. 5-6.
[26] Ibid., p. 5-6.

> suas dimensões, o que supõe pleno domínio da natureza do conhecimento histórico e das práticas essenciais de sua produção e difusão".[27]

Percebemos a não distinção entre formação para a pesquisa e para o ensino.

> Atendidas estas exigências básicas e conforme as possibilidades, necessidades e interesses das IES, com formação complementar e interdisciplinar, o profissional estará em condições de suprir demandas sociais relativas ao seu campo de conhecimento (magistério em todos os graus, preservação do patrimônio, assessorias a entidades públicas e privadas nos setores culturais, artísticos, turísticos etc.), uma vez que a formação do profissional de História se fundamenta no exercício da pesquisa.[28]

Fica muito evidente que a estrutura dos cursos está fundamentada na pesquisa; esta balizaria a formação não só do profissional que iria trabalhar na preservação do patrimônio, assessorias etc., como também a daqueles que iriam para o magistério. Mas de que pesquisa estão falando? Não há distinção entre a formação para a pesquisa e a formação para o magistério.

O documento também usa os conceitos de "competências e habilidades" no que se refere à formação do profissional de história. Entre elas, destacam-se:

> 1. Dominar as diferentes concepções metodológicas que referenciam a construção de categorias para a investigação e a análise das relações sócio-históricas;

---

27 Ibid., p. 7.

28 Ibid., p. 7.

> 2. Problematizar, nas múltiplas dimensões das experiências dos sujeitos históricos, a constituição de diferentes relações de tempo e espaço;
> 3. Conhecer as interpretações propostas pelas principais escolas historiográficas, de modo a distinguir diferentes narrativas, metodologias e teorias;
> 4. Transitar pelas fronteiras entre a História e outras áreas do conhecimento, sendo capaz de demarcar seus campos específicos e, sobretudo, de qualificar o que é próprio do conhecimento histórico;
> 5. Desenvolver a pesquisa, a produção do conhecimento e sua difusão não só no âmbito acadêmico, mas também em instituições de ensino, em órgãos de preservação de documentos e no desenvolvimento de políticas e projetos de gestão do patrimônio cultural.[29]

Entre as competências e habilidades listadas para o profissional de história não há nenhuma relacionada ao magistério e suas especificidades. Existe apenas uma pequena referência à produção do conhecimento e difusão da pesquisa não só no âmbito acadêmico, mas também nas instituições de ensino.

Sobre os conteúdos básicos e complementares da área de história, aqueles que correspondem a 50% do curso, existe menção aos conteúdos "histórico/historiográficos e práticas de pesquisa que, sob diferentes matizes e concepções teórico-metodológicas", estimulam "a produção e difusão do conhecimento". No que se refere às disciplinas optativas, aponta-se a necessidade de o graduando poder cursar disciplinas que garantam a interlocução com outras áreas do conhecimento.

Um terceiro conteúdo se refere aos "complementares", que serviriam para instrumentalizar minimamente o graduando e permitir o "atendimento de demandas sociais dos profissionais da área, tais

29 Ibid., p. 8.

como disciplinas pedagógicas, fundamentos de arquivologia, de museologia, gerenciamento de patrimônio histórico etc., necessariamente acompanhadas de estágio". As disciplinas pedagógicas aqui aparecem apartadas dos conteúdos tidos como básicos, reforçando a ideia de um 3 + 1, e são associadas à prática dos estágios.

O centro do debate das propostas da Anpuh, nos anos 1980 e 1990, se relacionava com as lutas dos historiadores em torno da profissionalização da pesquisa historiográfica, com a formação do profissional único, reafirmando a indissociabilidade entre ensino e pesquisa, com ênfase na construção do conhecimento por meio da produção da pesquisa histórica. Chamava-se a atenção para a necessidade de formar um profissional que dominasse a disciplina história. Dominando os procedimentos metodológicos e teóricos da escrita da história, bem como os debates historiográficos, ele estaria pronto para atuar nos diversos setores (magistério, preservação do patrimônio etc.).

Tendo como referência esse debate, o MEC publicou, em 13 de março de 2002, a Resolução CNE/CES nº 13, estabelecendo as Diretrizes Curriculares Nacionais dos Cursos de História, em que são definidas, entre outras coisas, as competências e habilidades gerais e específicas para os cursos de licenciatura em história.

> 1. Perfil dos Formandos
>
> O graduado deverá estar capacitado ao exercício do trabalho de Historiador, em todas as suas dimensões, o que supõe pleno domínio da natureza do conhecimento histórico e das práticas essenciais de sua produção e difusão. Atendidas estas exigências básicas e conforme as possibilidades, necessidades e interesses das IES, com formação complementar e interdisciplinar, o profissional estará em condições de suprir demandas sociais específicas relativas ao seu campo de conhecimento (magistério em todos os graus, preservação do patrimô-

> nio, assessorias a entidades públicas e privadas nos setores culturais, artísticos, turísticos etc.).[30]

Nesse trecho das diretrizes, a proposta da Anpuh é atendida. Fica enfatizado que o perfil de formação que se deseja nos cursos de história é o de um profissional qualificado para o exercício da pesquisa; o foco é a formação do historiador, tal como apontava o documento da associação. Contudo, analisando o texto das Diretrizes Curriculares Nacionais dos Cursos de História, no que se refere às competências e habilidades esperadas, fica evidente a separação entre competências e habilidades gerais e específicas para a licenciatura. Tal aspecto iria contrariar os pressupostos estabelecidos pelo documento da Anpuh.

> [...]
> 2. Competências e Habilidades
> A) Gerais
> a. Dominar as diferentes concepções metodológicas que referenciam a construção de categorias para a investigação e a análise das relações sócio-históricas;
> b. Problematizar, nas múltiplas dimensões das experiências dos sujeitos históricos, a constituição de diferentes relações de tempo e espaço;
> c. Conhecer as informações básicas referentes às diferentes épocas históricas nas várias tradições civilizatórias assim como sua inter-relação;
> d. Transitar pelas fronteiras entre a História e outras áreas do conhecimento;
> e. Desenvolver a pesquisa, a produção do conhecimento e sua difusão não só no âmbito acadêmico, mas também em instituições de ensino, museus, em órgãos de preservação de documentos e no desenvolvimento de políticas e projetos de gestão do patrimônio cultural;

30 Ibid., p. 7-8.

> f. Competência na utilização da informática.
>
> B) Específicas para licenciatura
>
> a. Domínio dos conteúdos básicos que são objeto de ensino-aprendizagem nos ensinos fundamental e médio;
>
> b. domínio dos métodos e técnicas pedagógicos que permitem a transmissão do conhecimento para os diferentes níveis de ensino.[31]

E ainda:

> Os colegiados das instituições deverão estruturar seus cursos, programas, disciplinas, áreas, setores ou outras modalidades, de acordo com seus objetivos específicos, assegurada a plena formação do historiador. Deverão incluir no seu projeto pedagógico os critérios para o estabelecimento das disciplinas obrigatórias e optativas, das atividades acadêmicas do bacharelado e da licenciatura, e a sua forma de organização: modular, por crédito ou seriado. O curso de licenciatura deverá ser orientado também pelas Diretrizes para a Formação Inicial de Professores da Educação Básica em cursos de nível superior.[32]

Sobre os conteúdos curriculares, as diretrizes definem que "no caso da licenciatura, deverão ser incluídos os conteúdos definidos para a educação básica, as didáticas próprias de cada conteúdo e as pesquisas que as embasam".[33]

Outro aspecto importante que pode ser percebido nessas diretrizes se refere à questão dos estágios e das atividades complementares. O texto coloca que "as atividades de prática de ensino deverão ser desenvolvidas no interior dos cursos de história, e sob

31 Ibid., p. 8.

32 Ibid., p. 8.

33 Ibid., p. 9.

sua responsabilidade, tendo em vista a necessidade de associar prática pedagógica e conteúdo de forma sistemática e permanente".[34]

Estes aspectos do documento final claramente contradizem a proposta da Anpuh no que se refere à necessidade da indissociabilidade entre ensino e pesquisa, de formação de um profissional único.

"A briga das diretrizes" ou a disputa na construção de um novo *ethos* de formação

O documento proposto pela Anpuh foi a base para a elaboração das DCNH. Contudo, alguns pontos seriam modificados, gerando uma imensa insatisfação dos historiadores, que repudiaram tais mudanças. Havia um entendimento de que se rompia a proclamada indissociabilidade, provocando uma divisão na formação promovida nos cursos de graduação em história.

O documento oficial do MEC vinculava as DCNH às Diretrizes da Formação de Professores (Parecer CNE/CP nº 9/2001), documento oficial de organização de todas as licenciaturas no Brasil. Esse parecer estabelece que as instituições de ensino superior (IES) passam a ter cursos de licenciatura com terminalidade própria e deveriam se submeter às Diretrizes para a Formação Inicial de Professores da Educação Básica em cursos de nível superior.[35]

Esse aspecto desagradou alguns membros da Anpuh. A associação decidiu contestar o texto final observando que ele propõe uma cisão entre a formação do historiador e do professor de história, rompendo a desejada indissociabilidade entre ensino e pesquisa. O XXI Simpósio Nacional de História da Anpuh, ocorrido em

34 Ibid., p. 9.
35 BRASIL. Parecer CNE/CP nº 9/2001, aprovado em 8 de maio de 2001.

julho de 2001, aprovou uma moção de repúdio. Segundo Regina Maria da Cunha Bustamante, a associação condenou as Diretrizes Curriculares para a Formação de Professores por "não respeitar 'o princípio da indissociabilidade entre ensino, pesquisa e extensão, bem como entre licenciatura e bacharelado'".

> Havia o receio de que elas acabassem por alargar o fosso entre Bacharelado e Licenciatura, em prejuízo de uma formação mais completa, complexa e integrada de um profissional de História, como apontada na proposta inicial das Diretrizes Curriculares do Curso de História, que seguiu em linhas gerais um documento do MEC, datado de 1986 [Bustamante, 2002].

Reunida num encontro nacional, que contou com a presença de representantes dos núcleos regionais e membros do GT de Ensino de História, a Anpuh elaborou um documento em que apresentava os pontos em que se demonstrava a contradição entre a proposta original que a Comissão de Especialistas havia feito e as Diretrizes para a Formação Inicial do Professor da Educação Básica.

> 1. Ainda que as Diretrizes Curriculares dos Cursos de História, aprovadas pelo CNE e já homologadas, em sua introdução critique e proponha a superação da dicotomia entre Bacharelado e Licenciatura, a sua articulação às Diretrizes para a Formação Inicial de Professor de Educação Básica reafirma a separação e contraria a concepção de formação de um profissional de História capacitado ao exercício do trabalho do historiador em suas múltiplas dimensões, o que supõe o domínio da natureza do conhecimento e práticas essenciais a sua produção e difusão.
> 2. A despeito da valorização da pesquisa anunciada pelas ditas diretrizes, centrada prioritariamente na área do ensino, a concepção que

se implementa textualmente é a da "transposição" do saber acadêmico para a área da educação, que inviabiliza o movimento inventivo da articulação entre diferentes saberes (históricos e educacionais) pelos sujeitos envolvidos. Como decorrência, instala-se uma ordem hierarquizada de saberes, privilegiando os conhecimentos acadêmicos, que sob a ótica pragmática e utilitarista, reduz a condição de professor a mero reprodutor de conhecimento. Considerando a necessidade de circularidade entre os lugares da produção dos conhecimentos, bem como a complexidade das relações entre as identidades e as diversidades relativas à formação do professor, enfatizamos que nos últimos 20 anos têm sido produzidas inúmeras pesquisas sobre tal temática. Tais investigações têm sido divulgadas em fóruns nacionais, organizados especialmente para o debate da temática do ensino de história, e têm propiciado a consolidação de linhas de pesquisa no interior dos cursos de pós-graduação voltadas para questões, tais como: consciência histórica, currículo, tempo histórico e educação, novas linguagens do ensino de história, livro didático, material escolar, identidades culturais, memória e ensino de história, educação indígena, dentre tantos outros.

3. O documento das diretrizes é marcado pela centralidade dada à "pedagogia da competência", apoiada numa concepção atrelada ao mundo do trabalho, que sobrevaloriza o fazer pedagógico em detrimento da relação entre teorias e práticas, sustentando-se muito mais numa visão individualizada do próprio trabalho. A complexidade do conceito de competência é traduzida através de uma leitura redutora e homogeneizadora, que frequentemente se confunde com habilidades técnicas e mecânicas. Ademais, o conceito é tão polêmico e pouco consensual que a própria discussão pelo CNE levou à apresentação de um voto em separado.

4. O documento propõe paradigmas relativos à formação de professores, que têm como alvo uma produtividade concentrada no

> mensurável, passível de ser controlada através de uma estrutura já montada de avaliações. Tal postura inviabiliza uma avaliação processual e qualitativa.
> 5. Por isso é impossível calar diante das distorções, deturpações, contradições (ou seria incompetência?) do MEC/CNE ao baixar diretrizes que, no mínimo, se contradizem no que diz respeito à formação dos professores de história.[36]

O tom duro do documento demostrava uma clara resistência às políticas públicas que se anunciavam, entendidas como "distorções, deturpações, contradições", chegando a mencionar uma possível incompetência do MEC/CNE. Em dezembro de 2004, a Anpuh também manifestou sua insatisfação em relação às DCNH em carta de protesto à reforma universitária.

A pesquisadora Aryana Lima Costa aponta os debates suscitados pela aprovação das DCNH. Alguns pesquisadores da área de ensino de história e da área de educação reprovaram o texto das DCNH em texto escrito para a Associação Nacional de Pós-Graduação e Pesquisa em Educação (Anped). Costa destaca os posicionamentos de Selva Guimarães Fonseca e Joana Neves. Para Fonseca, no texto "A formação do professor de história no Brasil: novas diretrizes, velhos problemas", a questão que se coloca é:

> O texto das Diretrizes, documento histórico, produção de historiadores brasileiros é explícito: os cursos de História devem formar o historiador, qualificado para o exercício da pesquisa. Atendida esta premissa, o profissional estará apto para atuar nos diferentes campos; inclusive no magistério. Forma-se o historiador. Sobre a formação do

36 Texto sobre a posição da Anpuh. Associação Nacional de História. 28 dez. 2001. *Diretrizes curriculares/formação de professores*. Informativo eletrônico. Disponível em: <www.anpuhpr.uepg.br>. Acesso em: 5 abr. 2018.

> professor, o texto silencia. A produção do silêncio é uma operação lógica. Certeau, ao analisar o lugar social da produção historiográfica e o papel dos historiadores na sociedade, afirma: "no que concerne às opções, o silêncio substitui a afirmação... Aqui o não dito é ao mesmo tempo o inconfessado de textos que se tornaram pretextos... Por que não dizer que o curso de História forma professores de História? Por que não confessar, para nós mesmos, formadores, que o campo de trabalho do historiador é basicamente o ensino? [...] Vivendo, construindo, fazendo história na realidade social brasileira o indivíduo que faz opção pelo curso de História se defronta com o seguinte dilema: Ser historiador ou ser professor de História? O documento curricular prescrito diz: "ser historiador, pesquisador", o real dirá: "ser professor". Por que não ser historiador e professor? Ou historiador-professor de História preparado para o exercício da pesquisa e do ensino? Por que não assumimos a formação do professor pesquisador? Como tornar-se professor de História neste contexto educacional? [Fonseca, 2001 apud Costa, 2009:8].

Ainda sobre esse debate, mas com um viés diferente, Costa traz a posição da pesquisadora Joana Neves.

> Essa proposição (a da Anpuh) traz para o interior dos cursos de graduação – mais exatamente para o núcleo curricular dos cursos, composto pelas disciplinas específicas – as questões pedagógicas, normalmente colocadas como apêndices exteriores e, quase sempre, estranhos ao curso. Nessa perspectiva, o que se coloca é a necessidade de se romper o silêncio tradicional e estabelecer o indispensável diálogo com a área educacional. Entretanto, é preciso ter clareza quanto aos "sons" produzidos para que não haja ainda mais ruídos na comunicação. Sendo a qualificação para a produção do conhecimento histórico a meta a ser alcançada pelo curso, a pesquisa histórica

> deverá, por isso, condicionar a *pedagogia* do curso. Assim sendo, nesses termos, a superação da dicotomia licenciatura - bacharelado ou formação pedagógica x formação específica deverá se dar por meio de uma correção de termos. Não se trata na verdade de inserir em uma formação de historiador uma formação pedagógica que o habilite para promover a produção do conhecimento histórico nos níveis fundamental e médio de ensino (ou realizar o, assim chamado, conhecimento histórico escolar). Trata-se de reconhecer a importância do *componente pedagógico* na própria formação do historiador [Neves, 2005 apud Costa, 2009:8, grifos no original].

Esses estudos apontam para uma "briga" entre Anpuh e MEC por causa das DCN da Formação de Professores, e entre pesquisadores da área de ensino de história. O foco desse debate está no entendimento do que estaria na essência da formação do historiador. Selva Fonseca (2001) discute a cisão entre formação de professor e historiador feita pelos cursos de graduação, apontando que a maior parte dos formandos vai para a área do magistério. O questionamento de Fonseca aponta o silenciamento em relação à formação do professor de história. Por sua vez, Neves (2005:81 apud Costa, 2009:8) chama a atenção para a importância do que deve haver de pedagógico na própria formação do historiador, deixando de pensar a pedagogia como algo externo a esse processo: de um lado, a formação do historiador e de outro, a formação do professor.

À luz de todo esse debate, Aryana Costa argumenta que seria perigoso reduzir os cursos de graduação aos campos de trabalho. Para ela,

> quando se condicionam os cursos de graduação por conta do campo de trabalho, como o ensino no caso do historiador, corremos o risco de cair em um reducionismo perigoso. Se este é o principal campo de

> trabalho para este profissional não significa que sua formação deva se restringir ao "dar aulas de História", quase um tecnicismo que pensamos ter sido superado há algum tempo e que certamente a autora do texto desaprovaria. Afinal de contas, este professor saberá que devido à configuração atual da História ele precisará transitar por vários territórios (discussões teórico-metodológicas da área, outros espaços e temas "apropriados" pela História, como museus e patrimônio histórico, as relações interdisciplinares, etc.) que extrapolam os momentos de ensino, se pretende lidar plenamente com a disciplina [Costa, 2009:9].

Ajustando o foco desse debate e procurando construir novas premissas, propomos aqui um exercício de pensamento a partir de algumas inversões e/ou substituições das colocações presentes na citação anterior, que se referem à questão do reducionismo; "afinal de contas", também o professor formado nos cursos de história "precisará transitar pelas escolas e salas de aula", além dos territórios teóricos ("discussões teórico-metodológicas da área", "relações interdisciplinares") e práticos que estariam relacionados ao trabalho com documentos históricos, visita a arquivos (outros espaços e temas "apropriados" pela história, como museus e patrimônio histórico) (Costa, 2009).

Esta polifonia sobre as concepções de formação nos cursos de história demonstra que alguns caminhos nesse debate ainda devem ser percorridos, e perguntas devem ser feitas ou mesmo reformuladas. Alguns questionamentos ainda precisam ser respondidos ou, pelo menos, melhor explorados, por exemplo, as relações entre teoria e prática ou, ainda, pesquisa e ensino. Que tipo de relação deve se estabelecer entre esses elementos constitutivos da formação nos cursos de história? De que teoria e prática estaríamos falando quando se trata da formação do historiador pesquisador? Seriam as mesmas da formação do historiador professor?

Nesse sentido, percebemos que um dos aspectos colocados se refere à dificuldade de identificar a dimensão de pesquisa que existiria nas licenciaturas, melhor dizendo, na formação do professor. Nesse caso, não estamos falando da ideia de um professor pesquisador no que se refere à pesquisa historiográfica ou mesmo àquela da pesquisa-ação como estratégia metodológica no exercício da docência. A pesquisa aqui se refere à ação reflexiva do profissional docente. Em outras palavras, um professor formado em uma licenciatura em história, que irá se dedicar ao magistério, tem como condição fundamental da sua boa formação entender os procedimentos teóricos e metodológicos da escrita da história, sua dimensão de pesquisa e suas abordagens teóricas, espaços e temas "apropriados pela história", sabendo "transitar por vários territórios". Contudo, além disso, ele deve aprender a ser um pesquisador da sua prática de ensino, um professor reflexivo, que domina uma epistemologia própria do ensino e do ensino de história, que tem temas, métodos e abordagens próprios.

O texto das diretrizes aponta para as necessidades e desafios dos cursos de licenciatura em história. Esses deveriam estar orientados, em seus programas, leituras, seminários, entre outros, no sentido da construção de um saber disciplinar estreitamente relacionado com os saberes da formação profissional. Para alguns pesquisadores, como Fonseca, o texto das Diretrizes Curriculares Nacionais dos Cursos de História ainda mantém a tradicional dicotomia entre teoria e prática, pois haveria uma ênfase no conhecimento acadêmico específico, em detrimento dos conhecimentos pedagógicos. Nas palavras da autora: "De que nos serviria um currículo que separa tão rigidamente teoria e prática, que supervaloriza o conhecimento específico da disciplina em detrimento dos outros saberes no atual contexto histórico e educacional de formação do profissional docente?" (Fonseca, 2001:12).

As mudanças nos cursos, no decorrer dos anos 2000, trazem a questão das licenciaturas com terminalidade própria.

> De acordo com essas resoluções, o curso de licenciatura deve ter um projeto pedagógico próprio e acesso direto pelos estudantes já no vestibular. Decreta-se o fim dos cursos "3 + 1".
>
> As reformas curriculares realizadas por indução dessas resoluções buscam integrar as disciplinas pedagógicas ao currículo do curso. A "racionalidade prática" substitui a "racionalidade técnica" na forma da lei. A lógica das competências orienta a ação de formação a ser realizada. A necessidade de superar a distância entre teoria e prática é enfrentada com base nessas orientações e na ampliação da carga horária de atividades práticas e de estágio. Do mínimo de 2.800 horas exigido, 1.000 são horas de atividades práticas.
>
> A "forma organizacional" foi novamente modificada. Mas questionamos: a "categoria institucional" licenciatura sofreu uma reconceitualização? Foi efetivamente modificada? [Monteiro, 2013:38].

As palavras de Monteiro apontam para uma necessária conceitualização nova das licenciaturas. De maneira geral, as discussões perdem essa dimensão. Ao formar professores, as licenciaturas estariam perdendo necessariamente aquilo que fundamenta o profissional de história: "exercício da pesquisa". Para pensar em novos significados para as licenciaturas, temos de redimensionar o conceito de pesquisa e de professor pesquisador, e não apenas colocar a licenciatura como o lugar da prática – aquele cujo objetivo fundamental seria o de aprender a "dar aulas de história" como um tecnicismo que, como afirma Aryana Costa (2009), teria sido "superado há algum tempo"; o lugar em que se formaria o profissional prático e não o pesquisador; ou, ainda, que abandonaria a essencialidade da formação, como aponta o documento das diretrizes ("a formação do profissional de História se fundamenta no exercício da pesquisa"). A formação de professores não estaria, necessariamente, forçando a perda daquilo que fundamenta o profissional de história: o exercício da pesquisa.

O profissional de história, reflexivo, formado em uma licenciatura, que irá se dedicar ao magistério, não é aquele que apenas domina o fazer histórico, a pesquisa e o debate historiográfico, bem como uma epistemologia da história, mas aquele que pesquisa e constrói uma reflexão sobre a epistemologia da sua prática no diálogo com a história. A dimensão reflexiva estaria fundamentada no exercício da pesquisa, e não no binômio observação/ação; seria necessário ressignificá-la, reconstruir um lugar para ela – o da ação/observação/pesquisa/reflexão/ação. Mas o que estaria em jogo ou em disputa nesse processo de ressignificação dentro do campo da história?

Um dos fatores que se encontra em disputa nesse processo é a construção de um determinado *ethos* de formação. Ao se afastar da indesejada licenciatura curta, construiu-se uma falsa polarização entre teoria e prática, entre formação de pesquisador e formação de professor no âmbito dos cursos de graduação em história. Tal polarização não foi constituída agora; mesmo na configuração do chamado 3 + 1, modelo anterior às diretrizes, ela já ocorria. O documento da Anpuh repudia essa separação no processo de formação dos cursos de história que culminaram na proposta atual de formação para a licenciatura com terminalidade própria, pois estaria reafirmando a separação e contrariando a concepção de "formação de um profissional de História capacitado ao exercício do trabalho do historiador em suas múltiplas dimensões, o que supõe o domínio da natureza do conhecimento e práticas essenciais a sua produção e difusão".[37]

---

37 BRASIL. Parecer CNE/CES nº 492/2001, aprovado em 3 de abril de 2001, p. 9.

O documento aponta ainda que as diretrizes implementam textualmente uma "transposição do saber acadêmico para a área da educação" e que se estaria, com isso, inviabilizando o "movimento inventivo da articulação entre diferentes saberes (históricos e educacionais) pelos sujeitos envolvidos". Um desdobramento disso seria a instalação de uma "hierarquização de saberes", o professor seria apenas um reprodutor de conhecimento. Tal concepção gera um estranhamento, visto que com as novas Diretrizes de Formação de Professores se coloca claramente a formação do professor a cargo dos cursos de história, que teriam de pensar a questão da prática desde o início do curso.

> O planejamento e a execução das práticas no estágio devem estar apoiados nas reflexões desenvolvidas nos cursos de formação. A avaliação da prática, por outro lado, constitui momento privilegiado para uma visão crítica da teoria e da estrutura curricular do curso. Trata-se, assim, de tarefa para toda a equipe de formadores e não, apenas, para o "supervisor de estágio". [...] A ideia a ser superada, enfim, é a de que o estágio é o espaço reservado à prática, enquanto, na sala de aula se dá conta da teoria.[38]

A pergunta que se faz é: por que teríamos de, necessariamente, pensar em "saberes hierarquizados"? Ou como pura transposição do saber acadêmico? Pensá-los como hierarquizados já pressupõe uma determinada visão de que existiriam saberes mais importantes que outros. Como construir um currículo que não hierarquize os saberes?

É importante destacar que o documento de repúdio da Anpuh chama atenção para a produção e divulgação dos últimos 20 anos

38 Ibid., p. 9.

de inúmeros estudos na área de ensino de história que contribuíram para a consolidação de linhas de pesquisa no interior dos cursos de pós-graduação, tais como: "consciência histórica, currículo, tempo histórico e educação, novas linguagens do ensino de história, livro didático, material escolar, identidades culturais, memória e ensino de história, educação indígena".[39]

Existe hoje uma necessidade de ampliação das pesquisas no sentido da problematização do que se entende por licenciatura e sobre o que significa formar um professor de história. Um dos objetivos dessas reflexões seria ressignificar o lugar de formação, colocando em diálogo as disciplinas ditas específicas e a questão do currículo, do livro didático, da educação indígena etc. A quem cabe formar o professor de história? Pensar o ensino de história não seria uma tarefa apenas da pós-graduação? De que forma, ou a partir de que pressupostos epistemológicos poderiam ser constituídos espaços de interseção entre bacharelado, licenciatura, escola e pós-graduação?

O saber da experiência profissional tem um papel muito importante na constituição da docência, contudo existem outros aspectos teóricos e práticos que deveriam ser construídos dentro dos cursos de formação. Nos cursos de graduação em história, as disciplinas específicas também são responsáveis por essa formação. Cabe ressaltar a defesa de que a formação do professor de história e a prática do magistério podem e devem ser fundamentadas na pesquisa. Tal colocação abre espaço para pensar uma nova identidade para as licenciaturas ou um novo *ethos* de formação.

---

39 Texto sobre a posição da Anpuh. Associação Nacional de História. 28 dez. 2001. *Diretrizes curriculares/formação de professores*. Informativo eletrônico Disponível em: <www.anpuhpr.uepg.br>. Acesso em: 5 abr. 2018.

2. Formação de professores: a perspectiva dos saberes

Pensando nos conteúdos que aprendeu na sua graduação em história, que tipo de relação você faz com o saber histórico acadêmico e o que, efetivamente, ensina para seus alunos (saber histórico escolar)? Resposta: "Terminei a graduação há pouco tempo e posso dizer que a relação é quase nenhuma. Do que aprendi na faculdade aplico muito pouco em sala de aula. São realidades muito distantes".
Qual o papel da pesquisa acadêmica para o senhor? Resposta: "Ela tem um papel importantíssimo, pois o produto de uma pesquisa, o texto acadêmico, reconstrói e conta a história dos homens no tempo. Acredito que todo bom professor tem de se especializar, fazer pós-graduação, mestrado, doutorado para aprimorar seu conhecimento e ter seu trabalho reconhecido".[40]

Um olhar sobre o ensino de história

Essas duas questões transcritas fizeram parte de uma proposta de trabalho que teve por objetivo fazer com que o aluno de graduação

---

40 Essas perguntas foram propostas no curso a distância Seminário em Ensino de História I, que ministro na Unirio em parceria com o Cederj. Em 2012, um aluno da graduação em história entrevistou um professor de história com dois anos de magistério, tendo experiência profissional nas redes municipal e estadual de educação do Rio de Janeiro, e com pós-graduação em história em andamento.

em história se aproximasse do universo dos professores que já tivessem iniciado sua carreira docente.

Alguns professores, ainda muito presos aos debates historiográficos, tônica de suas formações iniciais na graduação em história, apontam que seria fundamental atualizar os alunos nas últimas produções da historiografia, entendendo que a melhor aula seria aquela afinada com o que de mais novo houvesse em relação às pesquisas historiográficas sobre, por exemplo, a questão da abolição da escravidão no Brasil ou sobre a vinda da família real em 1808. Logo, uma boa aula seria aquela que dialogasse com o que de mais recente existisse de conhecimento produzido na academia. Outros professores, um pouco mais distantes da universidade, mas com maior experiência no magistério, se apoiavam nos saberes da experiência e nos materiais didáticos acessíveis, diante de uma jornada intensa de aulas.

As pesquisas sobre ensino de história estão no bojo das discussões a respeito dos saberes mobilizados pelos professores. Essas pesquisas apontam que ensinar história não seria uma mera transposição do conhecimento acadêmico. Embora tendo como origem o conhecimento científico, o que se ensina nas escolas não é mera simplificação, refração ou distorção desses saberes, mas algo que possui lógica própria, que faz parte do sistema didático (Bittencourt, 2004).

Nesse sentido, os saberes escolares seriam o resultado de uma transformação, possuiriam características próprias e seriam constituídos a partir dos desafios e objetivos do processo educativo. Estariam numa relação dinâmica com uma pluralidade de saberes: os oriundos da formação profissional, os saberes pedagógicos; os saberes disciplinares específicos das disciplinais, no caso história; os saberes curriculares, ligados aos programas escolares, metodologias; e, por fim, o saber da experiência, ou saberes da prática, que "brotam da experiência e são por ela validados" (Tardif, 2002:39).

Sendo assim, não haveria uma hierarquização entre eles, por exemplo, o saber acadêmico não estaria em uma posição superior em relação ao saber histórico escolar e nem seria a única referência, mas estaria ajudando nesse processo de construção de inteligibilidade sobre o mundo.

Tais abordagens vão de encontro aos modelos baseados na racionalidade técnica e científica que organizaram a maior parte dos cursos de formação de professores. Entre eles estaria o modelo de transmissão, em que os conteúdos científicos e/ou pedagógicos seriam passados aos professores sem uma preocupação maior com as habilidades necessárias para a prática ou ensino dos mesmos. Outro seria o modelo acadêmico tradicional, que entende o conhecimento disciplinar e/ou científico como suficiente para o ensino e que os aspectos práticos poderiam ser adquiridos com a experiência docente.

Em pesquisa feita a partir dos relatórios dos alunos e das experiências na disciplina de estágio supervisionado, Cristiani Bereta da Silva e Luciana Rossato investigaram os desafios de ensinar e aprender história na educação básica e de que forma esses desafios são enfrentados na formação docente inicial. Para as autoras,

> Há que se pesar, porém, que a despeito dessas iniciativas ainda persiste a ideia – incrustada na tradição acadêmica – de que para ensinar História os acadêmicos precisam prioritariamente dominar os conteúdos históricos. Muitos colegas ainda acreditam e defendem que basta formar bons historiadores para que tenhamos bons professores de História. Resultam dessa tradição atribuições de significados (re) construídos pelos acadêmicos dos cursos de História sobre o lugar que as disciplinas que abordam teorias da aprendizagem – sejam elas

> referentes a Jean Piaget, Lev Vygotsky ou mesmo aquelas situadas na teoria da História, como as elaboradas por Jörn Rüsen – ocupam no currículo. Não é raro que eles critiquem e, muitas vezes, negligenciem essas disciplinas "pedagógicas" quando fazem a avaliação do currículo do curso, ou mesmo quando buscam atribuir sentido às práticas do estágio supervisionado em suas narrativas escritas [Silva e Rossato, 2013:68-69].

Continuam afirmando:

> Nossa experiência na formação dos professores para a Educação Básica nos permite afirmar que ainda damos mais atenção às metodologias de ensino e à seleção dos conteúdos históricos a serem ensinados e deixamos pouco espaço para o estudo e a compreensão dos sujeitos da aprendizagem e dos processos do aprender [Silva e Rossato, 2013:69].

Um aspecto interessante desse estudo se refere a uma ideia corrente nos cursos de história de que a formação de bons historiadores garantiria a formação de bons professores de história. Nas palavras contidas em um dos relatórios de estágio analisados pelas pesquisadoras, consegue-se perceber tal questão:

> Também refleti sobre a possibilidade de problematizar o abismo existente entre a Universidade, suas pesquisas intelectualizadas e seu vocabulário rebuscado, e a unidade escolar básica, a qual tem dinâmica particular e propõe a formação geral do indivíduo, a partir de bases preferencialmente críticas. O entrave entre as duas instituições fica evidente quando é preciso, por parte do professor do ensino básico, tornar didática a informação minuciosa e perspicaz que apreende na Universidade, que muitas vezes é abstrata, a discentes que naturalmente possuem capacidade de reflexão diferenciada. As inquietações

> que envolvem a vida de professor, seus desafios são demasiados. Logo, como transformar em texto articulado todas as sensações e reflexões experimentadas durante o decorrer do estágio? [Araújo apud Silva e Rossato, 2013:79].

Preocupado com a construção do conhecimento profissional docente, António Nóvoa aponta a dificuldade em se definir esse conhecimento, que "tem uma dimensão teórica, mas não é apenas teórico; tem uma dimensão empírica, mas não é unanimemente produzido pela experiência". Na busca de uma definição, o autor afirma, como hipótese de trabalho, que o conhecimento profissional depende de uma "reflexão prática e deliberativa", uma escolha e um esforço de reelaboração (Nóvoa, 2008:231-232). A partir destas ideias, estabelece o conceito de transformação deliberativa.

> [...] a procura de um conhecimento pertinente, que não é uma mera aplicação prática de uma qualquer teoria, mas que exige sempre um esforço de reelaboração. Estamos no âmago do trabalho do professor. Nos últimos vinte anos, vulgarizou-se o conceito de transposição didática, trabalhado por Yves Chevallard (1985), para explicar a ação docente. Posteriormente, Philippe Perrenoud (1998) avançou o conceito de transposição pragmática para sublinhar a importância da mobilização prática dos saberes em situações inesperadas e imprevisíveis. Pessoalmente, prefiro falar em transformação deliberativa, na medida em que o trabalho docente não se traduz numa mera transposição, pois supõe uma transformação dos saberes, e obriga a uma deliberação, isto é, a uma resposta a dilemas pessoais, sociais e culturais [Nóvoa, 2009:1].

Essas palavras nos ajudam a refletir sobre alguns aspectos ressaltados na pesquisa de Cristiani Bereta da Silva e Luciana Rossato, como a ideia de que o professor teria como uma de suas tarefas "tornar didática a informação minuciosa e perspicaz que apreende na Universidade" (Araújo apud Silva e Rossato, 2013:79). Essa colocação seria uma das faces das transformações deliberativas colocadas por Nóvoa. As escolhas de caminhos e posicionamentos são processos intrínsecos à ação docente e estão envolvidas numa dimensão teórico-prática muito complexa que precisa ser investigada do ponto de vista da formação inicial.

Na formação do professor de história, havia o predomínio curricular dos conhecimentos historiográficos e teórico-metodológicos, sem existir uma aproximação mais significativa com os saberes pedagógicos. De acordo com Fonseca (2001), esse conhecimento apresentaria uma autonomia em relação às faculdades de educação e aos cursos de formação de professores. Desse modo, o professor seria visto como um especialista portador de conhecimentos científicos que serviriam de apoio para sua prática.

No Brasil, a partir dos anos 2000, esse modelo ainda foi norteador na organização dos cursos que formam professores de história. Várias críticas vêm sendo feitas por pesquisadores e associações a este modelo, que apresentaria lacunas, limitações e problemas. As críticas chamam atenção para o fato de que esse tipo de formação não seria capaz de preparar os professores para lidar com as questões do cotidiano escolar, próprias do processo de ensino-aprendizagem. Diante disso, seria preciso buscar em novas pesquisas o estudo de modelos alternativos, inspirados em uma racionalidade prática. Flávia Caimi (2006:31) aponta que

> é paradoxal verificar como persiste, nos meios acadêmicos, a concepção de que, para ensinar História, basta a apropriação, nos cursos de formação, pelo futuro professor, dos conhecimentos históricos produzidos e sistematizados pela historiografia e pela pesquisa histórica.

Os estudos sobre como as crianças e os jovens constroem conceitos seriam deixados de lado. Em outro estudo, as reflexões da pesquisadora também chamam atenção para a necessidade de pensar esse aspecto.

> Ao invés de dicotomizar conteúdo e método, teoria e prática, saber específico e saber pedagógico, precisamos investir, ao longo do curso (não só na dinâmica dos estágios), num processo pedagógico que instaure condições de os acadêmicos - que não são alunos, mas, sim, profissionais em formação -, como sujeitos do conhecimento, construírem posicionamentos epistemológicos que lhes permitam entender os (também próprios) processos de construção cognitiva. Isso implica educá-los/educar-nos na perspectiva de um sujeito cognitivo que, muito mais do que aprender conteúdos históricos acadêmicos e saber "(re)transmiti-los" no âmbito escolar, compreende o que se pode fazer, criativa e criticamente, com o que se aprende e se conhece [Caimi, 2009:40].

O ponto de partida seria compreender o conteúdo específico da disciplina que irá ensinar, "reconhecer como os conhecimentos se estruturam e se relacionam do ponto de vista teórico, historiográfico e metodológico" (Caimi, 2006:39), bem como compreender os procedimentos de pesquisa histórica. Nesse sentido, alguns elementos seriam necessários à aprendizagem profissional da docência. Tais elementos deveriam ser construídos nos cursos de licenciatura em história.

A década de 1990 assistiu ao crescimento dos estudos sobre o ensino de história e ao surgimento de grupos de pesquisadores e eventos sobre o tema, como o Encontro Nacional de Pesquisadores em Ensino de História, o Encontro Nacional Perspectivas do Ensino de História e os encontros regionais e nacionais da Associação

Nacional de História (Anpuh). Grande parte dos trabalhos hoje na área de ensino de história tem avançado na direção de pesquisar os saberes docentes, no entanto muitos deles concentram as análises na face escolar desses saberes.

Ana Maria Monteiro focalizou as formas como os professores de história mobilizam os saberes que dominam para lidar com os saberes que ensinam. O foco, então, seriam os saberes ensinados no âmbito escolar. Ao investigar como os professores lidam com eventos, conceitos, fontes, exemplificações, ou seja, como ensinam, a autora resgata o papel do professor como produtor de um tipo específico de conhecimento e não como mero reprodutor do conhecimento acadêmico. O professor, nessa perspectiva, seria "um autor do seu texto de saber", e a sala de aula seria entendida, então, "como um espaço de ação e produção de saberes" (Monteiro, 2007:115).

> Suas aulas expressam configurações deste saber escolar, saberes ensinados ou conteúdos pedagogizados, que não são meras transposições do conhecimento científico, mas saberes estruturados a partir de finalidades educativas presentes no contexto escolar, com racionalidade e injunção próprias. Configuram-se em narrativas nas quais os alunos podem atribuir significados às experiências históricas estudadas [Monteiro, 2007:236].

Entrevistando e observando aulas de quatro professores de história, experientes e bem-sucedidos, Monteiro chegou a algumas conclusões e apontou importantes caminhos que ainda precisariam ser trilhados.

Os professores apresentaram algumas preocupações comuns, como o questionamento sobre a formação universitária no que se refere ao ensino da história e, principalmente, à formação de docentes. Formação considerada muito "insuficiente", levando os professores a concluírem que "aprenderam a lecionar na prática". A autora afirma ainda que existe um ponto que precisaria ser melhor investigado em futuras pesquisas.

> Se a formação disciplinar foi tão precária, ela fundamenta um trabalho docente bem realizado que revela marcas dos saberes disciplinares. Esses saberes foram aprendidos exclusivamente na prática? Ou foram aprendidos nas aulas, apesar das críticas feitas? Foram aprendidos com a prática de professores referenciais? Ou o foram com as experiências vividas no movimento estudantil ou com as experiências de vida ali propiciadas? Ou foi tudo isso ao mesmo tempo?
>
> [...] Reconheço, no entanto, que características mais detalhadas dos processos de sua constituição precisariam ser melhor investigados [*sic*] [Monteiro, 2007:230-231].

A conclusão a que se chega é que os saberes dos professores seriam constituídos de todos esses saberes. Se todos esses aspectos constituíram o saber docente, por que os discursos dos professores sobre suas práticas ainda estariam tão distantes desse entendimento?

Em outro trecho, em que analisa as contribuições de Shulman, Ana Maria Monteiro opina:

> Mas discordo daqueles que afirmam que os saberes docentes são tácitos, que emergem nas situações da prática, de forma quase inconsciente. Se isso (ainda) acontece com grande parte dos professores, que assim reproduzem práticas introjetadas a partir dos modelos de seus professores e experiências como alunos, é porque a formação de professores tem sido realizada de forma muito precária, insuficiente,

> [...] fato este confirmado pelos professores participantes desta pesquisa em vários momentos dos depoimentos aqui transcritos.
>
> Acredito que pesquisas precisam ser realizadas para que possamos melhor conhecer os processos em curso nas atividades de ensino, pesquisas em que as categorias de análise articulem referenciais do campo educacional com aqueles dos campos disciplinares envolvidos e que reconheçam a especificidade dos saberes docentes [Monteiro, 2007:188-189].

A ideia de que os professores são guiados por saberes – silenciosos, implícitos – que advêm da experiência profissional cotidiana confere a este saber um valor limitado, pois esses professores muitas vezes não conseguem perceber que são constituídos de tais saberes, afetando diretamente sua identidade e profissionalização. Os professores deveriam ser capazes de compreender os conteúdos aprendidos em seus cursos de formação e as relações entre esses conteúdos e o que se ensina na sala de aula.

A formação de professores feita de forma precária é aqui apontada como uma das razões para essa não compreensão ("inconsciência") do professor em relação aos saberes que ele estaria mobilizando em sua docência. Ele não conseguiria ter uma metacompreensão do seu trabalho, reproduzindo muitas vezes práticas dos seus antigos professores quando era aluno. Mas o que estaria por trás dessa chamada precariedade da formação de professores? Monteiro aponta que, apesar dessa aparente precariedade, os docentes realizam um trabalho bem fundamentado. A questão é: por que os professores não conseguem perceber a importância e a potência dos saberes de sua formação inicial?

A quem cabe formar um professor?

As indagações sobre o processo de constituição do saber docente ainda precisam ser esclarecidas, principalmente no que se refere à etapa inicial de formação, na universidade, em que começam a ser construídos e legitimados os saberes disciplinares e os da formação profissional, ou pedagógicos. Como coloca Selva Guimarães Fonseca (2001:1),

> é sobretudo na formação inicial, nos cursos superiores de graduação, que os saberes históricos e pedagógicos são mobilizados, problematizados, sistematizados e incorporados à experiência de construção do saber docente. Trata-se de um importante momento de construção da identidade pessoal e profissional do professor, espaço de construção de maneiras de ser e estar na futura profissão.

Essas palavras apontam para uma discussão candente não só nas instâncias governamentais, por meio da elaboração de diretrizes e políticas públicas, mas também nos meios acadêmicos hoje: a formação de professores.

Dentro desta perspectiva, Maria Izabel Cunha menciona um aspecto importante:

> Tenho levantado o fato de que a Universidade carrega um paradoxo muito evidente nesse tema. Ao mesmo tempo que, através de seus cursos de licenciatura, afirma haver um conhecimento específico, próprio ao exercício da profissão docente e legitimado por ela na diplomação, nega a existência deste saber quando se trata de seus próprios professores [Cunha, 2001].

Esta tarefa nos faz percorrer um "território contestado", disputado por universidades e institutos superiores de educação, áreas de conhecimento específico e pedagógico. Dentro das universidades, "quais professores pesquisadores detêm o melhor perfil e a competência para formar os professores: os professores/pesquisadores das áreas específicas ou os professores/pesquisadores da área de educação? Ou ambos?" (Monteiro, 2013:21).

A opção pela carreira do magistério passa antes por algumas etapas. O motivo para escolher um curso de licenciatura muitas vezes está relacionado a um interesse despertado ainda nos bancos escolares, quando, como aluno ou aluna da educação básica, se participa das aulas de física, matemática, geografia ou história. Os exames de vestibular, a aprovação, a entrada no curso escolhido, as aulas do primeiro período, tudo isso, muitas vezes, vem antes da formalização da ideia de "se tornar professor de".

Uma situação muito comum nas universidades que oferecem os cursos de bacharelado e licenciatura em história é a elaboração de uma grade de disciplinas que constituiria um núcleo comum (história do Brasil I, história da América I etc.) para todos os alunos. Logo, mesmo que o aluno tenha entrado no curso de licenciatura em história, fará disciplinas escolhidas também por aqueles que optaram por fazer o curso de bacharelado.

Tal realidade nos remete às questões já apontadas, a partir da leitura de Goodson (1997), a respeito das mudanças organizacionais nas instituições de ensino direcionadas pelas políticas públicas. Goodson expõe que as mudanças organizacionais nem sempre vêm acompanhadas de uma mudança nas categorias institucionais. As Diretrizes Curriculares Nacionais da Formação de Professores (DCNFP) de 2002 definiram que as licenciaturas deveriam ter terminalidade própria, com projetos e currículos específicos que não se confundiriam com o bacharelado.

Na prática, nas universidades pesquisadas, vemos que existiriam não só limites físicos e administrativos para tal mudança, como limites culturais e políticos. Como demonstra a documentação pesquisada, na maioria dessas universidades, a forma de ingresso no curso já foi mudada de acordo com as diretrizes. Os alunos e alunas, ao optarem pelo curso de graduação em história, escolhem entre as modalidades de licenciatura ou bacharelado. Apesar disso, não houve mudanças expressivas na organização de tais cursos. Vemos aqui uma divergência entre as "mudanças organizacionais" e as "categorias institucionais". Em outras palavras, não houve mudanças na cultura institucional (Goodson, 1997).

Nas instituições, os professores das disciplinas específicas estariam, portanto, compartilhando, junto com os professores de didática e estágio supervisionado, por exemplo, a responsabilidade de formação de um professor. Ou não? A quem cabe formar um professor?

A partir dessas indagações e ajustando o foco das nossas preocupações, percebemos a necessidade de jogar mais luz sobre a prática docente universitária, em outras palavras, refletir sobre a perspectiva dos saberes e práticas docentes dos professores dos cursos de formação. Maurice Tardif, preocupado com os problemas epistemológicos do modelo universitário de formação, aponta que, de forma geral, os cursos de formação de professores são "idealizados segundo um modelo aplicacionista do conhecimento" (Tardif, 2000:18), ou seja, os alunos passam o curso assistindo a aulas das disciplinas específicas e, em seguida (ou paralelamente), vão estagiar para "aplicarem" os conhecimentos que aprenderam. Quando termina a graduação, os alunos se formam e "começam a trabalhar sozinhos, aprendendo seu ofício na prática e constatando, na maioria das vezes, que esses conhecimentos proposicionais não se aplicam bem na ação cotidiana" (Tardif, 2000:18). O autor segue dizendo:

> Esse modelo aplicacionista não é somente ideológico e epistemológico, é também um modelo institucionalizado através de todo o sistema de práticas e de carreiras universitárias. Por exemplo, a pesquisa, a formação e a prática constituem, nesse modelo, três polos separados: os pesquisadores produzem conhecimentos que são em seguida transmitidos no momento da formação e finalmente aplicados na prática: produção dos conhecimentos, formação relativa a esses conhecimentos e mobilização dos conhecimentos na ação tornam-se, a partir desse momento, problemáticas e questões completamente separadas, que competem a diferentes grupos de agentes: os pesquisadores, os formadores e os professores [Tardif, 2000:18].

Tardif completa:

> Por sua vez, cada um desses grupos de agentes é submetido a exigências e a trajetórias profissionais conforme os tipos de carreira em jogo. De modo geral, os pesquisadores têm interesse em abandonar a esfera da formação para o magistério e em evitar investir tempo nos espaços de prática: eles devem antes de tudo escrever e falar diante de seus pares, conseguir subvenções e formar outros pesquisadores por meio de uma formação de alto nível, doutoral ou pós-doutoral, cujos candidatos não se destinam ao ensino primário e secundário [Tardif, 2000:18].

Essas características da epistemologia e da docência universitárias apontadas por Tardif são, em certa medida, encontradas nos cursos de graduação em história. Construção de cursos monográficos, empenho na formação de futuros pesquisadores, escolhas metodológicas e didáticas que reforçam o *modus operandi* da profissão de pesquisador seriam sinais da construção deste modelo de docência acadêmica. Essas condutas estariam a serviço da formação de um *ethos* acadêmico, ou em outras palavras, uma cultura profissional do docente universitário.

As ideias de Tardif nos remetem a uma reflexão importante sobre a formação: o que seriam exatamente esses cursos de formação? Terminologia corrente nos estudos sobre formação de professores, mas que precisa urgentemente ser problematizada. Quando pensamos em um curso de formação de professores, é muito comum vir à nossa cabeça a formação nas disciplinas pedagógicas oferecidas, em geral, nas faculdades de educação no interior das universidades depois de cursadas as disciplinas específicas ou, em alguns casos, paralelamente. Contudo, o debate proposto pelas diretrizes estaria alargando os sentidos dessa formação e incluindo diferentes atores neste processo. Como disposto nas DCNFP:

> Art. 5º. O projeto pedagógico de cada curso, considerado o artigo anterior, levará em conta que:
> I - a formação deverá garantir a constituição das competências objetivadas na educação básica;
> II - o desenvolvimento das competências exige que a formação contemple diferentes âmbitos do conhecimento profissional do professor;
> III - a seleção dos conteúdos das áreas de ensino da educação básica deve orientar-se por ir além daquilo que os professores irão ensinar nas diferentes etapas da escolaridade;
> IV - os conteúdos a serem ensinados na escolaridade básica devem ser tratados de modo articulado com suas didáticas específicas;
> V - a avaliação deve ter como finalidade a orientação do trabalho dos formadores, a autonomia dos futuros professores em relação ao seu processo de aprendizagem e a qualificação dos profissionais com condições de iniciar a carreira.[41]

41 BRASIL. Resolução CNE/CES nº 2/2002, de 19 de fevereiro de 2002, p. 2.

Nas diretrizes, fica clara a necessidade de estabelecer uma articulação, até então inexistente ou pouco eficiente, entre conteúdo ensinado e as didáticas específicas. Outra questão que se coloca é a da construção da "autonomia e da qualificação dos futuros professores", tanto em relação ao "seu processo de aprendizagem" quanto ao que se refere a sua iniciação na carreira docente. Preocupado com a iniciação à docência e em definir o que seria um bom professor, Nóvoa (2009:3) critica a ideia de competências e propõe o conceito de disposições.

> Durante muito tempo, procuraram-se os atributos ou as características que definiam o "bom professor". Esta abordagem conduziu, já na segunda metade do século XX, à consolidação de uma trilogia que teve grande sucesso: saber (conhecimentos), saber-fazer (capacidades), saber-ser (atitudes). Nos anos 90 foi-se impondo um outro conceito, competências, que assumiu um papel importante na reflexão teórica e, sobretudo, nas reformas educativas. Todavia, apesar de inúmeras reelaborações, nunca conseguiu libertar-se das suas origens comportamentalistas e de leituras de cariz técnico e instrumental [...] Coloco, assim, a tônica numa (pre)disposição que não é natural mas construída, na definição pública de uma posição com forte sentido cultural, numa profissionalidade docente que não pode deixar de se construir no interior de uma pessoalidade do professor.

O autor fala da necessidade de construir (pre)disposições, que teriam um sentido de uma cultura profissional, dentro do que chama de profissionalidade docente. Para a construção dessa profissionalidade docente seriam necessários os seguintes aspectos: conhecimento; cultura profissional – "Ser professor é compreender os sentidos da instituição escolar, [...] É na escola e no diálogo com os outros professores que se aprende a profissão" (Nóvoa, 2009:3);

tato pedagógico; trabalho em equipe; compromisso social, em que educar significaria fazer com que a criança "ultrapasse as fronteiras que, tantas vezes, lhe foram traçadas como destino pelo nascimento, pela família ou pela sociedade" (Nóvoa, 2009:3).

Quais seriam os espaços de construção dessa profissionalidade? Como se formaria um professor?

Nóvoa defende uma "formação de professores construída dentro da profissão, isto é, baseada numa combinação complexa de contributos científicos, pedagógicos e técnicos, mas que tem como âncora os próprios professores" (Nóvoa, 2009:3). Nesse sentido, a formação deveria assumir "uma forte componente práxica, centrada na aprendizagem dos alunos e no estudo de casos concretos, tendo como referência o trabalho escolar" e também deveria "passar para 'dentro' da profissão", baseada naquilo que o autor chama de "aquisição de uma cultura profissional", em que os professores mais experientes teriam um "papel central na formação dos mais jovens" (Nóvoa, 2009:4). De acordo com o autor,

> a formação de professores continuou a ser dominada mais por referências externas do que por referências internas ao trabalho docente. Impõe-se inverter esta longa tradição, e instituir as práticas profissionais como lugar de reflexão e de formação. Não se trata de adotar uma qualquer deriva praticista e, muito menos, de acolher as tendências anti-intelectuais na formação de professores [...]. Trata-se, sim, de abandonar a ideia de que a profissão docente se define, primordialmente, pela capacidade de transmitir um determinado saber. É esta concepção que tem levado às intermináveis discussões entre "republicanos", que apenas se interessariam pelos conteúdos científicos, e "pedagogos", que colocariam os métodos de ensino acima de todo o resto? Não. O que caracteriza a profissão docente é um lugar outro, um terceiro lugar, no qual as práticas são investidas

> do ponto de vista teórico e metodológico, dando origem à construção de um conhecimento profissional docente [...] as práticas docentes são extremamente difíceis e complexas, mas, por vezes, alimenta-se publicamente a ideia de que ensinar é muito simples, contribuindo assim para um desprestígio da profissão [Nóvoa, 2009:4].

Essa colocação não significa um abandono do "domínio científico de uma determinada área do conhecimento", para ele "absolutamente imprescindível". O que precisaria ainda ser feito é "a transformação da prática em conhecimento". Para isso, propõe uma nova configuração para a formação de professores.

> É escusado dizer que, sobretudo no caso da formação de professores do ensino secundário, o domínio científico de uma determinada área do conhecimento é absolutamente imprescindível. Sem esse conhecimento tudo o resto é irrisório. Parto do pressuposto que, na atual configuração das políticas europeias, se define o Mestrado como grau acadêmico para a entrada na profissão docente. Os candidatos ao professorado terão, assim, de percorrer três momentos de formação:
>
> - A licenciatura numa determinada disciplina científica;
> - O mestrado em ensino, com um forte referencial didático, pedagógico e profissional;
> - Um período probatório, de indução profissional [Nóvoa, 2009:5].

De acordo com essas ideias, a formação deveria ser pensada a partir de três aspectos inter-relacionados: formação inicial, indução profissional e formação continuada. A imagem seria a de uma "casa comum" da formação e da profissão, não podendo haver uma fragmentação. A indução profissional se refere ao desenvolvimento de um conjunto de disposições profissionais somado à formação de uma posição social como profissional docente na escola e na sociedade (Nóvoa, 2009:5).

A tentativa de "reconstruir os fundamentos epistemológicos da profissão", como coloca Tardif, vem sendo pensada há algumas décadas. Diferentes iniciativas têm sido exploradas, com tarefas concretas para os professores universitários. Vários modelos de formação têm sido implantados em universidades norte-americanas e canadenses. Os novos modelos teriam como prerrogativa o protagonismo dos "professores de profissão", que atuam nas escolas. Eles deveriam ser "considerados de fato e de direito, formadores de futuros professores". Para o autor,

> esses fenômenos, e muitos outros semelhantes, mostram que a formação para o magistério está se transformando lentamente, mas na direção certa, dando um espaço cada vez maior aos professores de profissão, os quais se tornam parceiros dos professores universitários na formação dos seus futuros colegas [Tardif, 2002:240-241].

Estes fundamentos também passariam pela lógica profissional, baseada na análise das tarefas e conhecimentos dos professores que atuam na educação básica. Os conhecimentos específicos da profissão de professor deveriam estar mais presentes na formação para o magistério. Tardif (2002:240-241) observa que

> o trabalho do professor exige conhecimentos específicos a sua profissão e dela oriundos, então a formação de professores deveria, em boa parte, basear-se nestes conhecimentos. Mais uma vez é estranho que a formação de professores tenha sido e ainda seja bastante dominada por conteúdos e lógicas disciplinares, e não profissionais. [...] O que é preciso não é exatamente esvaziar a lógica disciplinar dos programas

de formação para o ensino, mas pelo menos abrir um espaço maior para uma lógica da formação profissional.

Um dos instrumentos para combater uma lógica baseada nos saberes disciplinares e fragmentados é criar "equipes de formação pluricategoriais (responsáveis por disciplinas, professores, diretores de escola, pedagogos, didatas)", seguindo o que Tardif (2000:21) chama de "lógica da socialização profissional".

Ken Zeichner aponta que a criação de espaços comuns de formação tem sido discutida desde os anos 1970, quando John Goodlad propôs que a formação de professores se situasse no interior de centros pedagógicos específicos. Analisando os programas de formação de professores nos Estados Unidos, Zeichner sugere pensar essas questões a partir do "conceito de 'terceiro espaço' como uma lente para discutir vários tipos de cruzamentos de fronteira entre universidade e escola" (Zeichner, 2010:486). Para este autor, o conceito de terceiro espaço está relacionado à criação de espaços híbridos nos programas de formação inicial de professores, reunindo professores da educação básica e do ensino superior, "conhecimento prático profissional e acadêmico em novas formas para aprimorar a aprendizagem dos futuros professores" (Zeichner, 2010:487). Essa perspectiva seria contrária "à desconexão tradicional entre escola e universidade e à valorização do conhecimento acadêmico como a fonte de autoridade do conhecimento para a aprendizagem sobre o ensino" (Zeichner, 2010:487), o que seria próprio dos modelos tradicionais de formação de professores. O terceiro espaço reuniria o conhecimento prático ao acadêmico de modo menos hierarquizado, tendo em vista a criação de novas oportunidades de aprendizagem para professores em formação.

A sugestão aqui envolve pensar, para a formação, novos sentidos, que, necessariamente, devem articular todos os sujeitos e instituições envolvidos nesse processo, reunindo conhecimento prático e acadêmico, abandonando uma perspectiva de hierarquização de saberes. Esses esforços estariam envolvendo, segundo Zeichner (2010:493),

> uma mudança na epistemologia da formação do professor, que passa de uma situação em que o conhecimento acadêmico é visto como a fonte legítima do conhecimento sobre o ensino para outra em que diferentes aspectos do saber que existe nas escolas e nas comunidades são incorporados à formação de professores e coexistem num plano mais igualitário com o conhecimento acadêmico. Argumentou-se que essa visão mais ampla sobre os diferentes saberes, que são necessários para formar professores, expande as oportunidades de aprendizagem docente na medida em que novas sinergias são criadas por meio do jogo interativo entre conhecimentos das mais diferentes fontes.

No Brasil, nas primeiras décadas do século XXI, têm surgido propostas para integrar universidade e educação básica. A perspectiva seria a construção de um lugar de interseção de formação docente, o chamado "terceiro lugar". Tal ideia tem ganhado grande repercussão, influenciando as recentes políticas públicas para a formação de professores nas universidades e nos institutos federais – por exemplo, o projeto de Residência Pedagógica proposto pelo MEC e o Complexo de Formação que está em desenvolvimento na UFRJ.

Em entrevista publicada na revista *Ensino Superior*, Nóvoa (2016) afirma:

> *Há algo central a ser resolvido quanto à desvalorização das licenciaturas?*
> Estou influenciado pela minha experiência como reitor, mas neste momento acredito que as condições institucionais são muito im-

> portantes. No fundo, se criarmos boas condições institucionais para essa formação, as pessoas tenderão a adaptar-se a elas. Acho que o problema principal da formação inicial de professores é a falta de um lugar dentro das universidades onde se formam os professores, a falta de uma casa comum. Por que os professores trabalham nas licenciaturas de biologia, história, matemática separadamente? Onde está o lugar em que nos sentamos à volta de uma mesa para pensar como se forma o professor? Esse lugar muitas vezes não existe nas instituições de ensino superior. Gostaria de convidar as universidades a criarem essa casa comum para a formação de professores. Pode ser um prédio, um colegiado; cada universidade decidirá o que quer fazer, mas tem de haver um lugar, um espaço, onde se reflita sobre essa formação.

A ideia do terceiro lugar, aqui, se traduz na imagem de uma casa comum, um "*meso*lugar de análise", em outras palavras, um lugar de interseção, fundamental para pensar esta pretendida articulação entre os saberes universitários e os saberes profissionais.

Os caminhos apontados nessa direção têm sido de imensa valia para discutir o que seria este outro lugar para a formação ou, ainda, a formação que passaria "por dentro" da profissão. Como observa Tardif (2002:286), esse modelo deveria comportar a implantação de novos dispositivos que pudessem proporcionar um "vai e vem constante entre prática profissional e formação teórica, entre experiência concreta nas salas de aula e pesquisa, entre professores e formadores universitários".

Essas proposições mostram a relevância de analisarmos caminhos que ainda precisariam ser trilhados na formação inicial. Uma ação comum, em uma casa comum, deve envolver e articular os diferentes sujeitos envolvidos nesse processo, entre eles professores dos cursos específicos, como história, geografia, matemática, professores da faculdade de educação, alunos e professores da educação básica. Nesse sentido, todos estes sujeitos precisariam se constituir e se reconhecer como formadores de professores. Essa articulação envolveria, como aponta Zeichner (2010), a construção de outra epistemologia da formação de professor relacionada à construção de outro *ethos* de formação.

Domínio científico e razão pedagógica

Nossa pesquisa tem como preocupação problematizar o primeiro momento do "percurso de formação", investigar um pouco mais sobre os aspectos do chamado "domínio científico de uma determinada área do conhecimento" que se daria nesse primeiro momento de formação, nas licenciaturas de história.

Assim, falar sobre o domínio científico nos impõe analisar, além da construção curricular dos cursos de formação, o papel e a atuação do docente universitário. A questão da docência no ensino superior tem sido alvo dos estudos da pesquisadora Maria do Céu Roldão, preocupada em entender os vários aspectos que compõem a natureza do conhecimento docente.

> A formalização do *conhecimento profissional* ligado ao acto de *ensinar* implica a consideração de uma constelação de saberes de vário tipo, passíveis de diversas formalizações teóricas – científicas, científico-didácticas, pedagógicas (*o que ensinar, como ensinar, a quem e de acordo com que finalidades, condições e recursos*) [Roldão, 2007:98, grifos no original].

Esses saberes, contudo, seriam mesclados em um único saber integrador, situado e contextual, como ensinar aqui e agora, que se configura como "prático". Segundo Roldão (2007:98), caberia distinguir melhor o uso dos termos teórico e prático. Existiria entre eles uma dupla aproximação: "1) ao saber teórico produzido e formalizado pela investigação *sobre* a prática de ensinar, ou 2) ao conhecimento teórico produzido ou mobilizado pelos actores *na* prática de ensinar (que não exclui a anterior, mas a utiliza noutra sede)". O ato de ensinar estaria dentro de um processo de dupla transitividade, pois "configura-se [...] essencialmente como a especialidade de *fazer aprender alguma coisa* [...] *a* alguém" (Roldão, 2007:95). O ato de ensinar, para Roldão, só se atualiza nesta "segunda transitividade corporizada no destinatário da ação, sob pena de ser inexistente ou gratuita a alegada acção de ensinar" (Roldão, 2007:95, grifos no original).

Para a pesquisadora, à função de ensinar corresponde alguma coisa específica da profissão docente, ou seja, "outros actores, se possuírem saberes apenas conteudinais idênticos, não saberão fazer" (Roldão, 2005:117). Além disso, Roldão trabalha com o conceito de estratégia, não no sentido prático e/ou metodológico do termo, mas ligado à perspectiva de uma "visão estratégica" que se relaciona com a ideia de intencionalidade problematizadora da ação docente, carregada de uma dimensão analítica e política, de uma razão pedagógica. Tal visão estratégica do ensino responderia a questões como: eu, professor universitário, formador de professores, como vou organizar minha ação docente? Vou escolher montar meu programa tendo em conta que objetivos? A quem esse curso se destina?

A clássica oposição teoria x prática, ainda fortemente presente no ensino superior no que se refere à formação de professores, seria pouco eficiente para pensarmos a questão da docência nesses cursos, pois essas duas faces estariam em íntima relação de dependência e deveriam ser, então, faces de uma mesma moeda. Mas de que teoria e prática estaríamos falando ao pensarmos nos cursos de história existentes?

Entendemos que, neste momento, se torna necessário, e até urgente, um esforço para preencher de significados o conceito de razão pedagógica, que se relaciona com a intencionalidade da prática docente, e reconceitualizar a relação entre teoria e prática.

> O professor profissional – como o médico ou o engenheiro nos seus campos específicos – é aquele que *ensina* não apenas *porque sabe*, mas porque *sabe ensinar*. E *saber ensinar* é ser especialista dessa complexa capacidade de mediar e transformar o saber conteudinal curricular (isto é, que se pretende ver adquirido, nas suas múltiplas variantes) seja qual for a sua natureza ou nível – pela incorporação dos processos de aceder a, e usar o conhecimento, pelo ajuste ao conhecimento do sujeito e do seu contexto, para adequar-lhe os procedimentos, [...] processo mediado por um sólido *saber científico* em todos os campos envolvidos e um *domínio técnico-didáctico* rigoroso do professor, informado por uma contínua postura *meta-analítica*, de *questionamento intelectual* da sua acção, de *interpretação* permanente e realimentação contínua [Roldão, 2007:101-102, grifos no original].

Tal postura meta-analítica se relaciona com algo que estaria implícito na perspectiva de uma prática reflexiva, ou seja, uma análise que envolveria os vários conhecimentos formais que constituem o saber docente, passando pelos saberes conteudinais, específicos da disciplina, e também pelos saberes pedagógico-didáticos. Essa perspectiva, ligada a um questionamento intelectual da ação docente, tem uma relação direta com a ideia de razão pedagógica. O ato de ensinar, no âmbito universitário, também estaria calcado nesta dupla transitividade ("fazer aprender alguma coisa a alguém"). Existe uma intencionalidade, uma razão pedagógica no ato de ensinar dentro dos cursos das universidades, levando em conta que esses cursos estariam também formando professores.

Quais razões ou objetivos estariam por trás da construção de um currículo dos cursos de história das universidades? Ou especificamente na elaboração das ementas e programas das disciplinas específicas? Apesar de haver licenciaturas com terminalidade própria, na maioria das universidades as mesmas disciplinas são oferecidas para os alunos de bacharelado e licenciatura. Que diálogos seriam estabelecidos entre professor/professor, professores/coordenadores, colegiados, com o propósito de discutir os sentidos de suas docências no ensino superior e suas estratégias no que se refere especificamente à formação de professores de história?

A questão que se coloca é de que a formação do professor de história já estaria então sendo, na sua maior parte, contemplada, pois, para ensinar história os professores devem saber como se constrói o saber histórico; só assim eles se afastariam da ideia de uma história pronta para ser ensinada. Em outras palavras, esse pressuposto se ancora, em certa medida, na ideia de que uma formação baseada na compreensão dos debates historiográficos e nas práticas envolvendo a seleção e análise de documentos históricos garantiria que o futuro professor estaria preparado para trabalhar melhor seu conteúdo, trazendo para a sala de aula uma abordagem metodológica mais inovadora, afastando-se da ideia de uma história dos manuais didáticos e construindo com seus alunos o conhecimento histórico. Estas características, teórica e prática, estariam garantindo a formação de professores.

Nos cursos de história existiriam objetivos comuns entre as disciplinas específicas (história do Brasil I; história moderna etc.) e as disciplinas de laboratórios e núcleos, ligadas não só à questão do ensino, mas também referentes à relação com documentos, memória e patrimônio, que surgem nas mudanças curriculares para dar conta das 400 horas de prática como componente curricular.

Esses objetivos comuns estariam se referindo a uma formação teórico-prática que vai fazer com que o aluno conheça as correntes historiográficas sobre determinado tema, entre em contato com documentos históricos, arquivos, museus – conhecendo bem de perto como é a prática do historiador, os caminhos da construção do conhecimento historiográfico –, reflita sobre o ensino de história e comece a aprender o que é ser professor. Esses aspectos se relacionam com o que estamos chamando de intencionalidade da prática do docente universitário, ou a razão pedagógica da qual sua docência estaria imbuída.

É nessa perspectiva que estaria inserida a ideia de uma indissociabilidade entre a formação de professores e pesquisadores, pois se coloca o graduando em contato com os caminhos que o historiador percorre na sua construção intelectual dos conhecimentos, mas não só isso; há a preocupação em refletir sobre o ensino de história e os caminhos da construção da história escolar. Os primeiros passos da profissão de professor são dados na formação inicial. Nos caminhos que o graduando percorre no curso de licenciatura deveriam estar contidos os vários sentidos dessa profissionalidade.

Ao refletirmos sobre algumas concepções de professor de história que existem nos dias de hoje, é comum nos depararmos com aquelas que defendem que o professor, para dar conta de sua atividade profissional, precisaria ser um professor pesquisador que levaria seus alunos a desvendarem a história, construindo o conhecimento histórico a partir de atividades criativas com documentos históricos variados, que, de alguma forma, pudessem simular o papel ou a atitude investigativa do historiador. Vemos essa questão relacionada à Base Nacional Comum Curricular (BNCC) aprovada no final de 2017, que ressalta a necessidade de desenvolver uma "atitude historiadora".

> A utilização de objetos materiais pode auxiliar o professor e os alunos a colocar em questão o significado das coisas do mundo, estimulando a produção do conhecimento histórico em âmbito escolar. Por meio dessa prática, docentes e discentes poderão desempenhar o papel de agentes do processo de ensino e aprendizagem, assumindo, ambos, uma "atitude historiadora" diante dos conteúdos propostos, no âmbito de um processo adequado ao Ensino Fundamental.[42]

Estas escolhas de caráter metodológico levariam a uma aproximação maior do aluno com a disciplina, construindo vínculos e melhorando a relação de ensino-aprendizagem. Temos observado no ambiente escolar práticas importantes e inovadoras que caminham nessa direção e que têm obtido resultados positivos. Nas últimas décadas, quem frequenta o chão da escola sabe o valor de tais iniciativas.

Contudo, devemos apontar para outros aspectos, que não negam a afirmação anterior, mas convidam a ampliar o leque de reflexões sobre o que estaria compondo a razão pedagógica do futuro professor. O aspecto metodológico é, sem dúvida, um dos componentes desse campo de conhecimento sobre o saber histórico, dessa epistemologia. Mas, será que nas últimas décadas estaríamos pensando em soluções mais metodológicas do que epistemológicas para a formação do futuro professor? Como conjugar esses aspectos metodológicos com tarefas difíceis que são enfrentadas pelo professor no seu dia a dia de trabalho, tais como: pensar aspectos acerca do currículo de história, de como será a organização dos conteúdos de história, a partir do currículo e do programa da instituição em que trabalha, a distribuição das aulas que o professor terá ao longo do ano letivo; pensar se o livro didático será utilizado ou não e, em caso positivo, em que momento e que coleção usar;

---

42 BRASIL. *Base Nacional Comum Curricular*. Terceira versão. Ensino fundamental. Brasília: MEC/SEB, 2018, p. 394.

em caso negativo, como construir o material que será utilizado e a qual sequência didática ele obedecerá?

Pensar em currículo também é pensar no ambiente escolar, nas formas de avaliação formal e não formal, nos exames nacionais, nos projetos integrados dentro das escolas. Além disso, será exigida do futuro professor a capacidade de fazer escolhas teóricas para abordar os conteúdos em sala de aula, fazer construções conceituais a partir dessas escolhas, recortes e ênfases nos conteúdos, organizar suas leituras acadêmicas que atendam melhor a essas escolhas, tornar tudo isso material teórico e prático compreensível no âmbito da construção de um saber histórico escolar.

Tais aspectos estariam exigindo do futuro professor muitas operações epistemológicas no seu ambiente de trabalho. Como os cursos de história poderiam contribuir para pensar nas operações intelectuais próprias do ensino de história levando em conta os diferentes temas abordados nas disciplinas da graduação? Qual o papel do ensino de história na formação inicial?

Diante disso, a ideia de formação do pesquisador/professor, binômio que se pretende indissociável, talvez ainda precisasse de um ajuste mais compatível para enfrentarmos os desafios impostos pela realidade cotidiana da prática docente na educação básica, o que nos remete também a pensar nos currículos e nas práticas dos professores dos docentes universitários, suas intencionalidades e suas razões pedagógicas.

Diálogos entre a razão pedagógica e os saberes docentes

Uma série de estudos sobre o ensino de (matemática, geografia...) tem se aproximado das ideias de Maurice Tardif a respeito dos saberes docentes, definidos como plurais, formados por um amálgama de saberes. Eles incorporam-se à experiência individual e coletiva, "sob forma de *habitus* e habilidades, de saber-fazer e de saber-ser" (Tardif, 2002:39).

Os estudos de Lee S. Shulman, diferentemente dos estudos de Tardif, não trabalham com a ideia de saberes, mas, sim, com a questão do conhecimento. Suas pesquisas procuraram lançar luz sobre a construção da base dos conhecimentos (*knowledge base*) docentes, que para ele se distinguiria em quatro fontes principais: a formação acadêmica na disciplina que será ensinada; os materiais e contextos do processo educativo (currículos, livros etc.); a investigação sobre a escolarização e os esquemas de aprendizagem; e a experiência profissional (Shulman, 2005).

Os dois autores apontam para a etapa da formação inicial – saberes disciplinares e saberes pedagógicos, para Tardif, ou "a formação acadêmica na disciplina", para Shulman – como constitutiva da formação para a docência. Para tais perspectivas, a formação de professores na graduação seria uma primeira parte desse processo. Um estranhamento interessante marcaria essa etapa inicial: os professores, na sua prática profissional cotidiana, manteriam, com os saberes oriundos da formação inicial, uma relação de exterioridade, tendo como tarefa se apropriarem deles ao longo de sua formação. Sua competência profissional estaria fortemente ligada a essa apropriação.

> Em suma, pode-se dizer que as diferentes articulações identificadas anteriormente entre prática docente e os saberes constituem mediações e mecanismos que submetem essa prática a saberes que ela não produz nem controla. Levando isso ao extremo, poderíamos falar aqui de uma relação de alienação entre docentes e os saberes. De fato, se as relações dos professores com os saberes parecem problemáticas, [...]

> não será porque estas mesmas relações sempre implicam, no fundo, uma certa distância - social, institucional, epistemológica - que os separa e os desapropria desses saberes produzidos, controlados e legitimados por outros? [Tardif, 2002:41-42].

Os estudos fazem uma crítica à superespecialização da pesquisa universitária e, por que não dizer, criticam também a própria organização das disciplinas e suas abordagens. Essas disciplinas são regidas por rígidos padrões ditados pelas normas da própria pesquisa acadêmica, mas que, muitas vezes, não têm "nenhuma relação com o ensino e nenhum impacto sobre ele, pois são produzidos de acordo com práticas, discursos e atores que agem em espaços institucionais e simbólicos completamente separados da realidade docente [que atua na escola]" (Tardif, 2002:238-239). Para o autor:

> Essa distância pode assumir diversas formas, podendo ir da ruptura à rejeição da formação teórica pelos profissionais, ou então assumir formas mais atenuadas, como adaptações, transformações, seleção de certos conhecimentos universitários a fim de incorporá-los à prática. Desse ponto de vista, a prática profissional nunca é um espaço de aplicação dos conhecimentos universitários. Ela é, na melhor das hipóteses, um processo de filtração que os dilui e os transforma em função das exigências do trabalho; ela é, na pior das hipóteses, um muro contra o qual se vêm jogar e morrer conhecimentos universitários considerados inúteis, sem relação com a realidade do trabalho docente diário nem com os contextos concretos de exercício da função docente [Tardif, 2002:257].

Essa afirmação nos coloca questões que poderiam até contrariar algumas perspectivas mais recentes sobre os saberes docentes. O incômodo poderia ser gerado pela afirmação que aponta para a "relação de alienação entre docentes e os saberes". Tal afirmação não deve ser colocada em oposição aos estudos que apontam para o professor como um construtor de narrativas e de aulas entendidas como textos, ou seja, produtos que precisariam de uma articulação intelectual não menos valiosa que os textos acadêmicos. Talvez pudéssemos ver essa afirmação como sinal da necessidade de entendermos melhor as relações que os professores estabelecem (ou podem estabelecer) com os conhecimentos científicos e os da formação profissional inicial.

A lógica disciplinar e teórica ainda é a grande marca do processo de formação, e, quando a formação termina, os antigos graduandos se tornam professores e começam a trabalhar sozinhos, tendo de aprender sua profissão na prática, constatando, muitas vezes, um distanciamento, mesmo que apenas aparente, em relação a esses conhecimentos. Sentem, na maioria das vezes, que os conhecimentos que aprenderam na universidade não estariam bem enraizados na ação cotidiana.

Na maior parte dos casos, as pesquisas sobre ensino de história têm como foco de análise a perspectiva do saber docente dos professores que atuam na educação básica, numa tentativa de esclarecer os dilemas ligados ao que se chama de profissionalização docente, cara aos estudos da sociologia da educação. Mas é importante relacionarmos essa questão a uma reflexão mais atenta sobre os saberes docentes dos professores universitários.

Um caminho possível para pensar esta questão é sugerido por Nóvoa: a mudança de relação entre o lugar da teoria e o lugar da prática. Ele propõe uma tentativa de superar uma visão técnica do trabalho docente e construir uma visão de professor reflexivo, articulando escola e universidade.

A origem do termo prática reflexiva está nos estudos de John Dewey (1859-1952), filósofo, psicólogo e pedagogo norte-

-americano. Seus estudos influenciaram fortemente o pensamento pedagógico contemporâneo, como o movimento da Escola Nova. Defensor de um ideal pedagógico novo, baseado na ação e não na instrução, criticava as ideias de obediência e submissão, tônicas das práticas pedagógicas nas escolas.

No início do século XX, Dewey elaborou uma distinção entre as ações humanas reflexivas e as que são rotineiras, estas últimas orientadas por impulso, tradição e autoridade. Analisando as ideias de Dewey, Campos e Pessoa afirmam:

> As professoras e professores que se prendem somente nas suas ações práticas, sem uma reflexão mais rigorosa sobre elas, acomodam-se a essa única perspectiva e aceitam, sem críticas, o cotidiano de suas escolas, com ações rotineiras no enfrentamento dos problemas que ali acontecem, sem vislumbrar as inúmeras alternativas dentro de um universo maior de possibilidades [Campos e Pessoa, 1998:191].

Ao contrário do exposto, o professor reflexivo não ficaria preso a uma só perspectiva, analisaria as alternativas para a realização da sua atividade docente. Donald Schön é muito influenciado pelo pensamento de Dewey. Preocupado com a formação de arquitetos, desenhistas e engenheiros, Schön propôs para essas áreas uma formação tutorada e uma aprendizagem na ação, ou seja, "aprender a prática de um prático praticando" (Campos e Pessoa, 1998:194).

No início dos anos 1990, o pensamento de Schön é resgatado e começa a ser discutido nos Estados Unidos, onde se buscava uma mudança no modelo de formação de professores. Nóvoa chama a atenção para o momento peculiar desse resgate nos Estados Unidos. Schön propõe o desenvolvimento de uma prática reflexiva a partir de três ideias: o conhecimento na ação, a reflexão na ação e a reflexão sobre a reflexão na ação.

O conhecimento na ação se relaciona a um conhecimento revelado em ações espontâneas e intuitivas, ligado a um saber-fazer. A reflexão na ação seria um movimento de observar, descrever e explicar as ações, e está ligado às situações inesperadas, para as quais não encontramos respostas imediatas. Esse movimento pode gerar mudanças, novas pistas para soluções dos problemas de aprendizagem.

> Para Schön, a reflexão na ação está em relação direta com a ação presente, ou seja, o conhecimento na ação. Significa produzir uma pausa – *para refletir* – em meio à ação presente, um momento em que paramos para pensar, para reorganizar o que estamos fazendo, refletindo sobre a ação presente [Campos e Pessoa, 1998:197, grifo no original].

A reflexão sobre a reflexão na ação é um momento em que se produz uma descrição verbal da reflexão na ação, que tenta julgar e compreender o problema, podendo modificar ações futuras. Schön, a partir dessas premissas, propõe a formação de um profissional reflexivo em contraposição à formação calcada no modelo da racionalidade técnica, o que se traduziria em outra epistemologia baseada na reflexão na ação, capaz de encontrar as soluções para o cotidiano profissional do professor. Ao investigar a própria ação, o profissional produziria um conhecimento prático que é validado pela própria prática, não se limitando à pesquisa produzida na academia. Isso significa a inversão de uma tradição, em que se acredita ser a competência profissional ligada à aplicação do conhecimento científico produzido na universidade em problemas advindos da prática cotidiana, ou melhor, da prática profissional.

Uma das críticas às ideias de Schön se refere à falta de uma dimensão contextual na qual as atividades estejam inseridas. Não se têm em vista as condições institucionais e os papéis desempenhados pelos professores na sua prática.

> Eles entendem que há que se considerar as condições institucionais e os papéis que cada professor assume na sua prática. Quer dizer que uma prática do professor, embora momentaneamente individual, estará sempre carregada das condições político-sociais e institucionais, e a compreensão do contexto, numa visão mais ampla e alargada, deve estar presente na reflexão sobre sua prática. Portanto, além dos esforços objetivando uma mudança de sua prática individual apenas, a mudança de suas situações profissionais se faz necessária [Campos e Pessoa, 1998:201].

Segundo Nóvoa, no caso dos professores, temos de admitir a impossibilidade de um conhecimento que não se construa a partir de uma reflexão sobre a prática. O autor chama a atenção para a necessidade de pensar em práticas de formação que, além dos aspectos pessoais e organizacionais, também contribuam para reforçar os aspectos coletivos da profissão docente.

> No entanto é preciso sublinhar que a pesquisa sobre o trabalho pedagógico: não é uma prática "individualizada", mas sim um processo de escuta, de observação e de análise, que se desenvolve no seio de grupos e equipes de trabalho; exige tempos e condições que muitas vezes não existem nas escolas; sugere uma relação forte entre as escolas e o mundo universitário, por razões teóricas e metodológicas mas também por razões de prestígio e credibilidade; implica formas de divulgação pública dos resultados. Se não tivermos em conta estes aspectos, cairemos facilmente numa retórica inconsequente do "professor como investigador" ou do "professor reflexivo" [Nóvoa, 2002:28].

Os estudos de Nóvoa apontam para a necessidade de pensar os professores no coletivo, como pessoas que precisam de tempo e condições para construir uma relação com a profissão a partir da observação e análise.

> O debate educativo oscila, hoje, entre um excesso de liberalismo (lógicas de mercado, pais e alunos como clientes, etc.) e um excesso de autoritarismo (escola como restauradora da "ordem social"). Estas tendências têm consequências muito significativas para os professores. [...] Reinventar a dimensão coletiva da profissão é uma necessidade vital, com todas as consequências que tal acarreta no plano identitário, na ação pedagógica, no trabalho escolar e na formação e supervisão [Nóvoa, 2002:45].

É nesse contexto que o autor questiona o paradigma do "professor reflexivo", que tem se tornado dominante tanto na academia quanto na esfera das políticas públicas de educação, que propõem reformas que caminham na direção de uma "profissionalização do professorado, sublinhando a importância de uma formação adequada e instaurando um novo sistema de controle e responsabilização do corpo docente" (Nóvoa, 2002:46). Esses discursos, atrelados àqueles de "autonomia do professor", estariam surgindo num momento de grandes contradições e paradoxos. As lógicas neoliberais estariam transferindo poderes da administração central para as locais, redefinindo, com isso, as dinâmicas de regulação da profissão.

> A utilização das linguagens que valorizam a "identidade" dos professores e a "reflexividade" do seu trabalho assegura a posse de um capital discursivo que reproduz hierarquias no campo educativo. Deste modo, é com "naturalidade" que os universitários assumem a direção dos processos de formação e supervisão dos professores [Nóvoa, 2002:46].

Os discursos sobre o professor reflexivo tendem a omitir vários aspectos, entre os quais está o fato de os professores serem criticados por não conseguirem resolver dentro da escola problemas e contradições que estão na própria sociedade, como construir valores como o respeito às diferenças, a tolerância e as regras da vida coletiva. Outro aspecto se refere à atribuição de responsabilidade aos professores pelo fato de a escola não conseguir dar respostas para os desafios contemporâneos. Uma das mais graves omissões seria o fato de o professor possuir péssimas condições de trabalho (horários, instalações etc.), que dificultam enormemente a construção de momentos coletivos de ação e pensamento (Nóvoa, 2002:46). Essas colocações não estariam invalidando a importância de aprofundar o conhecimento sobre a ação docente e seus modos de aprender e pensar. O que estaria em jogo seria a importância de revelar as sombras, ou seja, compreender "os fenômenos atuais de reconstrução dos sentidos da profissão docente, de sua cultura e identidade profissional" (Nóvoa, 2002:47).

A preocupação com os sentidos da profissão docente está estreitamente ligada à necessidade de pensar e repensar os sentidos da formação de professores. O alvo dos estudos que tratam da questão do professor reflexivo e do exercício da docência de uma maneira geral tem sido os professores da educação básica. A entrada na profissão é mesmo um desafio muito grande, a busca de caminhos para compreender e solucionar os problemas ligados à profissão é importante e legítima. Contudo, pouco se fala da docência universitária, de suas ações individuais e coletivas como professores reflexivos e sobre suas práticas docentes nos cursos de licenciatura e bacharelado.

No universo acadêmico, o da educação superior, a prática dos professores também está "carregada das condições político-sociais e institucionais", como colocado anteriormente. Torna-se necessário compreender este contexto, bem como as ações individuais e coletivas dos sujeitos ali inseridos. Os professores universitários que atuam nos cursos de história também estariam envolvidos em "ações rotineiras" e pouco reflexivas. Esse tipo de ação dificulta a busca de alternativas e o entendimento do sentido de sua profissão de docente universitário formador de professores. Mais do que a mudança de uma prática individual em sala de aula dentro dos cursos das universidades, o que estaria em jogo seria uma mudança de suas situações profissionais.

Outro aspecto que precisa ser analisado é o fato de a reflexão e a pesquisa, dentro dos muros universitários, estarem relacionadas, de forma geral, aos temas e objetos de estudo externos à condição de docente, por exemplo, as pesquisas sobre antiguidade, escravidão no Brasil ou o período Vargas. O *ethos* acadêmico se expressa e se fundamenta na reflexão e na pesquisa. Sem nenhuma dúvida, essas pesquisas são fundamentais para avançarmos sobre o conhecimento da história da humanidade. Contudo, a reflexão e a pesquisa sobre as práticas docentes também são necessárias e legítimas. Não estamos falando do trabalho de elaboração dos cursos que serão apresentados a cada semestre. A reflexão e a pesquisa aqui se relacionam com a própria prática docente, a do professor formador de professores, que na maior parte das universidades é tratada como algo ainda novo e muitas vezes só se encontra fora dos muros das mesmas.

Nesse sentido, acreditamos que uma das grandes questões a ser levantada acerca da reflexão sobre a formação de professores de história se refere ainda ao "lugar" institucional inicial dessa formação nos cursos de graduação. Essa discussão não estaria envolvendo unicamente a organização institucional dos cursos, com introdução de disciplinas, aumento de horas de prática ou de estágio, criação de laboratórios de ensino, entre outras iniciativas.

A tarefa, em nosso entendimento, seria ainda mais ampla. Além dessas reorganizações apontadas, seria necessário pensar e construir uma nova cultura institucional ou um novo tom, caráter ou, por que não dizer, um novo *ethos* de formação.

3. Cursos de história e diretrizes: interpretações, debates e reelaborações

Nas últimas décadas, a formação de professores foi objeto de inúmeros pareceres e documentos normatizadores, como as Diretrizes Curriculares Nacionais para a Formação de Professores (DCNFP) e as Diretrizes Curriculares Nacionais dos Cursos de História (DCNH), que tinham por objetivo modificar os currículos existentes desde a ditadura militar.

Neste capítulo, a proposta é analisar o percurso de formação de determinados cursos de história e as relações estabelecidas entre os mesmos e as diretrizes, apontando suas reelaborações, debates e tensões. Tais aspectos se relacionam ao que Ball e Bowe chamaram de "contexto da prática". Como coloca Mainardes ao analisar as ideias de Ball e Bowe,

> políticas são intervenções textuais, mas elas também carregam limitações materiais e possibilidades. As respostas a esses textos têm consequências reais. Essas consequências são vivenciadas dentro do terceiro contexto, o contexto da prática [Mainardes, 2006:52-53].

As políticas públicas, apesar de mandatórias, não podem ser entendidas como algo que será simplesmente aplicado ou implementado na prática institucional. Existiria aí uma relação complexa e dialética, sujeita a interpretações, disputas e reelaborações. Nesse sentido, percebemos o currículo não apenas como uma simples prescrição, mas como uma construção social que estaria envolvendo também processos e práticas (Goodson, 1995:67).

Como abordamos anteriormente, os estudos de Goodson apontam caminhos interessantes para analisarmos as reformas curriculares. Ele fala que as mudanças curriculares exigiriam a "invenção de (novas) tradições" (Goodson, 1997:30). Nesse sentido, as construções e organizações curriculares, a partir de uma norma ou diretriz política, devem necessariamente ser acompanhadas de uma mudança na categoria institucional. Em outras palavras, estariam envolvendo também uma mudança na cultura institucional relacionada à construção e consolidação de novas práticas pelos sujeitos envolvidos nesses processos.

Desde a aprovação das DCNH e DCNFP, as universidades brasileiras estariam obrigadas, dentro de um prazo estabelecido em lei, a reformular seus cursos atendendo suas determinações. Segundo os documentos oficiais, "os cursos de formação de professores para a educação básica que se encontrarem em funcionamento deverão se adaptar a esta Resolução, no prazo de dois anos".[43] Quais teriam sido os caminhos e estratégias destas reelaborações? Que perfil de curso ou percurso de formação de professores teria resultado de todo esse processo? Acreditamos que as interpretações e debates que envolveram esse processo ajudaram a construir e/ou consolidar um determinado *ethos* de formação. Quais as características desse *ethos*? Estas são algumas das perguntas que norteiam o capítulo.

---

43 BRASIL. Resolução CNE/CP nº 1/2002, de 18 de fevereiro de 2002, p. 6.

Os sentidos da formação de professores: o caminho trilhado pelos cursos de história

Para aprofundarmos esta investigação, selecionamos três cursos de história de universidades públicas do Rio de Janeiro: os cursos da UFRJ, Unirio e Uerj, *campus* de São Gonçalo. No entanto, outros cursos poderão ser utilizados como referência ou comparação. O recorte permitirá conhecer melhor os processos de reelaboração dos currículos, o perfil dos cursos e os percursos da formação de professores que cada uma das universidades buscou oferecer ao graduando em história.

Além de entrevistas com diretores, coordenadores e professores dos cursos,[44] analisamos documentos institucionais, tais como: currículos, projetos político-pedagógicos, grade de distribuição de disciplinas, ementas e planos de curso de algumas disciplinas.

A escolha dos três cursos deve-se ao caráter específico e diferenciado de cada um deles. O curso de história da UFRJ é o mais antigo e, segundo a documentação, até hoje não fez as mudanças definidas pelas diretrizes de 2002. O curso da Unirio é relativamente novo, surgiu em 2000, em meio aos debates em torno das diretrizes, tendo iniciado com grande parte de seu currículo adaptado a elas. O curso da Uerj, do *campus* de São Gonçalo, criado nos anos 1990, desde sua origem foi concebido como um curso de formação de professores.

As diretrizes do início dos anos 2000 impunham uma necessidade clara de definir os contornos do que seria de fato uma licenciatura em história e em outras áreas do conhecimento, definindo objetivos específicos para isso. Esses objetivos dialogavam diretamente com o ensino em âmbito escolar, na medida em que deixavam clara a necessidade de fazer com que o aluno da graduação

44 É importante ressaltar que alguns dos professores entrevistados já ocuparam os cargos de coordenação e/ou direção dos cursos de história.

fosse capaz de dominar os conteúdos básicos que seriam ensinados na educação básica, bem como métodos e técnicas pedagógicas para sua transmissão.[45] Além disso, ficava definido, no texto da DCNH, que os colegiados dos cursos de história deveriam estruturar sua grade de disciplinas, programas e áreas de acordo com seus objetivos específicos e, no caso das licenciaturas, estas deveriam ser orientadas pelas DCNFP.

As questões do ensino de história e da prática pedagógica eram trazidas para o centro do debate sobre o processo de formação. Era necessário incluir essas questões no processo de (re)construção dos currículos dos cursos de formação em história. O diálogo e a harmonização entre as DCNFP e DCNH eram metas dessas políticas educacionais. Entretanto o processo foi marcado por disputas e tensões no que se refere ao tipo de profissional que se desejava formar.

Assim, um dos principais desafios trazidos pelas diretrizes foi a construção de um perfil de curso e de formação que desse conta da obrigatória separação dos cursos de licenciatura e bacharelado em história. O clássico modelo 3 + 1 parecia não ser mais suficiente nesse momento. Antes, nesse modelo, os alunos que quisessem se formar professores de história cursavam as disciplinas específicas e, ao final, faziam as disciplinas pedagógicas, conquistando, assim, os dois diplomas. Como observa Ricci (2015:128),

> a maneira como os cursos de História absorveram, interpretaram e adaptaram sua estrutura curricular às novas exigências federais revela intenções, peculiaridades, sugerindo a persistência ou tentativas inusitadas para superação da dicotomia entre licenciatura e bacharelado. A ampliação de carga horária para a disciplina Prática de Ensino, segundo a LDB, tornou explícitas tensões entre professores

45 BRASIL. Resolução CNE/CES nº 13/2002, de 13 de março de 2002.

das faculdades de História e das faculdades de Educação. A formação do professor de História, até esse período, não era um tema pautado pelos departamentos de História, na medida em que essa formação se resumia a frequentar as disciplinas pedagógicas oferecidas na Faculdade de Educação, especialmente em universidades públicas.

Além disso, outros desafios se impunham: a necessidade do aumento das horas de atividades práticas, as chamadas 400 horas de prática como componente curricular e o fato de, necessariamente, essas horas estarem incluídas dentro da estrutura curricular dos cursos de história. Como definido nas DCNFP:

> Art. 12. [...]
> § 2º. A prática deverá estar presente desde o início do curso e permear toda a formação do professor.
> § 3º. No interior das áreas ou das disciplinas que constituírem os componentes curriculares de formação, e não apenas nas disciplinas pedagógicas, todas terão a sua dimensão prática.
> Art. 13. Em tempo e espaço curricular específico, a coordenação da dimensão prática transcenderá o estágio e terá como finalidade promover a articulação das diferentes práticas, numa perspectiva interdisciplinar.
> § 1º. A prática será desenvolvida com ênfase nos procedimentos de observação e reflexão, visando à atuação em situações contextualizadas, com o registro dessas observações realizadas e a resolução de situações-problema. [...]
> Art. 14. Nestas Diretrizes, é enfatizada a flexibilidade necessária, de modo que cada instituição formadora construa projetos inovadores e próprios, integrando os eixos articuladores nelas mencionados.[46]

---

46 BRASIL. Resolução CNE/CP nº 1/2002, de 18 de fevereiro de 2002, p. 5-6.

O § 3º expõe claramente que a prática deverá estar presente "no interior das áreas ou das disciplinas" do curso e "não apenas nas disciplinas pedagógicas". Tal determinação fez com que, em muitos casos, fossem criadas e colocadas na grade dos cursos disciplinas intituladas seminários de pesquisa, laboratórios e núcleos, que teriam como objetivo aproximar o aluno do universo da prática. A ideia era fazer com que o graduando entrasse em contato, por um lado, com a "prática do historiador" no seu processo de escrita da história, e, por outro, com práticas ligadas ao ensino de história, relacionadas à docência na educação básica. O componente da prática, dessa forma, também estaria incluindo o reconhecimento do trabalho e do funcionamento de arquivos e museus, contato, seleção e uso de documentos históricos, além da prática de ensino.

O curso de história da UFF, por exemplo, incluiu parte da prática como componente dentro da carga horária das próprias disciplinas do chamado núcleo de formação geral. Tais disciplinas dedicariam "uma parte de sua carga horária às práticas educativas como componente curricular (parecer CNE/CP nº 28/2001 e Resolução nº 50/2004 do CEP)".[47]

O currículo de história da UFF não especifica o que seria entendido por "prática educativa". Como se daria a incorporação das ditas "práticas educativas" dentro dos programas das disciplinas do ciclo básico do curso de história? Em outro trecho do currículo de história da UFF faz-se referência às disciplinas ministradas pela Faculdade de Educação como parte integrante do curso de licenciatura, que já teria sido iniciado pelo Departamento de História.

47 Diretrizes Curriculares do Curso de Graduação em História da Universidade Federal Fluminense (UFF). Disponível em: <www.historia.uff.br/grad/files/2010_uff-gghDiretrizesCurriculares.pdf>. Acesso em: 7 abr. 2018.

> Integra [*sic*] a formação de Licenciatura em História, as disciplinas ministradas pela Faculdade de Educação que, de acordo com a Base comum das Licenciaturas (parecer CNE/CP 28/2001 e Resolução nº 50/2004 do CEP) devem ser as seguintes: Didática; Organização da Educação no Brasil; Psicologia da Educação; Pesquisa e Prática de Ensino I, II, III e IV, optativa de Educação (30hs), Libras (30hs).[48]

Na UFF, ao concluir o curso de licenciatura em história, o aluno deverá apresentar uma monografia, assim como o que se forma no curso de bacharelado. Essa determinação, segundo o documento, foi pautada no debate sobre

> a importância desse trabalho autoral na valorização da formação do professor-pesquisador, por habilitá-lo a uma atuação de excelência nos âmbitos da produção do saber histórico escolar, nos níveis fundamentais e médios.[49]

O documento não deixa claro se a monografia deveria se referir a algum campo específico, como o do saber histórico escolar, por exemplo. Um trabalho autoral habilitaria esse professor a ter uma "atuação de excelência" como professor da educação básica. A perspectiva da indissociabilidade entre ensino e pesquisa fica muito evidente na concepção do currículo de história da UFF.

Outro exemplo é o curso de história da UFRRJ. Criado em 2001 como licenciatura,[50] utilizou como estratégia para a adequação às

---

48 Ibid.

49 Ibid.

50 O curso de bacharelado em história da Universidade Federal Rural do Rio de Janeiro (UFRRJ) foi criado posteriormente ao de licenciatura, no ano de 2008. Grade curricular do curso de licenciatura em história da UFRRJ, *campus* de Seropédica. Disponível em: <http://cursos.ufrrj.br/grad/historia/files/2013/03/Grade-Curricular--Licenciatura.pdf>. Acesso em: 7 abr. 2018.

diretrizes a criação dos Núcleos de Ensino, Pesquisa e Extensão (Nepes). A partir do quinto período, além das disciplinas do núcleo básico, os alunos devem se inscrever nos Nepes, começando por história antiga e medieval e passando por Nepes em história do Brasil e África (sexto período), em história da América e África (sétimo período) e em história moderna e contemporânea (oitavo período).

O curso de licenciatura em história da UFRRJ possui, desde o primeiro período, uma relação com o Instituto de Educação, que oferece a disciplina seminário de educação e sociedade. No terceiro período, os alunos de história cursam a disciplina libras. A relação continua nos sexto e sétimo períodos, em que o instituto oferece as disciplinas ensino de história 1 e 2. De acordo com Margareth Gonçalves (2016, entrevista), o curso de licenciatura em história da UFRRJ foi pensado, desde o início, para que o ensino e a pesquisa não ficassem em esferas isoladas. O currículo foi construído pensando na formação do professor historiador, ou melhor, pensando em uma formação que compactua com a perspectiva da indissociabilidade entre ensino e pesquisa, que procura constituir uma formação unívoca.

Nesse sentido, ampliando a investigação sobre os cursos percebemos que estas reelaborações dos currículos foram marcadas por diferentes interpretações e debates que provocaram ao mesmo tempo avanços e, em alguns casos, imobilismos que se arrastam até hoje. Não se trata de uma simples adaptação ou não a uma legislação. Em nosso entendimento, as estratégias e os silenciamentos que estiveram relacionados aos processos de elaboração dos currículos dos cursos estariam contribuindo para a construção e/ou consolidação de um determinado *ethos* de formação.

Os percursos de formação

O curso de história da UFRJ

O curso de história da Universidade Federal do Rio de Janeiro (UFRJ), o mais antigo dos três analisados, integrava a antiga Faculdade Nacional de Filosofia (FNFi) da Universidade do Brasil (UB), criada em 1939.[51] Desde sua origem, a FNFi se configurou como um modelo para as demais faculdades de filosofia criadas no país. Até 1955, a formação em história e geografia estava reunida no mesmo curso, que tinha como ênfase formar professores para atuarem na escola secundária (Ferreira, 2013:36). Essa é a origem das faculdades de filosofia. A reforma universitária dos anos 1960 criou os institutos científicos e as faculdades de educação, o que incentivou a dissociação entre bacharelado e licenciatura, constituindo o modelo 3 + 1.

Em 1967, o curso de história passaria a fazer parte do recém-criado Instituto de Filosofia e Ciências Sociais (IFCS), com duas opções de formação: bacharelado e licenciatura. Após cursar três anos de disciplinas específicas do bacharelado, o aluno que quisesse seguir a carreira do magistério deveria fazer mais um ano de disciplinas pedagógicas. Com a Lei nº 5.540/1968, que instituiu a reforma universitária, essas disciplinas passaram a ser oferecidas pelas recém-criadas faculdades de educação.

Nos anos 1980, vários professores cassados pela ditadura militar voltaram a fazer parte do quadro de docentes da UFRJ. Segundo Marieta de Moraes Ferreira (2018, entrevista), a partir dos anos 1980 o reconhecimento do curso de mestrado em histó-

51 Em 1965, a Universidade do Brasil passou a se chamar Universidade Federal do Rio de Janeiro (UFRJ).

ria social da UFRJ vai colocar as atividades de pesquisa no centro das preocupações. A UFRJ começaria a incorporar uma geração de professores mestres e doutores que ingressavam por concurso público, renovando os quadros do Departamento de História e fortalecendo a relação entre professor e pesquisador.

Em 2010, o Departamento de História, antes vinculado ao IFCS, passou a constituir uma unidade acadêmica autônoma, o Instituto de História (IH). Além do curso de graduação em história, o IH possui três programas de pós-graduação: o Programa de Pós-Graduação em História Social (PPGHIS), com os cursos de mestrado (desde 1982) e doutorado (desde 1992); o Programa de Pós-Graduação em História Comparada (PPGHC), com mestrado (desde 2002) e doutorado (desde 2008); e o Mestrado Profissional em Ensino de História em Rede (ProfHistória), desde 2013.

> O recém-criado Instituto é herdeiro do legado acadêmico do Departamento de História da Universidade do Brasil (1939-2010) – cuja origem remonta à antiga Faculdade Nacional de Filosofia (FNFi) –, e será um fator para a vitalidade e a renovação da longa tradição acadêmica que foi mantida por esse consagrado núcleo de estudiosos brasileiros.[52]

Esta tradição estaria convivendo com a outra, o chamado modelo 3 + 1, instituído nos anos 1930 com a própria criação do curso de história. Segundo Monteiro (2018, entrevista),

> o atual Instituto de História [...] anteriormente era um Departamento de História do Instituto de Filosofia e Ciências Sociais (IFCS), que foi

52 *Manual do estudante*. Disponível em: <http://cpro16197.publiccloud.com.br/tempsite/IH/images/documentos/bacharelado/Manual2012.1.pdf>, p. 4. Acesso em: 7 abr. 2018.

criado em 1968, no momento do chamado [...] desmembramento da Faculdade Nacional de Filosofia, da antiga Universidade do Brasil. O curso de História foi efetivamente criado [...] em 1939. [...] Ele era um curso que configurava o que a gente chama hoje de um bacharelado em História, modelo que foi instituído para todos os cursos naquele período. Na época, o objetivo destes cursos era formar professores para o ensino secundário, porque a pesquisa no Brasil ainda não estava instituída, desenvolvida, [...] os estudantes ingressavam para fazer bacharelado, durante um tempo era História e Geografia e depois eles cursavam as disciplinas da licenciatura que eram oferecidas pela seção de didática, depois departamento de didática desta mesma FNFi [...] Neste Departamento de Didática eram oferecidas estas disciplinas pedagógicas para todos os alunos que quisessem se formar professores, e geralmente todos cursavam. Este modelo ficou consagrado, ficou conhecido como 3 + 1, três anos do bacharelado mais um ano que era dedicado a cursar estas disciplinas [...]. Para realizar a prática de ensino, foi criado o Colégio de Aplicação em 1948. Ele seria o lócus do exercício das atividades de estágio e da possibilidade de exercício da prática de ensino por estes estudantes na sua formação. Esse modelo vem e passa por algumas reformas [...] com a abertura política, mas o curso vai se mantendo dentro desse modelo. Em 1968, a Faculdade Nacional de Filosofia (FNFi) foi extinta e foram criados o IFCS, a Faculdade de Educação e vários outros institutos, escolas e faculdades na UFRJ. O que era realizado pelo Departamento de Didática e Pedagogia passou a ser realizado pela Faculdade de Educação, que se instalou no *campus* da Praia Vermelha [...]. Se instala ali e neste ano de 2018 comemora 50 anos de existência. Oferece o que os alunos chamam de licenciatura, mas que na verdade é a de formação pedagógica dos cursos de licenciatura. Engloba sociologia da educação, filosofia da educação, psicologia da

> educação, educação brasileira didática mais as didáticas específicas e as práticas de ensino [...] como ficou então estruturado.

O curso de graduação em história oferece a formação nas modalidades de bacharelado e licenciatura. O Instituto de História (IH-UFRJ) é responsável pelo bacharelado. A responsabilidade pela licenciatura é compartilhada com a Faculdade de Educação e o Colégio de Aplicação (CAp). Para o aluno conseguir o diploma de licenciado em história, deverá cursar as seguintes disciplinas: educação brasileira, didática, fundamentos sociológicos da educação, psicologia da educação, filosofia da educação no mundo ocidental, didática da história I, didática da história II, prática de ensino e estágio supervisionado (requisito curricular suplementar – RCS).[53]

As disciplinas de didática da história (I e II), que se relacionam à área específica da história e à prática de ensino, são oferecidas juntas, organizadas em dois semestres consecutivos, pelo mesmo professor. Grande parte dos estágios é feita no CAp da UFRJ, mas estes também podem ser realizados em outras instituições de educação básica conveniadas com a Faculdade de Educação. Dessa forma, o aluno cursa as disciplinas de didática da história e prática de ensino ao mesmo tempo. A carga horária se distribui entre duas horas de aula de didática especial, duas horas em que o aluno vai discutir e problematizar as questões do estágio e mais quatro horas de estágio. Atualmente, no departamento atuam seis professores de didática da história, assumindo essas turmas.

De acordo com Ana Monteiro (2018, entrevista), a prática de ensino não se reduziria à questão do estágio, tendo como objetivo pensar a epistemologia da prática, o professor reflexivo e o professor

---

53 Cabe ressaltar que as informações sobre os cursos presentes neste capítulo foram fruto das pesquisas realizadas entre os anos 2017 e 2018.

que pesquisa. O professor acompanha uma turma durante um ano, participando das atividades escolares de planejamento, reunião e avaliação.

Nesse sentido, a licenciatura em história seria obtida a partir de uma complementação ao curso de bacharelado, ou seja, cursando as disciplinas obrigatórias teóricas e o estágio supervisionado, sob responsabilidade da Faculdade de Educação e do CAp da UFRJ. Ainda hoje, para o aluno de graduação obter o diploma de licenciatura, terá necessariamente que concluir o bacharelado. O curso da UFRJ é um caso clássico do que chamamos de modelo 3 + 1. No *Manual do estudante* de 2012, encontramos a seguinte organização institucional:

> II.1.2. Licenciatura Plena em História
> No currículo vigente, a Licenciatura Plena em História é obtida a partir de uma complementação ao Bacharelado visando à Formação Pedagógica, através do oferecimento de disciplinas obrigatórias teóricas e uma disciplina prática (o estágio supervisionado). Esta complementação fica sob responsabilidade da Faculdade de Educação e do Colégio de Aplicação (CAp) da UFRJ. O estudante só colará o grau de Licenciatura caso tenha concluído o Bacharelado.

E ainda:

> O currículo de Licenciatura em História está em fase de reforma curricular. Em vista desta situação, fez-se uma equivalência entre as disciplinas da Formação Pedagógica do currículo vigente e as que serão ainda implementadas com o novo currículo.[54]

---

54 *Manual do estudante.* Disponível em: <http://cpro16197.publiccloud.com.br/temp-site/IH/images/documentos/bacharelado/Manual2012.1.pdf>. Acesso em: 7 nov. 2018.

Toda esta organização está no documento de apresentação do curso encontrado no *site* do Instituto de História da UFRJ. Apesar disso, quando clicamos no ícone específico do curso de licenciatura em história obtemos a informação: “Em breve, fique atento”.[55] O documento menciona que o atual currículo está em fase de reestruturação.

Figura 1 | Portal do Instituto de História

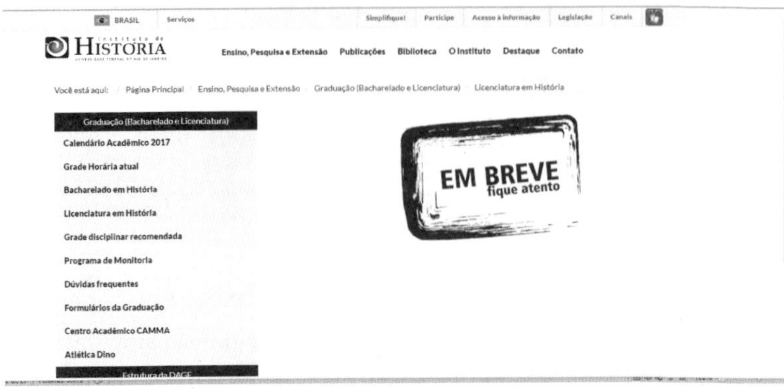

Fonte: Instituto de História (portal institucional). Disponível em: <http://cpro16197.publiccloud.com.br/tempsite/IH/images/documentos/bacharelado/Manual2012.1.pdf>. Acesso em: 7 nov. 2018.

Ao clicar no ícone sobre o curso de bacharelado as informações estão completas. O *site* direciona o aluno para a distribuição curricular recomendada para os turnos integral e noturno; apresenta o *Manual do estudante*, que explica a estrutura e organização de todo o curso, os programas de estágio não obrigatório no IH e as normas para a composição de bancas para monografias de conclusão de curso.[56]

---

55 Pesquisado no *site*: <http://historia.ufrj.br/>. Acesso em: 7 nov. 2018. É importante destacar que a imagem com a frase “Em breve, fique atento” constava no *site* do Instituto de História da UFRJ em 2018, quando da realização da pesquisa.

56 *Manual do estudante*. Disponível em: <http://cpro16197.publiccloud.com.br/tempsite/IH/images/documentos/bacharelado/Manual2012.1.pdf>. Acesso em: 7 nov. 2018.

Figura 2 | Portal do Instituto de História

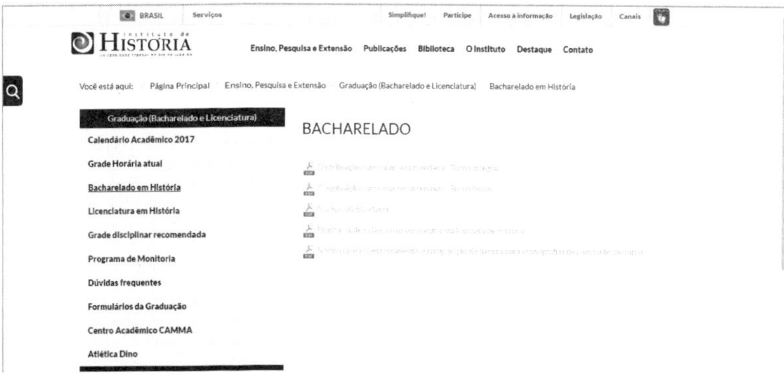

Fonte: Instituto de História (portal institucional). Disponível em: <http://cpro16197.publiccloud.com.br/tempsite/IH/images/documentos/bacharelado/Manual2012.1.pdf>. Acesso em: 7 nov. 2018

A estrutura do bacharelado apresentada no documento explica que o curso é composto por "disciplinas teóricas obrigatórias"; "disciplinas teóricas complementares de livre escolha", que podem ser cursadas em qualquer unidade da UFRJ, excetuando as disciplinas de licenciatura; as "disciplinas teóricas complementares de escolha condicionada", como os chamados tópicos especiais, que têm como objetivo "verticalizar conhecimentos específicos nas áreas [...] aprofundando e atualizando temáticas e abordagens, muitas vezes apenas esboçadas nas disciplinas obrigatórias". Essas disciplinas têm como objetivos explorar temas e abordagens pesquisados pelo corpo docente da UFRJ e colocar o aluno em contato com a pesquisa, contribuindo para uma futura especialização.

As atividades práticas correspondem aos chamados requisitos curriculares complementares (RCC), "quaisquer atividades didáticas cujas características não correspondem às de uma disciplina teórica".[57] São exemplos dessas disciplinas: monografia (obrigatória) e atividades de pesquisa em laboratórios (optativas).

57 Ibid.

O curso se organiza em áreas de conhecimento, que são: história antiga, história medieval, história moderna, história contemporânea, história do Brasil, história da América, história da África e teoria e metodologia da história.

O curso de história da Unirio

Desde a década de 1970, a Universidade Federal do Estado do Rio de Janeiro (Unirio) era um conglomerado de cursos. Apesar de já existir, o Departamento de História não possuía um curso próprio de graduação; ele oferecia disciplinas para outros cursos, como os de arquivologia e biblioteconomia.

No final dos anos 1990, começou a ser organizado o curso de graduação em história, que iniciou seu funcionamento em março de 2000. O curso é criado em meio aos debates sobre as Diretrizes Curriculares Nacionais, tanto dos cursos de história quanto as de formação de professores da educação básica. A professora Claudia Beltrão Rosa, uma das idealizadoras do curso e que esteve à frente de sua implementação, explica que a proposta do curso de história da Unirio já buscava atender tanto às demandas da própria instituição quanto às demandas das diretrizes que seriam aprovadas logo em seguida. A ideia era construir um curso de história

> que não fosse só voltado para o ensino de história, como era o caso de muitas licenciaturas, e que não fosse voltado para aquela pesquisa tradicional da faculdade de História, mas que fosse capaz de atuar em centros culturais, em museus, trabalhar questões e memória, patrimônio, estes eram o nosso foco [Rosa, 2015, entrevista].

O projeto foi pensado em consonância com as DCNH no sentido de construir um curso não só voltado para a formação do bacharel ou do licenciado, mas que também fosse voltado para a formação do profissional único, calcado na ideia de indissociabilidade entre ensino e pesquisa, como consta no texto que fundamenta o currículo. Este era o ponto forte do curso.

> O curso de História não quer ser um simples lugar de transmissão e aquisição de informações, como tradicionalmente as graduações em História do Brasil se apresentam, mas permitir a efetiva iniciação à prática da pesquisa, um adequado desenvolvimento de processos teórico-metodológicos de investigação e atuação na realidade concreta. Para tal, a integração da graduação com a pós-graduação é *conditio sine qua non*. Temos como meta básica o conceito de "aprender a aprender", i. e. a condução do indivíduo para o aprender e recriar permanentes. Outro aspecto relevante é o relacionamento da graduação com o ensino médio e fundamental, com ênfase na formação do professor. Do mesmo modo, o polo de extensão universitária, que permite o desenvolvimento de parcerias, integra a produção do conhecimento com as demandas sociais.[58]

Nessa perspectiva, o curso de história da Unirio se estruturou em eixos: memória social, documentação e patrimônio histórico, divididos em linhas básicas e complementares da área de história.

> Teriam 30 disciplinas obrigatórias, que correspondem a 119 créditos, ou 2.355h/a, 12 disciplinas optativas, ou 48 créditos, que correspondem a um total de 960h/a, divididas necessariamente em 04 disciplinas teóricas, 04 Tópicos Especiais e 04 Seminários de Pesquisa. Dos créditos correspondentes a disciplinas optativas, 09 créditos teóricos podem ser integralizados sob a forma de Atividades Complementares,

58 Currículo do curso de história da Unirio de 1990, p. 5.

> devidamente reconhecidas pelo Colegiado do Curso [...] e 15 créditos (sendo 06 teóricos e 09 práticos), i.e., 360h em Prática de Ensino.[59]

A estrutura curricular está dividida em cinco linhas: *teoria e metodologia*, *filosofia e ciências sociais*, *história da civilização*, *memória social e documento* e *licenciatura*. Uma característica importante do curso de história da Unirio é que foi pensado como um curso único, e o aluno sairia com os dois diplomas: bacharelado e licenciatura. Dessa forma, o aluno ingressante no curso de história não podia escolher, ou seja, ele se formaria necessariamente com os dois diplomas. A concepção de indissociabilidade entre ensino e pesquisa era óbvia nesse momento de criação do curso: professor e pesquisador seriam duas faces de uma mesma identidade de formação, e o ensino de história seria também um campo de pesquisa.

O curso da Unirio foi um dos poucos que trouxe para dentro do próprio curso de história a formação de professores. A licenciatura foi incluída como uma das linhas curriculares do curso de história. Isso significa dizer que as discussões sobre o ensino de história e a prática de ensino, tratadas nas disciplinas de metodologia, seminário de pesquisa em ensino de história, além dos estágios curriculares I, II e III, estavam dentro da grade das disciplinas oferecidas na Escola de História. As linhas curriculares eram assim definidas:

> *Metodologia*
> A Linha Curricular de Teoria e Metodologia abrange as disciplinas básicas para a formação do profissional de História (Teoria da História, Metodologia da História e Historiografia Contemporânea), em que serão trabalhados os princípios teóricos e metodológicos da História. Nesta Linha estão incluídos dois Seminários obrigatórios, referentes

59 Ibid., p. 9.

à elaboração de Projeto de Trabalho Final de Curso e à consecução do mesmo, obrigatória para a obtenção do grau acadêmico. As ementas das Linhas de Trabalho Final de Curso serão definidas pelo Colegiado, de acordo com as Linhas Curriculares ora apresentadas. Serão considerados Trabalhos Finais de Curso monografias históricas, elaboração de projetos culturais, monografias referentes ao Ensino de História, entre outras. As disciplinas optativas desta Linha preveem duas disciplinas de cunho teórico (Historiografia Brasileira e Tópicos Especiais em Teoria da História), que complementam a fundamentação historiográfica e epistemológica do graduando, e uma disciplina de cunho prático (Seminário de Pesquisa em História Oral), na qual o estudante poderá, através de atividades orientadas, iniciar-se no trabalho de pesquisa histórica.

Filosofia e Ciências Sociais

A Linha Curricular Filosofia e Ciências Sociais (Introdução às Ciências Sociais, Introdução à Filosofia e optativas) destina-se à formação geral do estudante, prevendo uma iniciação em disciplinas correlatas à História e que permitem uma visão mais abrangente da própria História e das demais áreas do conhecimento sobre o homem.

História das Civilizações

A Linha Curricular História das Civilizações refere-se ao conteúdo próprio da História, desde a Antiguidade até os dias atuais. Apresenta-se dividida em diferentes formas de abordagem: uma visão panorâmica das civilizações, em que são situadas e problematizadas as suas principais características, e disciplinas/atividades e atividades optativas que abordam com maior verticalidade os eixos de História do Brasil e da América, além de proporcionar inserção em História da África. Esta linha prevê disciplinas/atividades e atividades optativas nos principais períodos históricos, apresentadas como Tópicos Especiais, de cunho teórico, que fornecerão um tratamento especializado de temas selecionados pelo professor responsável, permitindo ao estudante aprofundar seus conhecimentos nos períodos desejados. A Linha prevê oito disciplinas optativas de cunho notadamente prático, os Seminários de Pesquisa (História Antiga, Medieval, Moderna, Contemporânea, História do Brasil, da América, História das Instituições e História do Direito). Nestes Seminários de Pesquisa, o aluno será levado a iniciar-se na pesquisa histórica propriamente dita, sob supervisão do professor responsável. Estas atividades poderão e deverão estar relacionadas com as pesquisas dos professores, com os núcleos de pesquisa e com os programas de pós-graduação existentes na Unirio.

Memória Social e Patrimônio

A Linha Curricular Memória Social e Patrimônio, que prevê três disciplinas obrigatórias (Memória, Cultura e Sociedade, Patrimônio Histórico Brasileiro e História e Documento), nove disciplinas/atividades optativas de cunho teórico (Introdução à Arquivologia, Introdução à Ciência da Informação, Elaboração de Projetos Culturais, Notariado, Cultura Histórica e Documento, Informação, Memória e Documento, Paleografia, Tópicos Especiais em Memória Social e Tópicos Especiais em Ciência da Informação) e duas disciplinas/atividades destinadas à pesquisa (Seminário de Pesquisa em Cultura Histórica e Documento e Seminário de Pesquisa em Patrimônio Histórico Brasileiro), que podem/devem estar ligadas a núcleos de pesquisa da Unirio, proverá uma qualificação profissional de perspectiva ampla, permitindo o desenvolvimento da pesquisa, a produção do conhecimento e sua difusão e a integração com os programas de pós-graduação e com os demais cursos de graduação do Centro de Ciências Humanas e Sociais. Com seu caráter eminentemente interdisciplinar, pretende fornecer uma boa instrumentação para o atendimento das demandas acadêmicas, profissionais e sociais da área de História.

> *Licenciatura*
> A Linha Curricular Licenciatura destina-se à formação de professores de História em nível fundamental e médio e prevê não somente as disciplinas/atividades mínimas necessárias para a obtenção da *licentia docendi* (Psicologia e Educação, Dinâmica e Organização Escolar, Metodologia do Ensino da História, Seminário de Pesquisa em Ensino de História e Didática), mas também onze disciplinas/atividades optativas (Educação e Filosofia, História da Educação, Arte e Educação, Currículo, Educação a Distância, Educação Especial, História das Instituições Escolares, História das Ideias Educacionais, Educação e Saúde, Educação e Trabalho e Política Educacional) que, para além das h/a necessárias de Estágio Curricular, permitirão o aprofundamento da formação dos alunos do curso.[60]

Um aspecto diferente do currículo se relaciona às atividades de prática de ensino que seriam desenvolvidas no interior do curso de história. Essas disciplinas se concentravam a partir do sexto período

> associando desempenho e conteúdo de forma sistemática, posto que justamente no momento em que profissionais da área defrontam-se com parâmetros e diretrizes que trazem em seu bojo propostas de redefinição dos conteúdos, objetivos e métodos, e com uma realidade que nos obriga a repensar as noções de tempo, espaço e memória, a reflexão a respeito do saber e do fazer históricos tornam-se urgentes.[61]

A prática de ensino seria dividida em três momentos. O primeiro momento era o de fundamentação, a prática de ensino I – seminários que teriam como temas, por exemplo, representações do

60 Disponível em: <www.unirio.br/cch/escoladehistoria/graduacao/linhas-curriculares>. Acesso em: 11 jan. 2016.

61 Disponível em: <www.unirio.br/cch/escoladehistoria/graduacao/linhas-curriculares>. Acesso em: 11 jan. 2016.

ensino de história, o saber fazer: currículos, programas e manuais. A prática de ensino II se organizaria no formato de oficinas ligadas a um saber fazer, uma aplicação em que os estudantes, sob supervisão dos professores responsáveis, organizariam planos de aula, preparação de cursos, estudos de formas de abordagens e metodologias em temas específicos etc. A prática de ensino II dividia-se em cinco oficinas: ensino de história antiga e medieval, ensino de história moderna e contemporânea, ensino de história do Brasil I e II e ensino de história da América. A prática de ensino III era relativa aos estágios e atividades de extensão, em que o estudante atuaria dando aula no próprio curso de graduação, fazendo estágios em escolas de ensino fundamental e médio ou em cursos de extensão.

Em 2003, criou-se um fórum de licenciatura promovido pela Pró-Reitoria de Graduação (Prograd), formado por representantes de alunos, técnicos, professores e diretores de escola (o que corresponderia aos departamentos), presidido pela professora Deise Hora e que tinha a professora Claudia Beltrão Rosa, à época diretora da Escola de História e uma das fundadoras do curso de história da Unirio, como vice-presidente. O objetivo desse fórum era construir um projeto político-pedagógico com um eixo comum para todos os cursos de licenciatura oferecidos pela Unirio e atender às demandas das Diretrizes Curriculares Nacionais de Formação de Professores. Ele durou mais de um ano e promoveu muitas discussões.

Na reunião de colegiado da Escola de História, em maio de 2006, sob a presidência de Claudia Beltrão Rosa, discutiu-se a reestruturação do currículo do curso de história, com o objetivo de ajustá-lo ao que havia sido discutido e consolidado no Fórum de Licenciatura da Unirio. Ressaltava-se a urgência de encaminhar o projeto de reestruturação do curso de história às instâncias superiores. Como sinaliza Claudia Beltrão Rosa na ata da reunião, o projeto original do curso de história já atendia a várias orientações de ambas as Diretrizes Nacionais (DCNFP e DCNH); havia apenas a necessidade de adequar a carga horária. Nessa reunião, foi apresentado o trabalho desenvolvido pela comissão de reestruturação do currículo, da qual faziam parte os professores Claudia Beltrão Rosa, Anita Correia Lima, Keila Grinberg e Marcos Sanches. O objetivo da comissão era "atender às exigências do MEC e aprimorar o currículo preservando o princípio geral de articulação entre teoria e prática".[62]

O currículo passou a ter 3.270h, com 179 créditos a serem integralizados, no mínimo, em oito semestres e, no máximo, em 12 semestres. As cinco linhas curriculares permanecem as mesmas. No que se refere à linha de licenciatura, houve mudanças: a prática de ensino I, II e III (dois créditos teóricos e três práticos, 120 h/a) passou a se chamar estágio curricular I, II e III (um crédito teórico e quatro práticos; carga horária: 135 h/a). Houve uma diminuição dos créditos teóricos e um aumento de um crédito da prática, totalizando mais 15 h/a para cada estágio curricular.[63]

> Nesta linha, propomos a criação de um Seminário de Pesquisa em Ensino de História, de caráter obrigatório, cujo objetivo é unir de modo inexorável o ensino e a pesquisa na formação do professor, contribuindo para sua plena atuação futura nas Escolas de Ensino Básico. Neste sentido ampliamos o número de disciplinas/atividades optativas na Linha, conforme as orientações do Fórum de Licenciatura da Unirio, perfazendo um total de 12 disciplinas/atividades optativas, devendo o aluno perfazer no mínimo 8 créditos/120h/a em disciplinas e atividades.[64]

A última mudança no curso de história ocorreu em 2009, com a separação do bacharelado da licenciatura, passando a existir

---

62 Ata da 15ª reunião do Colegiado da Escola de História do Centro de Ciências Humanas e Sociais da Universidade Federal do Estado do Rio de Janeiro, ocorrida em 5 de maio de 2006.

63 Currículo do curso de história da Unirio, 2006, p. 3.

64 Ibid.

entradas diferenciadas no vestibular e terminalidade própria. Com isso, o curso de história da Unirio passou a oferecer 60 vagas para licenciatura e 60 vagas para o bacharelado. A configuração do antigo curso passou a ser correspondente à licenciatura, com pequenos ajustes, por exemplo, a criação de disciplinas optativas novas.

O currículo se divide em "linhas básicas e complementares da área de História", que se organizam em torno de:

> – conteúdos históricos, historiográficos e epistemológicos e práticas de pesquisa que, sob ângulos diferenciados, problematizam os grandes recortes espaço-temporais, estimulando a produção e difusão do conhecimento;
> – conteúdos que permitam um tratamento especializado e uma maior verticalidade na abordagem dos temas em disciplinas optativas e diversas atividades, de modo a consolidar a interdisciplinaridade;
> – conteúdos complementares que fornecem instrumentação mínima, permitindo o bom atendimento das demandas sociais da área de História, como disciplinas pedagógicas, fundamentos de arquivologia, gerenciamento de patrimônio histórico, elaboração de projetos culturais etc.
> O curso preserva o princípio geral da articulação entre teoria e prática, em que serão desenvolvidas atividades no âmbito da instituição e fora dela, que se destinam à consolidação do perfil desejado na forma de estágios, programas de iniciação científica e atividades acadêmicas complementares.[65]

No curso de bacharelado, são quatro linhas curriculares – *teoria e metodologia, filosofia e ciências sociais, história das civilizações, memória social e patrimônio* – ficando de fora a linha de *licenciatura*. A grade curricular é menor do que a do curso de licenciatura, prevendo a execução de 26 disciplinas/atividades obrigatórias, que

---

65 Disponível em: <www.unirio.br/cch/escoladehistoria/graduacao>. Acesso em: 26 out. 2016.

correspondem a 98 créditos teóricos, ou 1.470 h/a, e quatro créditos práticos, ou 120 h/a; nove disciplinas/atividades optativas, ou 24 crédito teóricos, que correspondem a um total de 360 h/a, e 12 créditos práticos, com 360 h/a divididas necessariamente em três disciplinas teóricas, três tópicos especiais e três seminários de pesquisa; oito créditos (240h) em atividades complementares. O bacharelado sofreu pequenos ajustes e acabou se tornando um curso mais curto.

Quadro 1 | Grade curricular (semestres ideais) – bacharelado

Linhas curriculares			
Teoria e Metodologia	Filosofia e Ciências Sociais	História das Civilizações	Memória Social e Patrimônio

							CH
1º período	Introdução às Ciências Sociais 60 h/a	Introdução à Filosofia 60 h/a	Teoria da História 60 h/a	Antiguidade Clássica 60 h/a	Antiguidade Oriental 60 h/a	–	300
2º período	Optativa (disciplina) 60 h/a	História e Documento 60 h/a	História Medieval I 60 h/a	História Medieval II 60 h/a	–	–	240
3º período	História do Brasil I 60 h/a	História da América I 60 h/a	História Moderna I 60 h/a	Memória, Cultura e Sociedade 60 h/a	Historiografia Contemporânea 60 h/a	–	300
4º período	História do Brasil II 60 h/a	História da América II 60 h/a	História Moderna II 60 h/a	Metodologia da História 60 h/a	–	–	240
5º período	História do Brasil III 60 h/a	História da América III 60 h/a	História Contemporânea I 60 h/a	Optativa Seminário de Pesquisa 135 h/a	–	–	315
6º período	História do Brasil IV 60 h/a	História da África 60 h/a	História Contemporânea II 60 h/a	Optativa Seminário de Pesquisa 135 h/a	Optativa (disciplina) 45 h/a	–	360
7º período	–	Optativa (disciplina) 60 h/a	Patrimônio Histórico Brasileiro 60 h/a	Optativa Seminário de Pesquisa 135 h/a	–	Seminário de TFC I 30 h/a	285
8º período	–	Optativa (Tópicos) 45 h/a	Optativa (Tópicos) 45 h/a	Optativa (Tópicos) 45 h/a	–	Seminário de TFC II 30 h/a	270
						Atividades complementares	240
						Carga horária TOTAL	2550

Fonte: <www.unirio.br/cch/escoladehistoria/graduacao>. Acesso em: 26 out. 2016.

O currículo da licenciatura tem a carga horária total de 3.315h, com 178 créditos a serem integralizados em, no mínimo, oito semestres e, no máximo, 12 semestres. A grade contém 34 disciplinas obrigatórias, que correspondem a 113 créditos teóricos, ou 1.695 h/a, e 11 práticos, ou 330 h/a; oito disciplinas optativas, ou 23 créditos teóricos, que correspondem a um total de 345 h/a, e oito créditos práticos, ou 240 h/a, divididas necessariamente em três disciplinas teóricas, três tópicos especiais e dois seminários de pesquisa; 15 créditos (sendo três teóricos e 12 práticos), i.e., 405h de estágio curricular obrigatório e oito créditos (240h) em atividades complementares.

Quadro 2 | Grade curricular (semestres ideais) – licenciatura[66]

Linhas curriculares				
Teoria e Metodologia	Filosofia e Ciências Sociais	História das Civilizações	Memória Social e Patrimônio	Licenciatura

							CH
1º período	Introdução às Ciências Sociais 60 h/a	Introdução à Filosofia 60 h/a	Teoria da História 60 h/a	Antiguidade Clássica 60 h/a	Antiguidade Oriental 60 h/a	–	300
2º período	Psicologia e Educação 60 h/a	História e Documento 60 h/a	História Medieval I 60 h/a	História Medieval II 60 h/a	Optativa (disciplina) 60 h/a	–	300
3º período	História do Brasil I 60 h/a	História da América I 60 h/a	História Moderna I 60 h/a	Memória, Cultura e Sociedade 60 h/a	Historiografia Contemporânea 60 h/a	–	300
4º período	História do Brasil II 60 h/a	História da América II 60 h/a	História Moderna II 60 h/a	Metodologia da História 60 h/a	Didática 60 h/a	–	300
5º período	História do Brasil III 60 h/a	História da América III 60 h/a	História Contemporânea I 60 h/a	Dinâmica e Organização Escolar 60 h/a	Metodologia do Ensino de História 120 h/a	–	360
6º período	História do Brasil IV 60 h/a	Estágio Curricular I 135 h/a	História Contemporânea II 60 h/a	Optativa (disciplina) 60 h/a	História da África 60 h/a	Optativa Seminário de Pesquisa 135 h/a	510
7º período	Optativa (disciplina) 60 h/a	Estágio Curricular II 135 h/a	Patrimônio Histórico Brasileiro 60 h/a	Optativa Seminário de Pesquisa 135 h/a	Seminário de Pesquisa em Ensino de História 135 h/a	Seminário de TFC I 30 h/a	555
8º período	Optativa (Tópicos) 45 h/a	Estágio Curricular III 135 h/a	Optativa (Tópicos) 45 h/a	Optativa (Tópicos) 45 h/a	LIBRAS 60 h/a	Seminário de TFC II 30 h/a	450
						Atividades complementares	240
						Carga horária TOTAL	3315

Fonte: <www.unirio.br/cch/escoladehistoria/graduacao>. Acesso em: 26 out. 2016.

[66] Disponível em: <www.unirio.br/cch/escoladehistoria/graduacao>. Acesso em: 26 out. 2016.

Os seminários de pesquisa estão distribuídos ao longo do curso e uma das regras é que o aluno não pode fazer os três seminários com o mesmo professor e nem com a mesma nomenclatura. Logo, não pode fazer, por exemplo, dois cursos de seminário de pesquisa em história antiga ou história do Brasil. Essas disciplinas se diferenciam das disciplinas de tópico por terem um caráter prático. A feição prática se refere a atividades como a ida a museus e arquivos, atividades com documentos históricos presentes nos acervos.

As disciplinas referentes ao ensino de história começam a ser oferecidas a partir do quinto período, com metodologia do ensino de história; estágio curricular I, no sexto período; estágio curricular II e seminário de pesquisa em ensino de história, no sétimo período; e estágio curricular III, no oitavo período. Além dessas disciplinas, voltadas mais para a questão do ensino de história, existem os tópicos, disciplinas optativas de ementa aberta, que podem oferecer cursos voltados para as questões do ensino.

É importante observar que os quadros de distribuição de disciplinas por período servem apenas como uma sugestão para orientar os alunos. Eles têm liberdade de escolher as disciplinas que querem cursar, ficando a eles impedido apenas cursar os estágios curriculares ao mesmo tempo.

Quanto aos objetivos do curso de bacharelado e de licenciatura, podemos destacar:

Quadro 3 | Comparativo entre os objetivos dos cursos de bacharelado e licenciatura/Unirio

Bacharelado	Licenciatura
1. Uma sólida formação humanística.	1. Uma sólida formação humanística.
2. O desenvolvimento da pesquisa e a produção do conhecimento.	2. O desenvolvimento da pesquisa e a produção do conhecimento.
3. O conhecimento das principais escolas historiográficas, permitindo distinguir diferentes narrativas, métodos e teorias.	3. O conhecimento das principais escolas historiográficas, permitindo distinguir diferentes narrativas, métodos e teorias.
4. O conhecimento das diferentes abordagens metodológicas utilizadas na pesquisa histórica.	4. O conhecimento das diferentes abordagens metodológicas utilizadas na pesquisa histórica.
5. O trânsito pelas fronteiras entre a história e as demais áreas do conhecimento, demarcando seus campos específicos, qualificando o que é próprio ao conhecimento histórico e tornando o diálogo entre as disciplinas o mais frutífero possível.	5. O trânsito pelas fronteiras entre a história e as demais áreas do conhecimento, demarcando seus campos específicos, qualificando o que é próprio ao conhecimento histórico e tornando o diálogo entre as disciplinas o mais frutífero possível.
6. A formação de profissionais preparados para o atendimento de uma ampla gama de demandas sociais, como as relativas às políticas de preservação e gestão do patrimônio histórico e cultural, de preservação de documentos e de gestão de acervos em museus e centros culturais.	6. A reflexão e a prática do ensino de história no ensino fundamental e médio, com o domínio crítico de métodos e teorias.
	7. O desenvolvimento da pesquisa e a produção do conhecimento no campo do ensino de história.
	8. A reflexão sobre novas modalidades no campo do ensino de história, como as relativas à educação a distância, assim como o desenvolvimento de novos métodos de ensino.
Vagas: 30 por semestre **Duração:** quatro anos	**Vagas:** 30 por semestre **Duração:** quatro anos

Disponível em: <www.unirio.br/cch/escoladehistoria/graduacao>. Acesso em: 26 out. 2016.

Analisando o quadro comparativo, os cursos de licenciatura e bacharelado compartilham cinco dos oito objetivos existentes. Estes objetivos se referem ao desenvolvimento da pesquisa, conhecimentos das principais escolas historiográficas, além das diferentes abordagens metodológicas usadas na pesquisa histórica. Em apenas três objetivos os cursos se diferenciam. Enquanto o bacharelado se preocupa com "a formação de profissionais preparados para [...] políticas de preservação e gestão do patrimônio histórico e cultural, de preservação de documentos e de gestão de acervos em museus e centros culturais", no curso de licenciatura o foco é "a reflexão e a prática do ensino de história no ensino fundamental e médio, com o domínio crítico de métodos e teorias", além do "desenvolvimento da pesquisa e a produção do conhecimento no campo do ensino de história" e a "reflexão sobre novas modalidades no campo do ensino de história, como as relativas à educação a distância, assim como o desenvolvimento de novos métodos de ensino".

Os objetivos comuns chamam atenção para a ideia da indissociabilidade entre ensino e pesquisa por meio de uma dupla percepção. No caso da licenciatura, os objetivos em relação à formação para a pesquisa aparecem em dois momentos, caracterizando, em princípio, dois diferentes tipos de pesquisa. Esses objetivos estão colocados tanto no item 2, "o desenvolvimento da pesquisa e a produção do conhecimento", comum a ambos os cursos, quanto no item 7, que se refere à "pesquisa e à produção do conhecimento no campo do ensino de história", específico da licenciatura.

O texto de fundamentação do currículo caracteriza o perfil dos formandos da seguinte maneira:

> [...]
>
> 3.1 Perfil dos Formandos:
>
> O formando em História deve ser capaz de comprometer-se, como cidadão, com os valores inspiradores da sociedade democrática: liberdade, igualdade, dignidade humana, justiça, respeito mútuo, participação, responsabilidade, solidariedade, pensamento crítico, diálogo, reconhecimento da pluralidade inerente à vida política e à vida acadêmica.

> No desempenho de suas atividades profissionais devem ser capazes de zelar pela dignidade profissional, exercitar o pensamento crítico e reflexivo, assumir responsabilidades, opinar, enfrentar desafios, agir de forma autônoma.
>
> 3.1.1 Perfil dos formandos da Licenciatura
>
> - associar permanentemente teoria e prática;
> - desenvolver pesquisa e produzir conhecimentos sobre as problemáticas do ensino-aprendizagem;
> - modelar suas concepções da prática pelo critério da indissociabilidade entre ensino, pesquisa e extensão.
>
> 3.1.2. Perfil dos formandos de Bacharelado
>
> - associar permanentemente teoria e prática;
> - atualizar-se constantemente em uma perspectiva de formação contínua, inteirando-se dos avanços do conhecimento nas diversas áreas, e incorporando-os em sua prática;
> - desenvolver pesquisa e produzir conhecimento sobre os distintos campos de saber.[67]

No que se refere às competências e habilidades a serem desenvolvidas no curso, o documento as divide em gerais, específicas e específicas da licenciatura:

> Especificamente em relação a Licenciatura, os formandos em História devem ser capazes de incorporar as seguintes competências e habilidades:
>
> - dominar métodos e técnicas pedagógicos que permitam a transmissão do conhecimento para os diferentes níveis de ensino;
> - expressar-se e comunicar-se em várias linguagens, especialmente aquelas necessárias para a atuação no Ensino Básico;

67 Currículo da Unirio, 2009.

- dominar os conteúdos a serem socializados, seus significados em diferentes contextos e cultivar o diálogo com outras disciplinas, desenvolvendo uma perspectiva interdisciplinar.[68]

O aspecto pedagógico aparece no último tópico, como "disciplinas pedagógicas". O currículo do bacharelado tem 146 créditos, com 26 disciplinas/atividades obrigatórias; o currículo da licenciatura tem 36 créditos a mais que o bacharelado, com 35 disciplinas/atividades obrigatórias, que teriam de ser integralizados no mesmo intervalo de tempo.

As disciplinas chamadas pedagógicas, como a didática ou educação e filosofia, são oferecidas pela Escola de Educação. Esta característica faz com que o curso da Unirio dialogue mais de perto com as diretrizes, descaracterizando, ao menos em parte, o tradicional modelo do 3 + 1.

O curso de história da Uerj/FFP

A Faculdade de Formação de Professores (FFP) é uma unidade acadêmica da Universidade do Estado do Rio de Janeiro (Uerj) direcionada exclusivamente para cursos de licenciatura. A Lei nº 6.598, de 20 de agosto de 1971, cria o Centro de Treinamento de Professores do Estado do Rio de Janeiro (Cetrerj). O projeto do centro de treinamento incluía a criação de uma faculdade de formação de professores. O objetivo inicial era o de "aperfeiçoar e atualizar os professores da rede de ensino".[69]

No início da década de 1970, com a Lei nº 5.692/1971, com a expansão da escola de 1º grau, houve a necessidade de ampliar a formação de professores para atuar nas redes de ensino. Nesse

---

68 Ibid.

69 Projeto Político-Pedagógico do Curso de Licenciatura em História Uerj/FFP. São Gonçalo: Uerj/DCH, 2013.

contexto, em 1973, a FFP começa a funcionar. Os primeiros cursos oferecidos foram licenciaturas curtas em letras, ciências e estudos sociais. Ainda em 1975, a FFP é incorporada à Uerj, após a fusão ocorrida entre o estado da Guanabara e o do Rio de Janeiro.

Em 1978 o Decreto Presidencial nº 81.905 e o Parecer nº 11/1978, do Conselho Estadual de Educação (CEE) do Estado do Rio de Janeiro, transformam as licenciaturas em letras e ciências em licenciaturas plenas, a primeira com habilitações em português/literatura e português/inglês e a segunda com habilitações em biologia e matemática. No curso de estudos sociais, essas mudanças só vão ocorrer em 1985, momento em que o curso é convertido em licenciatura plena com habilitação em história e geografia. Nos anos 1990 ocorre a separação definitiva entre os cursos de história e geografia (Nascimento, 2011).

Os anos entre 1970 e 1990 foram marcados por tensões e debates em torno da manutenção da faculdade. Passado esse período, hoje, a Uerj/FFP se encontra consolidada. Nos anos 2000, houve um esforço conjunto dos departamentos da universidade em reformular os cursos de licenciatura, adequando-os às novas Diretrizes Curriculares Nacionais. Foi criada uma comissão de licenciaturas, cujos debates orientaram a reformulação curricular dos cursos. Segundo o documento produzido por essa comissão, o perfil de curso que se desejava pretendia inverter a lógica de formação vista na maioria das universidades.

> No caso da formação do professor, nos cursos de licenciatura, em seus moldes tradicionais, a ênfase estava contida na formação pautada nos conteúdos da área, onde o bacharelado surgia como a opção natural que possibilitaria, como apêndice, também, o diploma de licenciado. Neste sentido, na maior parte dos cursos de licenciatura existentes, é a atuação do físico, do historiador, do biólogo, por exemplo, que ganha importância, sendo que a atuação destes como "licenciados" torna-se

> residual e é vista, dentro dos muros da universidade, como "inferior", em meio à complexidade dos conteúdos da "área", passando muito mais como atividade "vocacional" ou que permitiria grande dose de improviso e autoformulação do "jeito de dar aula".[70]

Este trecho faz uma crítica ao modelo de formação presente em diversas licenciaturas. Chama a atenção para o fato de os cursos estarem, de uma maneira geral, baseados no modelo da racionalidade técnica, em que haveria uma ênfase em conteúdos específicos das áreas de formação (história, geografia, letras etc.). Segundo o texto, essa visão estaria contribuindo para a formação do bacharel, e o diploma de licenciatura seria uma espécie de "apêndice", em que a formação de professores acabava secundarizada. Além disso, a atuação como professor é vista como algo inferior ou ainda uma atividade ligada a uma vocação que permitiria um tipo de "improviso".[71]

Nesse sentido, as licenciaturas da FFP buscariam romper com isso, promovendo o que o documento chama de uma "inversão radical". Nesses cursos de licenciatura, segundo o documento, devem existir uma organização e um tratamento diferenciado em relação ao bacharelado. Ali, os conteúdos disciplinares específicos da área são considerados "eixos articuladores do currículo". Por meio de tais eixos, os saberes pedagógicos são articulados e referidos ao ensino da disciplina. A relação entre os saberes acadêmicos e profissionais é bastante reforçada.

> É preciso indicar com clareza para o aluno qual a relação entre o que está aprendendo na licenciatura e o currículo que ensinará no segundo segmento do ensino fundamental e no ensino médio. Neste caso, é preciso identificar, entre outros aspectos, obstáculos epistemológicos, obstáculos didáticos, relação desses conteúdos com o mundo real,

70 Ibid., p. 8.

71 Ibid., p. 8.

> sua aplicação em outras disciplinas, sua inserção histórica. Esses dois níveis de apropriação do conteúdo devem estar presentes na formação do professor.[72]

O objetivo presente no projeto político-pedagógico é o de construir cursos que fujam dos modelos tradicionais de formação que terminam por promover um desequilíbrio entre didatismo e conteudismo.

> Nos cursos atuais de formação de professor, salvo raras exceções, ou se dá grande ênfase ao didatismo dos conteúdos, sem sua necessária ampliação e solidificação – o que se transforma em *pedagogismo* –, ou se dá atenção quase que exclusiva a conhecimentos que o estudante deve aprender – *conteudismo*, sem considerar sua relevância e sua relação com os conteúdos que ele deverá ensinar nas diferentes etapas da educação básica.[73]

A busca deste equilíbrio caracteriza o projeto da FFP. Nos cursos de licenciatura, como no de história, alvo de nossa investigação, os alunos desenvolvem temas relacionados à questão do ensino dentro do próprio Departamento de Ciências Humanas, em que o curso é oferecido, e também no Departamento de Educação, com disciplinas obrigatórias desde o primeiro período. Essas disciplinas são: filosofia da educação, sociologia da educação, didática e psicologia da educação, políticas públicas de educação. Além dessas disciplinas, o estágio supervisionado I também é ministrado pelo Departamento de Educação.

A perspectiva do diálogo entre conhecimento acadêmico e escolar e entre ensino e pesquisa também está presente nos objetivos específicos do curso:

72 Ibid., p. 8.

73 Ibid., p. 8, grifos no original.

- Confere ênfase ao exercício da pesquisa e da escrita da História acadêmica e escolar, ensejando ao aluno o diálogo entre diferentes conhecimentos a que tem acesso ao longo do curso.
- Procura incentivar o aluno a participar de atividades de pesquisa e de iniciação à docência, junto aos diversos projetos dos professores do Departamento, ou mesmo fora dele - estágios em arquivos, museus etc.[74]

Quadro 4 | Grade curricular (por semestre)

1º	2º	3º	4º
Introdução à história	Teoria da história I	História da África	Teoria da história II
História antiga do Oriente	História medieval do Oriente	História moderna I	História moderna II
História antiga do Ocidente	História medieval do Ocidente	História da América I	História da América II
Filosofia da educação	História do Brasil I	História do Brasil II	História do Brasil III
Filosofia I	Sociologia da educação	Didática	Políticas públicas e educação
Laboratório de ensino de história I	Antropologia	Psicologia da educação	Sociologia geral
	Laboratório de ensino de história II	Laboratório de ensino de história III	Laboratório de ensino de história IV
		Filosofia II	
5º	**6º**	**7º**	**8º**
História contemporânea I	História contemporânea II	História contemporânea III	História contemporânea IV
História da América III	História do Brasil V	História do Brasil VI	Eletiva
História do Brasil IV	Eletiva	Eletiva	Eletiva
Eletiva	Eletiva	Eletiva	Monografia II
História fluminense	Laboratório de pesquisa em história	Monografia I	Estágio supervisionado IV
Estágio supervisionado I	Estágio supervisionado II	Estágio supervisionado III	

Fonte: http://ppghsuerj.pro.br/graduacao/c.php?c=fluxograma

74 Ibid., p. 8.

Como informa o projeto político-pedagógico, o curso de licenciatura em história está de acordo "com as exigências legais colocadas pela Resolução CNE/CP de 19/02/02", que correspondem à distribuição de carga horária com "400h práticas, 400h de estágio supervisionado, 1.920h de conteúdos curriculares de natureza científica cultural e 200h em outras formas de atividades acadêmicas, científicas e culturais".[75] O curso está organizado em regime de créditos com duração prevista de quatro anos/oito semestres e período máximo de integralização curricular de sete anos/14 semestres.

As disciplinas específicas clássicas de estruturação dos cursos de história (história antiga, história da Idade Média, história moderna, história do Brasil I, II, III, IV, V e VI etc.) são acompanhadas, desde o primeiro período, da oferta das disciplinas de laboratório. A prática como componente curricular está relacionada às disciplinas de laboratório de ensino, laboratório de pesquisa e estágio curricular. São quatro laboratórios de ensino, começando desde o primeiro período, um laboratório de pesquisa em história e quatro estágios. As disciplinas de laboratório têm os seguintes objetivos:

> Identificar os diferentes espaços socioeducativos que contribuem para a formação do professor, reconhecendo o magistério como lócus fundamental dessa formação. Discutir a indissociabilidade prática-teoria-prática como fundamento da atuação docente. Analisar os condicionantes históricos, culturais, sociais, políticos, econômicos e subjetivos das práticas docentes em escolas de ensino médio e fundamental. Investigar o cotidiano escolar, reconhecendo as relações, tensões, sujeitos e processos que o produzem.[76]

---

75 Ibid., p. 15.

76 O material sobre as ementas está disponível no *site*: <www.ementario.uerj.br/ementas/9032.pdf>. Acesso em: 21 maio 2018.

Como podemos observar nas respectivas ementas, as disciplinas de laboratório teriam os mesmos objetivos, o que as diferenciaria seriam as ementas.

Quadro 5 | Ementas dos laboratórios[77]

Laboratório de ensino de história I	Laboratório de ensino de história II	Laboratório de ensino de história III	Laboratório de ensino de história IV
Dedicado às práticas de leitura e escrita de textos na área de história. São cursos propedêuticos; oferecem condições para que os alunos aprofundem os procedimentos de estudo e interpretação de textos acadêmicos; abordam formas variadas de trabalho sobre os textos: fichamento, resumo, resenha, revisão bibliográfica, análise com objetivos específicos etc.; desenvolverão especialmente a análise, leitura e escrita de narrativas históricas.	Dedicado às práticas de leitura e escrita de textos na área de história. São cursos propedêuticos; oferecem condições para que os alunos aprofundem os procedimentos de estudo e interpretação de textos acadêmicos; abordam formas variadas de trabalho sobre os textos: fichamento, resumo, resenha, revisão bibliográfica, análise com objetivos específicos etc.; desenvolverão especialmente a análise, leitura e escrita de narrativas históricas.	O LEH III tem como objetivo a reflexão e a prática dos diversos procedimentos, metodologias e linguagens que são utilizadas no ofício do professor/historiador ao lidar com fotografias e iconografia em geral, com arte e arquitetura, com cinema, com depoimentos orais, com literatura, com jornais, com mapas, com gráficos e tabelas etc.	O LEH IV discutirá a história do ensino de história, o currículo de história e as práticas deste ensino. Estão incluídas nesta discussão a formulação e a crítica desse currículo na dimensão escolar (o projeto escolar, o plano de curso, o plano de aulas). A linguagem verbal será tratada neste laboratório como gênero expositivo didático (oral e escrito), bem como no gênero plano de aulas. A avaliação em história também será analisada em seu aspecto metodológico. O livro didático deverá ser analisado sob diversas dimensões: como objeto histórico e artefato da indústria cultural; como portador de linguagens específicas que cabe ao professor trabalhar como mediador; como síntese de saberes acadêmicos e escolares organizados em currículo que precisa ser conhecido. O objetivo final deste laboratório é que o aluno veja as possibilidades do ensino de história a partir de um enfoque problematizador.

Fonte: <www.ementario.uerj.br/ementas/9032.pdf>. Acesso em: 21 maio 2018.

77 O material sobre as ementas está disponível no *site*: <www.ementario.uerj.br/ementas/9032.pdf>. Acesso em: 21 maio 2018.

Esses laboratórios teriam um caráter teórico-prático e também propedêutico. A ideia é trabalhar, com o aluno, procedimentos ligados ao estudo e à escrita da história. Segundo Helenice Rocha (2018, entrevista), "as duas primeiras disciplinas de Laboratório seriam uma introdução ao fazer do historiador e do professor de História, uma dupla face, especialmente ao que se refere ao trato da leitura e escrita". A professora esclarece:

> Esta opção se deu pois havia muita reclamação dos professores sobre o fato dos graduandos não saberem como ler um texto em História e também das suas dificuldades com a escrita (resumos, resenhas e fichamentos). No Laboratório I se procura fazer um acolhimento do aluno, o que diferencia o curso, o que é a escrita para o historiador, o que é o fichamento para o historiador. Se estabeleceu uma diferença entre os laboratórios I e II. O Laboratório I trabalharia com resenha e resumo, as diferenças entre resumo e esquema, fichamento. Laboratório II aprofunda mais, exige uma maior pesquisa sobre algum tema, a ideia de se pensar no texto atendendo como um registro de pesquisa, como se faz uma nota, uma bibliografia, aprender a pesquisar, portal de pesquisa, ver a confiabilidade quando se busca. Laboratório III trabalharia com fontes históricas. Com uma dupla face: o uso da fonte no trabalho do historiador e o uso da fonte no trabalho do professor [Rocha, 2018, entrevista].

A ideia inicial da disciplina era contemplar os dois lados, contudo essas duas faces nem sempre se encontram equilibradas. Uma das razões apontadas na entrevista é a questão de as disciplinas serem ministradas por diferentes professores, muitas vezes professores contratados, que não possuiriam a imersão ou o vínculo necessário para garantir este equilíbrio.

Outro aspecto ressaltado é o fato de não existir um diálogo entre todas as disciplinas. Além disso, não existiria uma garantia de que as ideias que estavam postas na concepção da disciplina seriam passadas para o professor novo que ministraria as aulas de laboratório.

O laboratório de ensino de história IV tem uma carga horária ampliada: quatro tempos em sala de aula, mais dois tempos fora da universidade. Tem os mesmos objetivos da antiga disciplina de metodologia do ensino de história. Nessa disciplina, o professor vai trabalhar com todos os tópicos do ensino de história que se referem às metodologias, aos currículos, à didática, aos materiais de ensino e ao planejamento. Pretende-se preparar o estudante de história para o futuro trabalho como professor e sua instrumentalização para os estágios.

A disciplina de estágio supervisionado II refere-se ao ensino fundamental, e a de estágio supervisionado III, ao ensino médio. Essas disciplinas são ministradas por um professor do curso de história. As turmas são divididas, não podendo ultrapassar a quantidade de 15 alunos, o que faz com que tenham dois professores para cada estágio. Nas primeiras semanas o professor orienta sobre como vai ser o estágio, a documentação necessária, escolha e alocação nas escolas. Depois, começam as etapas de observação, coparticipação e regência.

O estágio supervisionado IV é dedicado aos espaços não formais de educação, tais como museus, arquivos e a educação a distância. Nessa disciplina, os alunos têm de realizar tarefas como ir a campo pesquisar as formas como acontece a educação histórica nos diferentes modelos e espaços.

Além dessas disciplinas, os alunos também fazem as disciplinas eletivas, que se distribuem em quatro eletivas restritas e quatro eletivas universais.

O perfil dos cursos: entre debates e interpretações

O processo de construção dos currículos nos cursos de história analisados envolveu ações de diferentes sujeitos e também debates e interpretações. Na pesquisa, recortamos alguns aspectos que marcaram essa trajetória de (re)elaboração para compreendermos um pouco os perfis de formação presentes nos cursos.

Do início dos anos 2000 em diante, na maior parte dos cursos, podemos perceber mudanças organizacionais nos currículos, com reelaborações que buscaram dar conta das prerrogativas impostas pelas diretrizes. Contudo, como coloca Goodson (1997), essas mudanças organizacionais nem sempre são acompanhadas por alterações significativas das categorias institucionais. O que estaria em jogo nessas mudanças seria a constituição de uma nova cultura institucional.

Este contexto de reelaborações curriculares trouxe à tona uma discussão em torno de qual perfil de formação era desejado para os cursos. Em certo sentido, existia uma percepção de que essas mudanças estariam rompendo com a desejada indissociabilidade entre ensino e pesquisa. Como pensar na formação de um professor de história como algo específico, separado, da formação do pesquisador em história? A quebra desse binômio indissociável poderia colocar em xeque a formação nos cursos de licenciatura, que seria subtraída dos conhecimentos que evolvem a formação do historiador, identificado como o pesquisador. Percebemos que existiriam tensionamentos em torno dessas mudanças, pois elas estariam de alguma forma se confrontando com um determinado *ethos* de formação que se pretendia constituir ou se reafirmar.

Em muitos casos, vemos que tais mudanças envolveram um significativo esforço de harmonização entre o campo epistemológico do ensino de história e o campo das disciplinas específicas.

A criação de laboratórios de ensino e mesmo de linhas de pesquisa sobre ensino de história dentro do curso de história é um exemplo desses esforços – diferentemente do que ocorria nos anos 1980 e 1990, em que muitas vezes o graduando em história só entraria em contato com as questões do ensino nas disciplinas cursadas na educação. Essas mudanças têm reflexos evidentes na formação de professores e no fortalecimento do campo do ensino de história dentro dos departamentos e fora deles.

Em todos os cursos, esse contexto exigiu uma discussão entre professores, diretores e coordenadores para a compreensão de quais seriam os sentidos de uma formação em história e também a construção de significados a respeito de qual deveria ser o perfil dos cursos de graduação.

Na URFJ, em 2002, foi instituída a Comissão de Reforma Curricular, em que, logo nas discussões iniciais, se percebia uma tendência de construir um currículo que estreitasse "os laços entre Bacharelado e Licenciatura, praticamente tornando-os um só curso, garantindo, assim, a indissociabilidade entre ensino-pesquisa-extensão, configurada desde o início por meio de uma entrada única no vestibular".[78] No *Manual do estudante* existe o seguinte registro:

> Devido às três resoluções do Conselho Nacional de Educação do MEC em 2002, o atual currículo encontra-se em fase de reestruturação. Entretanto, até a implantação da reforma curricular, cumpre-se o currículo vigente. [...] A formação de profissionais graduados em História pela UFRJ baseia-se em dois fundamentos: a produção e a transmissão de conhecimentos, entendendo-os como indissociáveis.

[78] *Manual do estudante*. Disponível em: <http://cpro16197.publiccloud.com.br/temp-site/IH/images/documentos/bacharelado/Manual2012.1.pdf>. Acesso em: 16 out. 2018.

> Isto significa que o professor na sua sala de aula assume o compromisso do ensino de História e suas atividades correlatas e, neste processo, como historiador, apoiado em suas pesquisas, formula novos paradigmas e questionamentos ao saber instituído.[79]

O projeto de 2002 demorou alguns anos para ser analisado e, ao final, o processo foi recusado. Atualmente, não existe um currículo específico de licenciatura, mas sim uma vinculação ao currículo do bacharelado, na medida em que não há ainda entradas separadas para as duas formações na UFRJ. Estão em curso os trabalhos de uma comissão paritária, formada por professores da Faculdade de Educação, do Instituto de História e alunos, para cuidar da questão do currículo do curso de licenciatura.

Analisando a estrutura do curso da UFRJ, observamos que o pressuposto da indissociabilidade entre ensino e pesquisa norteou a elaboração do currículo em concordância com o que seria considerada a "pedra angular das Diretrizes dos Cursos de História: a consciência da necessária indissociabilidade do ensino, da pesquisa e da extensão na Universidade".[80]

Segundo Regina Bustamante, as discussões a respeito da necessidade de mudanças no currículo do curso de história da UFRJ relacionavam-se com as novas demandas de atuação do profissional de história apontadas pelo documento da comissão de especialistas do MEC do final dos anos 1990.[81] Entre os exemplos, estariam o

79 Ibid.

80 Ibid.

81 Ver texto elaborado pela Comissão de Especialistas do MEC: prof. dr. Ciro Flamarion Cardoso, profa. dra. Elizabeth Cancelli, profa. dra. Luíza Margareth Rago, Associação Nacional de História (Anpuh). Texto modificado pelo Fórum Nacional de Coordenadores de Pós-Graduação em História, em 27 de novembro de 1998. Disponível em: <www.pr.anpuh.org/arquivo/download?ID_ARQUIVO=4394>. Acesso em: 16 jan. 2018.

trabalho em institutos de pesquisa, área de patrimônio artístico e cultural, além da atuação em meios de comunicação de massa, como imprensa escrita e televisão.

> O Departamento de História já iniciara uma discussão neste sentido ao propor três novas disciplinas de caráter prático e geral (Práticas de: Bibliotecas, Arquivos e Patrimônio Histórico), para serem trabalhadas conjuntamente com a Prática de Ensino de História, procurando assim atender ao objetivo do curso que é a formação de um profissional de História que conjugue ensino e pesquisa. É necessário ressaltar que, para o educador, o domínio do trabalho em arquivos históricos, bibliotecas e patrimônio histórico é fundamental tanto no processo ensino-aprendizagem como na formação de uma memória social e de uma consciência de cidadania entre os educandos. De certa forma, o Curso de História da UFRJ desenvolveu este aspecto nos denominados RCCs – Requisitos Curriculares Complementares – que abrangem atividades práticas [Bustamante, 2002].

Para Bustamante (2002), no curso da UFRJ, a obrigatoriedade da monografia para a obtenção do bacharelado e da licenciatura fez com que a pesquisa discente fosse "implantada oficialmente" no currículo.

> Para tanto, adotaram-se disciplinas práticas para o Bacharelado – através do Requisito Curricular Complementar (RCC) – que englobam tanto as atividades nos grupos de pesquisa como a Monografia, todas avaliadas com aferição de grau. O primeiro tipo de atividade, ou seja, a pesquisa em grupo, é desenvolvida no âmbito dos 8 Laboratórios existentes no Departamento de História até o presente momento: Laboratório de História Antiga (LHIA); Programa de Estudos Medievais (PEM); Laboratório Medievo (Medievo, em implantação);

Programa de Teoria, Historiografia e História da Cultura (Procult, em implantação); Programa de Estudos Americanos (PEA); Laboratório Interdisciplinar de Pesquisa em História Social (Liphis); Núcleo de Pesquisa e Estudos Históricos (NPEH); e Laboratório de Estudos do Tempo Presente (Tempo). Estas disciplinas práticas são optativas e duas delas são equivalentes a uma disciplina teórica complementar de escolha condicionada ou de livre escolha. Elas contribuem de maneira significativa na elaboração da monografia, condição *sine qua non* para obtenção do Bacharelado e da Licenciatura em História. Além disso, os Laboratórios realizam e incentivam a participação nas atividades de extensão, atendendo, portanto, a este importante aspecto da formação discente [Bustamante, 2002].

Ainda nos anos 1990, foi constituído, na UFRJ, um programa de autoavaliação denominado "Comissão Permanente de Avaliação", que ficou conhecido pela sigla Coopera, responsável por elaborar um projeto de avaliação institucional para cada unidade. Em 1998, essa comissão avaliou a experiência dos requisitos curriculares complementares (RCC) e destacou o sucesso das novas disciplinas.

> [...] um sucesso, constituindo verdadeiramente a espinha dorsal do curso. É o lugar em que é possível a integração Graduação – Pós-Graduação, facilitando a circulação dos conhecimentos produzidos além de possibilitar também a ação em nível de extensão. É verdadeiramente um "locus" privilegiado para atualização e modernização do curso [Bustamante, 2002:11].

Essas disciplinas de laboratório estavam relacionadas à questão da pesquisa histórica e da prática do historiador. Segundo Bustamante (2002), somente em alguns casos os laboratórios se direcionam a aspectos vinculados ao ensino. A modernização do curso estaria passando pela ideia de uma especialização, de um olhar mais verticalizado sobre uma determinada temática. Isso representava uma aproximação do aluno da graduação com a pós-graduação; a formação do pesquisador, de alguma forma, já se iniciava aí. Em geral, estas disciplinas dialogam com as áreas de pesquisa dos professores que as oferecem.

> O Instituto de História vem incentivando as iniciativas dos professores em criar Laboratórios e Programas, com o objetivo de fazer a articulação entre ensino, pesquisa e extensão e entre os estudantes de graduação e pós-graduação. [...] Desde que foram implementados, os Laboratórios e Programas de Pesquisa vêm se constituindo como um dos maiores êxitos no IH, impulsionando a pesquisa discente e formando profissionais de qualidade na medida em que levantam, classificam e divulgam o acervo documental e historiográfico, bem como desenvolvem projetos de investigação sobre as temáticas que integram suas linhas de pesquisa [Bustamante, 2002:11].

Percebemos claramente o diálogo entre o currículo de graduação do IH e alguns pontos do documento elaborado pela comissão de especialistas nomeada pelo MEC-SESu em 1998 e ressaltados nas DCNH, como a visão de que a "formação do profissional de História se fundamenta no exercício da pesquisa".[82]

A criação de componentes curriculares denominados laboratórios ou seminários de pesquisa também está presente nos cursos da Uerj/FFP e da Unirio. No curso de história da Uerj/FFP, por exemplo, o laboratório de pesquisa em história tem a tarefa de ensinar os alunos a fazer um projeto de pesquisa, preparando-os para a produção de uma monografia, primeira experiência mais

82 BRASIL. Parecer CNE/CES nº 492/2001, aprovado em 3 de abril de 2001, p. 7.

autoral de pesquisa desenvolvida pelo estudante. A monografia ajuda também a preparar o aluno para se candidatar e cursar futuramente uma pós-graduação. Segundo Helenice Rocha:

> Ele pode fazer um projeto em ensino de história, ele pode fazer um projeto em qualquer tema em história [...]. Antigamente, ele não podia ser sobre ensino [...] há alguns anos, quando houve essa reformulação [...] a área de ensino de história estava se constituindo, a gente já tinha um grupo discutindo ensino de história, [...] então a gente abriu para que houvesse [...] porque, até então, não existia. Aqui e ali uma monografia em ensino de história, tipo assim, marginal. Então, o departamento aprovou que o ensino de história também fosse um tema das monografias, o aluno que fosse fazer essa monografia não tivesse que ir para o Departamento de Educação. [...] Então nós aprovamos que tipo de trabalho em ensino de história podia ser realizado, e aí então, de lá para cá, alunos têm feito monografias em ensino de história. [...] Não são muitos, pois não existem tantos professores no ensino de história [Rocha, 2018, entrevista].

No curso da Uerj/FFP, apesar de ele ser voltado para a formação de professores de história, inicialmente, os projetos não poderiam ser na área de ensino. Essa questão estaria relacionada à falta de professores que pudessem orientar trabalhos na área. As questões referentes a esse campo do conhecimento ainda não estariam consolidadas, diferentemente das áreas mais tradicionais, como história do Brasil ou história moderna. Cabe destacar o esforço importante do departamento na direção das discussões sobre o ensino, garantindo a possibilidade de pesquisas monográficas feitas pelos graduandos sobre essa temática.

O curso da FFP é o único dos três analisados que é exclusivamente de licenciatura. Grande parte dos docentes que atuam na instituição foi formada na UFF, nos anos 1980 e 1990. A preocupação em fazer um curso de licenciatura que conjugasse a preocupação com ensino de história e a formação do historiador pesquisador era um desafio para o conjunto de professores. O binômio ensino e pesquisa precisava aqui também ser indissociável. Podemos observar essa questão na fala da professora Célia Tavares:

> O professor que sabe fazer a pesquisa histórica também sabe levar esta prática para a sala de aula. Na FFP, a gente supera muitos dos problemas, mas é claro que todo mundo tem sua bagagenzinha de formação. Lá na FFP, a gente tem um grupo grande de professores que saiu da UFF. É claro que isso pode resvalar aqui ali em uma preocupação deste tipo. Eu penso que, para nós, está mais ou menos resolvido. [...]. Mas, por outro lado, como a linha de ensino é muito forte na FFP, ela toda hora pauta fortemente o "autocontrole" das pessoas em relação a isso. Então é saudável [Tavares, 2018, entrevista].

A fala da professora Célia evidencia a perspectiva presente também em outras entrevistas de que, nos anos 1990, a graduação cursada por esses atuais docentes tinha uma clara ênfase na ideia de que "um bom pesquisador será um bom professor". A professora expõe que tal postura estaria associada a uma espécie de bagagem trazida dos cursos em que esses docentes foram formados. Esse cenário começava a se modificar um pouco nos anos 2000, com as discussões em torno do ensino de história e das diretrizes. Ela destaca ainda a força e a importância da linha de ensino no sentido de equilibrar essas questões, trazendo a perspectiva do ensino para as pautas de discussão do Departamento de Ciências Humanas da Uerj.

A formação docente e as relações que os cursos estabelecem com as questões do ensino de história permanecem um desafio. Na UFRJ, a professora Norma Cortes, atual diretora do Instituto de História, perguntada sobre a preocupação com a formação docente, apresenta uma perspectiva que possui uma aparente contradição, que remontaria à criação do próprio curso de história. Para Cortes, a formação de professores de história seria algo que, por fazer parte de uma tradição ligada à própria origem do curso, seria visto como natural, dado, inerente. O curso surge com este objetivo principal. E, por esta razão, a reflexão sobre se o curso forma ou não professores não seria premente.

> [...] Tem uma coisa que tem a ver, e aí falando da UFRJ, e aí falando da história da nossa disciplina também, eu acho que isso justifica ou explica por que nós, historiadores, nunca nos preocupamos seriamente com a formação de professor como um caminho específico. Talvez porque desde o início da nossa trajetória na vida da Universidade, desde sempre, estivéssemos voltados tão somente para a formação de professores. O que eu quero dizer é que a pós-graduação é tardia para nós. A [...] [Faculdade] Nacional de Filosofia, nossa matriz, era uma faculdade de formação de professores, ela não era voltada nem para mestrado, nem para doutorado, ao contrário, [...] nós historiadores formávamos professores, e os grandes historiadores eram professores. Eu acho que essa tradição fez com que nós nunca [...], é como estar cego a uma questão porque esta questão é tão acachapantemente constitutiva de nós, tão visceral, que nós não conseguimos enxergá-la como uma questão. [...] Ou seja, o problema da formação de professores nunca foi um problema, porque era isso que a gente fazia naturalmente [Cortes, 2018, entrevista].

As legislações mais recentes começaram a exigir uma formação mais específica para as licenciaturas. Segundo Cortes, essa exigência de uma singularidade teria, de certa maneira, forçado os historiadores a enxergarem algo que, mesmo sendo parte constitutiva da história do curso, estaria invisibilizada por uma tradição sobre a qual não se pensava mais, pois uma espécie de identidade de origem já daria conta de explicá-la. As mudanças curriculares propostas pelas diretrizes (DCNFP e DCNH) teriam gerado um campo de debates e tensões entre a Faculdade de Educação e o Instituto de História.

> Aí, claro, tem a ver com disputas acadêmicas e absolutamente compreensíveis. Na medida em que de 15 anos para cá esta legislação foi aumentando a exigência da formação específica para professores, aí sim, isso se tornou um problema visível e acho que nós, historiadores, [...] estamos pouco atentos a esta questão [Cortes, 2018, entrevista].

Sobre a questão da indissociabilidade entre ensino e pesquisa, Cortes afirma:

> A ideia de indissociabilidade de ensino, pesquisa e extensão, ela tem várias camadas de sentido, desde a camada funcional trabalhista, que envolve o professor pesquisador DE, [...] e tem outras camadas de sentido que vão nos levar à ideia de que a pesquisa não é um domínio exclusivo do bacharelado, coisa que eu compartilho, pesquisar não é uma coisa do bacharel. O docente também pesquisa. Ele só tem o compromisso com uma produção que é de outra natureza, no limite, tanto o pesquisador quanto o professor, enfim, estão comprometidos com o público, estão comprometidos com a divulgação do conhecimento [...], no sentido de que é preciso dar publicidade ao que a gente produz, seja bacharel, seja professor. Então tem várias camadas de sentido, essa junção da indissociabilidade. Eu acho [...] que a questão é como a gente vai enfrentar o que há de singular na formação de professores, acho que esta é a questão, este é o nó do problema. Se há ou não há singularidades na formação do professor, sem nenhuma

> tentativa de desconhecer a particularidade do ofício, é um ofício, claro. Como qualquer ofício tem sua *expertise*, mas isso é verdadeiro para qualquer ofício. E aí eu me pergunto, no curso de História nos formamos para este ofício especificamente ou podemos formar para vários outros ofícios? Fornecer uma formação que é universal e ter várias outras aplicações para este conhecimento? Eu não sei, eu tenho muita dificuldade de entender, enfim, de perceber na prática o que seria isso. Ainda que eu reconheça todo o esforço de valorização da licenciatura. [...] Este esforço de valorização da licenciatura conta uma história que enfim [...] será que o *ethos* do pesquisador foi tão robusto assim para os historiadores a ponto de termos abandonado a prática do ensino? Será? [Cortes, 2018, entrevista].

Apesar de se entender a profissão de professor como um ofício, e que, como todo o ofício, tem sua especificidade, o desafio parece ser perceber se há algo de singular na licenciatura ou se o curso de história poderia preparar os alunos para "vários outros ofícios". A aparente dúvida da entrevistada recai no questionamento sobre se a formação não poderia ser entendida como universal, com várias possibilidades de aplicação para o conhecimento. Cortes questiona o fato de o *ethos* do pesquisador ter sido tão preponderante a ponto de abandonar a questão da formação do professor. Ela duvida que isso possa ter ocorrido. Ela não acredita que exista um abandono da formação de professores por parte dos historiadores.

Outro aspecto que pode estar relacionado é o da depreciação do papel do professor e, consequentemente, das licenciaturas. Sobre este aspecto, Cortes afirma:

> Acho que tem sim, claro, uma depreciação do professor, não só da sua formação, como do campo de trabalho do professor, isso não nasceu aqui, nossa sociedade deprecia isso, essa depreciação envolve o seu lugar

> de formação, claro, não a universidade em geral, mas a universidade dedicada especificamente a isso. Falando especificamente da UFRJ, quais são os cursos de ponta da universidade? Nenhum deles é da licenciatura, não é. Enfim, os cursos de ponta que têm peso, importância e recursos não são os cursos de licenciatura, mas isso não é uma especificidade da História, não é uma singularidade da História. Eu tenho medo da gente repetir este lugar que nos colocaram de que a licenciatura não é valorizada, o professor não é valorizado e isso virar uma batalha por reconhecimento. Não sei se essa é uma boa estratégia, uma boa política. [...] ok, mas o que a gente faz para reverter isso? Chamando a atenção para a singularidade do professor, dando ultraimportância à formação do professor? É esse o caminho? Mas isso, ao fim e ao cabo, no caso da História, por exemplo, que não fez o caminho da cientifização das ciências sociais em geral, isso não pode nos isolar? Isso não pode formar um professor muito diferente do bacharel que historicamente nunca foi diferente? [Cortes, 2018, entrevista].

A depreciação dos aspectos relacionados à formação de professores estaria ligada a um enfraquecimento do papel do professor e da educação na sociedade como um todo. As políticas públicas estariam atuando na tentativa de reverter um suposto fracasso nesse processo, agindo sobre um de seus pilares – a formação de professores. Ao fazer isso, a organização institucional dos cursos é afetada, o que provoca tensões e embates sobre quais os caminhos a serem seguidos. Essas mudanças acabam envolvendo todo o curso, as disciplinas da área de educação e as disciplinas específicas. Sobre o papel dessas disciplinas na formação de uma epistemologia docente, Cortes pondera:

> Mas aí quem é que tem que fazer isso? Quem tem que produzir esta inteligência? Somos nós, historiadores? É a Faculdade de Educação?

> É a pedagogia? É um campo interdisciplinar? A verdade é que ninguém sai pronto nem para o Bacharelado nem para a Licenciatura [...], no limite, a gente só ensina como se pesquisa, não mais que isso, na hora que a criatura entra no arquivo vai sentir o mesmo vácuo que o professor que entra em sala de aula. [...] Houve um reconhecimento importante da educação, da pedagogia, ao conquistar estas legislações, que aumenta as horas de prática, isto foi importante para este campo disciplinar, mas isto é eventualmente bem resolvido nas disciplinas das chamadas ciências modernas, [...] com os historiadores a conversa é mais delicada, não basta colocar 400 horas aqui, porque tem uma preocupação de como se transmite este conhecimento da matemática moderna [...] Não vai ser por este caminho simples, de tantas horas para cá, tantas horas para lá. Como vai ser, eu não tenho a menor ideia [Cortes, 2018, entrevista].

Por meio dessas palavras, percebemos claramente as dúvidas em torno desse complicado debate. Para se ter uma ideia das dificuldades nesse processo, os professores da Faculdade de Educação, que são historiadores também, que atuam na licenciatura, só tiveram sua presença aceita na Congregação, órgão colegiado e deliberativo máximo do Instituto de História, recentemente. Como se pode observar, essas questões vão muito além de um ajuste de carga horária ou criação de disciplinas no currículo do curso. Elas estariam envolvendo a criação de novas categorias institucionais para dar conta das mudanças desejadas pela legislação.

Diferentemente do curso da UFRJ, o curso de história da Unirio conta com duas entradas: uma para o bacharelado e outra para a licenciatura. Mas o aluno que opta por qualquer uma das duas formações cursa as mesmas disciplinas específicas – são elas, por exemplo, história do Brasil I, II e III, história da África e história contemporânea I e II. Na Unirio, a oferta de disciplinas comuns a ambos os cursos foi ressaltada por Claudia Beltrão Rosa como sendo algo bastante positivo:

> É junto, eu acho isso ótimo porque a gente tem ênfase na pesquisa, eles fazem junto. O garoto da licenciatura faz seminário de pesquisa, o garoto da licenciatura faz as disciplinas monográficas, por exemplo, de ementa aberta. Isso tudo forma um professor muito mais bem formado do que você pensar um curso de licenciatura, como a maioria tem, e que fica muito a reboque. [...] O problema aqui não é os cursos serem ministrados com alunos mesclados, não é esse o problema. Não acho que a formação do licenciando seja ruim, pelo contrário, acho muito boa, eu acho que o que está sem personalidade é o bacharelado [...] É justamente no bacharelado que está faltando uma diferença específica, a meu ver [...] [Rosa, 2015, entrevista].

As duas formações ocorrem juntas e este fato é considerado positivo, pois garantiria o pressuposto da formação indissociável de professores e pesquisadores. É ressaltada como um aspecto positivo do currículo a possibilidade de os alunos de licenciatura fazerem as disciplinas de seminários de pesquisa, por exemplo, pois estas corresponderiam à iniciação à pesquisa tanto na área de história quanto na área do ensino de história. O entendimento é de que as disciplinas de seminário de pesquisa estariam dialogando com a formação de professores, mesmo que seus programas não se relacionem diretamente com a questão do ensino. Perguntada sobre isso, Rosa coloca:

> Também! Ele está aprendendo a construir o conhecimento com a documentação [...] cada um tem lá seu método [...] carregam os meninos para o arquivo, eles vão aprender o que é uma ficha documental, a ler um documento. Não é para fazer visita, é para usar o material

> [...]. Ao mesmo tempo, aqui a gente tem uma formação mais clássica, a gente está pensando em documento [...] não é livresco, ele tem um lado prático forte e, ao mesmo tempo, o professor faz isso também, o futuro professor faz isso também, porque ele é professor e historiador [Rosa, 2015, entrevista].

Nessa perspectiva, as práticas ligadas à pesquisa, como os conhecimentos sobre acervos, documentos e bibliotecas, dialogam diretamente com a formação de professores, pois com isso o aluno estaria aprendendo os caminhos da construção do conhecimento histórico. Nas palavras de Rosa:

> O curso da Unirio tem mais harmonia, pois o aluno não pode seguir um professor, ele tem que variar os seminários, é uma iniciação à pesquisa, isto está dialogando com a formação de professores, aprender a manusear os documentos, vai para o museu, Iphan, não é para passeio, vai manusear o documento [...]. O futuro professor faz isso também, pois ele é pesquisador [...]. Isso é o quê? Isso é pesquisa, isso é ensino, isso é formação de historiador, isso é formação do professor, eu ainda não consegui separar [...] a não ser que eu veja o professor como secundário, o professor é historiador [...], se isso não dialogar, o ensino fica reprodutor de conteúdos [...], ele não sabe construir conhecimentos, [...] como ele pode fazer material se ele não sabe pesquisar? E se ele ficar só pensando em ensino de história propriamente dito, ele não vai construir materiais assim, ele tem que ter uma entrada, ele tem que ter uma área para se aprofundar, ele tem que saber como é a lida com documentos, como é a lida no campo [...] ele tem que saber o que é isso. Eu acho que é bem equilibrado [...] aliás eu nunca sei quem é o aluno do bacharelado e o aluno da licenciatura [...] eles estão juntos [Rosa, 2015, entrevista].

Na visão da professora, o curso da Unirio é bastante equilibrado, na medida em que o aluno seria muito bem formado para atuar tanto na pesquisa quanto no ensino. A ideia de que determinadas práticas serviriam tanto à pesquisa quanto ao ensino fica muito ressaltada na entrevista. A formação do professor se confundiria com a formação do historiador. Esse equilíbrio dificultaria perceber quem é o aluno do bacharelado e o da licenciatura. A indissociabilidade é justamente a característica que garantiria o sucesso do curso e da formação.

> Ele é muito bem formado, nosso curso, você conhece? Seminário de pesquisa, ele tem momentos diferentes, todo mundo tem uma iniciação em pesquisa, ele tem uma ênfase muito grande em uso de materiais documentais em sala de aula [...] então é uma formação boa. Tanto é, que nossos meninos saem bem formados, em geral passam [...] vão para o mercado de professor, quase todos, a gente também tem alunos em outras posições, como a Biblioteca Nacional, ou seja, a gente forma bem. Agora eu vou começar a ver a leva da separação, vai começar a saber agora, vamos ver [...] Quem está trabalhando na Biblioteca Nacional, trabalhando no setor de obras raras, não tem que ter uma noção de didática? Ela não tem que ter noção de psicologia da educação? Eu acho que ela tem que ter. Ela não tem que ter tido uma formação em sala de aula? [Rosa, 2015, entrevista].

Com a separação entre bacharelado e licenciatura, o currículo do curso de licenciatura ficou mais próximo do currículo original do curso. A fala da professora nos mostra uma perspectiva interessante em relação à formação no bacharelado. O bacharel em história, para desempenhar bem seu futuro trabalho em arquivos ou em bibliotecas, por exemplo, precisa ter uma formação didático-pedagógica. Museus e arquivos seriam espaços não formais de educação que estariam pressupondo um olhar comprometido também com as questões do ensino de história e com os processos de ensino-aprendizagem. Nesse sentido, a formação do bacharel não poderia prescindir de noções didático-pedagógicas.

Para Rosa, no curso de história da Unirio, as relações entre ensino e pesquisa estariam harmonizadas, e todos os professores estariam envolvidos nessa tarefa. Ela ressalta:

> Temos um corpo docente com um bom número de especialistas em ensino de história, fizeram concurso para isso, ensino de história. Eles fazem acompanhamento na escola X [...] Eles cuidariam da parte do estágio. [...] Mesmo o pessoal do ensino aqui está na pesquisa empírica. Então não dá para separar [...] nós todos estamos no ensino de história também [Rosa, 2015, entrevista].

O fato de todos os professores, inclusive aqueles da linha de ensino, estarem envolvidos com a pesquisa empírica seria uma espécie de reconhecimento desse engajamento coletivo, para Claudia Beltrão Rosa. No curso, a existência de um professor formador da linha de ensino sendo reconhecido como um professor pesquisador seria também um aspecto da desejada indissociabilidade. Todos, dessa forma, estariam operando em torno desse binômio estruturador.

A perspectiva escolar não estaria só caracterizada pela existência desse corpo docente especializado e de disciplinas ligadas ao ensino de história. Ela estaria também presente nas disciplinas específicas e nas disciplinas de tópicos.

> Não tem só a questão dos seminários de ensino, tem toda uma preparação para isso e a metodologia de ensino. Tem os seminários, tem a metodologia e tem também algumas disciplinas de tópicos que algumas

pessoas trabalham com ensino. Por exemplo, eu mesma já fiz tópico de ensino em Antiguidade para o uso do cinema em sala de aula, já fiz tópico de teatro [...], ou seja, tem isso [...] isso é o que, gente? Isso é pesquisa, isso é ensino, isso é formação do historiador, isso é formação do professor. Eu ainda não consegui separar [Rosa, 2015, entrevista].

A professora Mariana Muaze coloca a dificuldade de perceber a formação a partir de uma separação entre ensino e pesquisa.

É que eu acho também que essa diferença entre bacharelado e licenciatura foi forçada no nosso curso. O nosso curso [Unirio] foi elaborado justamente para não ter esta diferença entre bacharelado e licenciatura, porque vários de nós não acreditávamos que isso era viável, essa dissociabilidade [entre pesquisador e professor]. Não existe! Na verdade, claro que essa não existência, dessa dissociabilidade, significa que a pesquisa é importante para o professor, e que a docência é importante na pesquisa. É que estas coisas andam de mãos dadas e isso, a separação, foi uma coisa forçada [...] vinda de cima. [...] Nós não queremos que essa dissociação ocorra. E o que podemos fazer em relação a isso? [Muaze, 2018, entrevista].

A professora aponta que, da mesma forma que a pesquisa é importante para a formação de professores, ela não poderia prescindir de um olhar sobre a docência, do entendimento dos seus significados. Tal dificuldade seria também compartilhada pelo conjunto de professores que não acreditava ser possível a dissociação entre as formações. Nesse sentido, as discussões em torno do currículo e da própria constituição das disciplinas e áreas deveriam passar por esse entendimento.

Fazendo um balanço sobre as interpretações e debates a respeito dos perfis dos cursos, percebemos que, nos contextos das práticas, no interior dos cursos, essa harmonização estaria envolvendo uma relação complexa marcada por mudanças e resistências. Para um conjunto de historiadores, as diretrizes, ao colocarem especificidades para as licenciaturas, definindo uma entrada separada do curso de bacharelado, estariam, de alguma forma, forçando uma separação, entendida como indevida, entre a formação do professor e a do pesquisador.

Nos cursos pesquisados, o material das entrevistas e a documentação nos mostram que esse entendimento acabou gerando uma resistência em se romper com a lógica da indissociabilidade, muito cara ao conjunto de professores de maneira geral. Por um lado, percebemos que as preocupações sobre o ensino de história estão presentes em todos os cursos. De alguma forma, nos últimos anos as mudanças que levaram à criação de disciplinas como os laboratórios e seminários de ensino, os estágios supervisionados, bem como linhas de pesquisa em ensino no interior dos cursos, tornaram-se uma espécie de garantia da relação que os cursos estabelecem com as questões do ensino de história. Hoje, todos reconhecem o papel e a importância dos professores especialistas na área e do ensino de história como um campo de conhecimento, ou melhor, de pesquisa.

Apesar do entendimento da existência de especificidades nas duas formações, percebemos uma necessidade de amalgamar as formações de historiador/professor, na perspectiva de um profissional único. A garantia de uma boa formação nesses cursos passaria necessariamente por este entendimento: uma separação poderia prejudicar a formação do professor de história, na medida em que ele correria o risco de se afastar das questões que envolvem a pesquisa e a construção do conhecimento histórico. A centralidade dessas questões poderia, por vezes, estar jogando para as margens a perspectiva própria do ensino de história, uma vez que seu reconhecimento estaria passando fortemente por aspectos que não seriam suficientes para definir todos os seus contornos, por vezes afastando da formação elementos que são próprios desse campo de conhecimento.

Na pesquisa, observamos que esforços importantes têm sido feitos, alguns em estágio mais avançado que outros, no sentido da construção de currículos e percursos de formação que busquem equilibrar as exigências das diretrizes com o pressuposto da indissociabilidade entre ensino e pesquisa. Tal pressuposto estaria caracterizando este *ethos* de formação, na medida em que ele se constitui como o "tom", o "caráter", representando algo implícito, uma espécie de senso comum, que influenciaria as práticas sociais dos sujeitos envolvidos no processo de formação (Souza e Soares, 2012).

4. As disciplinas específicas, a formação de professores e o ensino de história

> [...] saber ensinar é ser especialista dessa complexa capacidade de mediar e transformar o saber conteudinal curricular [...], de modo que a alquimia da apropriação ocorra no aprendente. [...] Saber produzir essa mediação não é um dom, embora alguns o tenham; não é uma técnica, embora requeira uma excelente operacionalização técnico-estratégica; não é uma vocação, embora alguns a possam sentir. É ser um profissional de ensino, legitimado por um conhecimento específico exigente e complexo [Roldão, 2007:102].

Os saberes disciplinares e a formação de professores

A proposta de pensar os percursos de formação de professores dos cursos de história nos impõe a necessidade de analisar não só a organização curricular, mas também a ação cotidiana de diferentes sujeitos envolvidos nesse processo, por exemplo, os professores das disciplinas específicas. O contexto da prática estaria aqui relacionado ao cotidiano da docência nesses cursos. Essa ação se expressa na organização de uma grade curricular e de ementas, na elaboração de objetivos e programas das disciplinas oferecidas e na relação com as disciplinas pedagógicas ministradas pelas faculdades ou departamentos de educação. Ao refletir sobre as dinâmicas e interações desse contexto, estamos procurando analisar as diferentes "respostas" dadas a essas políticas públicas de formulação de diretrizes curriculares, que foram traduzidas em mudanças e também em continuidades.

Ao tratar a questão da formação de professores, muitas pesquisas centram suas análises no papel das disciplinas pedagógicas, nas didáticas específicas ou na experiência dos estágios supervisionados. Esses trabalhos têm sido de fundamental importância para compreendermos as mudanças ocorridas no processo de formação, nos resultados atingidos pelos programas de iniciação à docência, no trabalho com educação histórica, entre outros. Contudo, pouco tem se falado do papel das disciplinas específicas na formação de professores de história – história do Brasil, história da América, história antiga, história da África, entre outras, que compõem o núcleo comum da formação de bacharelandos e licenciandos. Entendemos que elas possuem um papel importante nesse processo, como um ponto de partida, que precisa ser melhor investigado.

As disciplinas específicas estariam inscritas no que Maurice Tardif aponta como saberes disciplinares que compõem, junto com os saberes profissionais (da ciência da educação), os saberes curriculares e os saberes da experiência, a pluralidade dos saberes docentes. Segundo o autor, esses saberes são aqueles "transmitidos nos cursos e departamentos universitários independentemente das faculdades de educação e dos cursos de formação de professores" (Tardif, 2002:38). Como observa Monteiro (2007:230):

> A relação entre o saber acadêmico de referência e o saber ensinado merece também uma pesquisa ampliada, na qual sejam investigadas construções epistemológicas utilizadas no saber ensinado, contrapondo-as com aquelas pertinentes ao saber acadêmico, para tornar possível uma análise mais profunda e a melhor compreensão desta relação de grande complexidade e ainda muito pouco conhecida.

Em trabalhos que pesquisam ensino de história, voltados para a compreensão de como se constitui o saber histórico escolar, essas disciplinas estariam compondo os chamados saberes acadêmicos de referência ou a história acadêmica, que, em conjunto com valores, práticas sociais e culturais, ajudariam a constituir a chamada história escolar. Portanto, o saber histórico acadêmico não é a única referência para a construção do saber histórico escolar.

> No ensino de História, trabalhamos com um primeiro estrato constituído pelo consenso sobre os fatos estabelecidos, como, por exemplo, a execução de Tiradentes em 21 de abril de 1792, ou a tomada da Bastilha em julho de 1789, fatos estes cuja legitimidade é estabelecida pelas universidades e demais centros de pesquisa. Se a escola é responsável pela veracidade daquilo que ela enuncia, é o saber acadêmico que legitima o saber ensinado [Monteiro, 2007:105].

O ensino de história é um processo muito mais complexo do que a "enunciação de fatos estabelecidos" (Monteiro, 2007:105). Existiria uma dimensão ética e cultural na seleção dos conteúdos que vão ser ensinados. É importante ressaltar que o saber ensinado é organizado por uma lógica própria e não teria apenas como referência o saber acadêmico, mas seria também constituído por ele (Monteiro, 2007:108). Essa questão se relaciona com um dos pressupostos da análise de Monteiro, que aponta para a seguinte perspectiva:

> No conjunto de saberes aprendidos durante a formação, o conhecimento dos aspectos estruturais, dos princípios da organização conceitual e de investigação dos saberes disciplinares, que permitem identificar as principais ideias, habilidades e paradigmas que orientam a produção do conhecimento no campo, é importante para a realização da prática

pedagógica com autonomia, embora os saberes escolares não sejam os saberes disciplinares de referência [Monteiro, 2007:38].

As análises sobre o saber escolar e os saberes acadêmicos se relacionam com as discussões sobre transposição didática no campo da história, com suas possibilidades e limites. Esta é uma questão complexa que não daria para ser esgotada aqui. Contudo, alguns aspectos analisados por Monteiro ajudam nossa reflexão sobre a formação inicial em história. A autora destaca que a história possuiria diferentes perspectivas de inteligibilidade, tais como a história positivista, dos *Annales*, marxista, e também diferentes eixos de análise, como a história temática (história econômica, história cultural, história política) e a cronológica (Antiguidade, Idade Média, Idade Moderna, Idade Contemporânea, Tempo Presente etc.). Uma questão difícil e fundamental se originaria destas diferentes perspectivas apontadas: "Qual história utilizar como referência acadêmica para se contrastar com o saber a ensinar?" (Monteiro, 2007:103).

Os estudos sobre a docência escolar apontam que não existiria uma filiação definida e rígida a uma determinada corrente, mas, sim, uma "síncrise de diferentes matizes teóricos" (Monteiro, 2007:106). Outra questão seria a articulação dos saberes acadêmico e escolar. Monteiro defende uma perspectiva de que o saber escolar "é criado e se transforma em fluxos descendentes e ascendentes, que incorporam inclusive outras mediações e saberes na relação saber acadêmico/saber ensinado" (Monteiro, 2007:114). No lugar de uma transposição, prefere-se falar em uma interpelação.

Os conhecimentos específicos aprendidos nos cursos de história e sua relação com os conhecimentos escolares estariam inseridos na perspectiva trazida por Ilmar R. de Mattos, que considera que os professores, ao lecionarem, contam uma história, e para fazerem isso vão buscar orientação na "produção historiográfica, em suas múltiplas referências teóricas e metodológicas e em suas diversas dimensões: livros, artigos, teses, revistas de história de cunho acadêmico", que ele chama de "especiaria alheia". O autor, utilizando as palavras de Machado de Assis, afirma que o professor, no exercício de sua docência, "pode ir buscar a especiaria alheia, mas há de ser para temperá-la com o molho de sua fábrica" (Mattos, 2006:22). Para Ilmar Mattos (2006:23, grifo no original),

> as razões por que, como professores, contamos uma história, razões que não são exclusivamente nossas, orientam a busca da "especiaria alheia", as escolhas que fazemos dos textos que se nos oferecem. Uma *seleção* que começa a dar movimento à relação entre os textos historiográficos disponíveis e a aula de história em processo de produção, de modo a ser ensinada e aprendida.

Para o professor dar sentido ao que ensina, ele busca no saber acadêmico "subsídios que lhe permitam produzir versões coerentes com seus pontos de vista e que tenham uma base de legitimidade dentro do campo" (Monteiro, 2007:106). É importante que reconheçamos o professor como um autor que constrói um texto de saber, e a sala de aula como um espaço de ação e produção de saberes. Tal entendimento passa também pelo reconhecimento da complexidade da relação entre a história acadêmica e a história escolar. Contudo, ainda teríamos de esmiuçar algumas questões para tentar compreender como se daria a relação entre os conhecimentos acadêmicos de referência e os conhecimentos escolares.

Disciplinas específicas, currículo e diretrizes

O desafio colocado nos contextos de políticas e práticas foi o de construir uma formação multifacetada em que os cursos de história teriam como tarefa a formação indissociável de um historiador/pesquisador/professor. Historiador e professor deveriam ser duas faces de uma mesma moeda. Através dos temas trabalhados neste livro, percebemos a complexidade desse processo marcado pela relação entre os textos das diretrizes, os currículos, as escolhas pedagógicas, que estruturaram a elaboração das disciplinas, e o trabalho do docente universitário. Os sujeitos envolvidos nesse processo, com suas visões de mundo e de formação, seus posicionamentos e também silenciamentos, estariam estabelecendo uma relação dialética com a construção de tais percursos, ao mesmo tempo interferindo e sendo influenciados. Como vimos, os textos das políticas públicas, apesar de terem um caráter mandatório, estiveram sujeitos a disputas, (re)interpretações e debates.[83] Além disso, estaria em jogo, nesse processo, a constituição de um determinado *ethos* de formação nos cursos de história. Mas qual seria este *ethos* de formação? Quais as suas características?

As Diretrizes Curriculares Nacionais de Formação de Professores (DCNFP) e as Diretrizes Curriculares Nacionais dos Cursos de História (DCNH) trouxeram propostas de mudanças que afetariam os cursos como um todo, incluindo aí as disciplinas específicas. Os currículos dos cursos deveriam se organizar levando em conta a relação entre as disciplinas específicas, as disciplinas pedagógicas (oferecidas pelo departamento e/ou faculdade de educação), os laboratórios ou seminários de ensino e de pesquisa, as disciplinas optativas e os estágios supervisionados. Em um

83 Sobre este assunto, ver Mainardes (2006).

curso de licenciatura,[84] a articulação dessas disciplinas, cada uma com seu *quantum* de participação, teria como objetivo comum a formação de professores de história. Mas o que significaria formar um professor de história?

Nessa perspectiva, a opção por determinados caminhos de estruturação das disciplinas estaria dialogando com objetivos pessoais e coletivos e com determinados entendimentos de como deve ser o perfil dessa formação. Importa investigar como os professores universitários dos cursos de história, com suas práticas institucionais cotidianas, estariam influenciando e sendo influenciados por esse contexto e estariam construindo um determinado *ethos* de formação.

O professor universitário que vai ministrar as disciplinas específicas do curso de história e, consequentemente, contribuir para a formação de professores que atuarão na educação básica na maior parte das vezes é um especialista, mestre e/ou doutor em determinado campo de estudos da história, que prestou concurso para uma área ou disciplina. Em alguns casos, os professores ingressantes na universidade, em sua graduação, formaram-se bacharéis em história e não cursaram a licenciatura. É comum encontrarmos professores, nesses cursos, que nunca exerceram a docência na educação básica ou a exerceram por muito pouco tempo. Contudo, acreditamos que este fato não se caracteriza com um impeditivo nem significa que o professor não terá sensibilidade para as questões próprias para formar professores que atuarão nas escolas.

A lógica disciplinar e teórica ainda está muito presente na constituição dos quadros da docência universitária e, por conseguinte, nos cursos de formação. As disciplinas específicas ditariam

---

84 Neste caso, refiro-me aos três tipos de cursos selecionados para a pesquisa: os que ainda não possuem entradas independentes para licenciatura e bacharelado; o curso com entrada independente; o curso que só possui licenciatura. Nos dois primeiros tipos de curso, bacharelandos e licenciandos teriam um grande número de disciplinas comuns.

o sentido da formação. Para investigarmos estas e outras questões, foram feitas entrevistas com professores de diferentes disciplinas específicas dos cursos de graduação em história das três universidades pesquisadas, Unirio, UFRJ e Uerj/FFP. As entrevistas foram individuais e realizadas no primeiro semestre de 2018.[85] Era importante perceber como esses professores constroem seus cursos, seus objetivos ao ensinarem suas disciplinas, os saberes que são mobilizados no exercício de suas docências.

Esses professores também estão constituídos de saberes, mobilizados no exercício de suas docências no ensino superior. Descobrir como eles fazem suas escolhas, definindo seus objetivos e estratégias pedagógicas, nos ajuda a perceber quais são os sentidos atribuídos à docência universitária, como entendem o papel de professores formadores de professores de história e que relações estabelecem com o ensino de história.

Os sentidos da formação e a relação com o ensino de história

Para realizar nossas investigações, escolhemos entrevistar professores que ministram diferentes disciplinas específicas, tais como: história antiga, história da África, história moderna, história do Brasil e história da América.[86] As perguntas se relacionaram a diversos aspectos

85 Ver anexo: "Roteiro de entrevista...".

86 Professores entrevistados: Andrea Barbosa Marzano, Claudia Rodrigues e Ricardo Salles, professores do Departamento de História da Universidade Federal do Estado do Rio de Janeiro (Unirio); Célia Cristiana da Silva Tavares e Maria Letícia Correa, professoras do Departamento de Ciências Humanas da Faculdade de Formação de Professores (FFP) da Universidade do Estado do Rio de Janeiro (Uerj); Marieta de Moraes Ferreira, João Luiz Ribeiro Fragoso, Juliana Beatriz Almeida de Souza e Regina Maria da Cunha Bustamante, professores do Instituto de História da Universidade Federal do Rio de Janeiro (UFRJ).

do trabalho docente, como o planejamento dos cursos, objetivos, metodologias de trabalho, relação ensino/pesquisa e compreensão a respeito do papel das disciplinas específicas na formação do professor de história.[87] A ideia era perceber como esses professores compreendiam suas práticas docentes, o que valorizavam em seu trabalho cotidiano, como percebiam a questão da formação de historiadores/professores de história e como se relacionavam com o ensino de história. Com isso, podemos mapear os saberes envolvidos na relação de ensino e aprendizagem nessa etapa inicial da formação.

As entrevistas foram analisadas em conjunto, a partir de quatro grandes temas: (1) objetivos das disciplinas; (2) planejamento e metodologia; (3) papel das disciplinas específicas na formação de professores; (4) indissociabilidade entre ensino e pesquisa. Esse conjunto de temas pode nos ajudar a compreender a construção de um determinado *ethos* de formação e de professor formador que, com poucas variações, estaria presente nos três cursos analisados. Apesar de algumas especificidades que iremos apontar, daremos ênfase em nossa análise aos aspectos comuns presentes nos discursos dos professores das três universidades.

As disciplinas específicas e seus objetivos

As entrevistas iniciaram com perguntas mais gerais sobre a identificação do entrevistado, a formação e a experiência profissional, os cursos oferecidos no primeiro semestre de 2018 e para que alunos/períodos eles se destinavam. Logo em seguida, a primeira pergunta se referiu à questão dos objetivos da disciplina.

Era importante, nesse momento, reconhecer as intencionalidades pedagógicas dos professores das disciplinas específicas ao

87 Ver anexo: "Roteiro de entrevista...".

elaborarem seus cursos, apontar e analisar as preocupações que estariam por trás das escolhas desses professores. Além disso, buscamos compreender os sentidos e os significados das aulas que seriam ministradas ao longo do semestre, relacionando seus objetivos e suas estratégias didáticas.

O primeiro aspecto que observamos nas entrevistas se refere à organização dos conteúdos das disciplinas específicas ministradas pelos professores entrevistados. A maioria dos entrevistados das três instituições, sem diferença, entende que um curso de graduação deve ser panorâmico, ou melhor, capaz de tratar das principais questões historiográficas de um determinado tema. Os três currículos se organizam a partir da divisão clássica quadripartite – antiga, medieval, moderna e contemporânea – e, no caso do Brasil, a partir da divisão política – colônia, império e república. Ao planejar os cursos, cada professor seleciona o que considera significativo para ser ensinado. Isso é um movimento comum, algo que os estudos mostram que todo professor faz ao planejar suas aulas, tanto na universidade, como na educação básica.

A visão panorâmica teria nuances. A escolha seria por um panorama historiográfico ou de conteúdo ou as duas coisas? Como isso ocorre? O que observamos é que, de uma forma geral, a visão panorâmica vem acompanhada de uma preocupação em aliar a questão factual à apresentação do debate historiográfico que estaria envolvendo aquele tema. Podemos observar estes aspectos nos seguintes trechos:

> O meu objetivo básico dessa disciplina é dar um panorama da história da Europa no século XIX apresentando os principais eventos, os principais acontecimentos, de uma forma bem tradicional. Eu acho que estas disciplinas servem para isso [...] uma das funções dessa disciplina básica é introduzir estas interpretações da Revolução Fran-

> cesa, das revoluções de uma maneira geral, sobre capitalismo, sobre o Antigo Regime, enfim, eu busco pontuar isso [Salles, 2018, entrevista].

As aulas do professor Ricardo parecem ser mais conduzidas pela fala dele e menos pelo debate de textos em sala de aula. Ele demonstra uma preocupação em apresentar os eventos do século XIX na perspectiva de montar um panorama mais geral para ajudar na compreensão das interpretações de eventos importantes, por exemplo, a Revolução Francesa.

A professora Maria Letícia relata que já trabalhou de diversas maneiras e que tem feito algumas mudanças em seu planejamento. Incialmente, trabalhava de forma panorâmica, e, com o tempo, foi caminhando para leituras mais específicas, com foco no debate historiográfico.

> Eu já trabalhei de diversas maneiras [...] eu já trabalhei de uma forma mais panorâmica e eu fui modificando, eu acho que modifico quase todo semestre um pouco, eu vou incorporando novas leituras que eu fui estudando, e então faço algumas leituras para debate historiográfico. Acho mais importante do que fazer a leitura panorâmica [Correa, 2018, entrevista].

A professora Andrea ministra a disciplina de história da África. Como no currículo do curso só existe esta disciplina obrigatória sobre história da África, a professora demonstrou uma preocupação: a de fazer com que o aluno tenha contato com o maior número de temas dentro do recorte da disciplina específica.

> Tive muita dificuldade de elencar o conteúdo [...], mas existem determinados temas de história da África que aparecem em todos os concursos e que aparecem em todos os manuais. Eu achei que devia

> tocar nestes temas mesmo que de forma panorâmica, pois têm a ver com o comércio, o comércio de escravos [...] mesmo sabendo que é muito panorâmico, eu preciso fazer. Porque eu acho também que os alunos têm que ter contato com estes diferentes temas, senão eles ficam muitas vezes limitados ao que é o meu interesse de pesquisa. Não acho muito legal [Marzano, 2018, entrevista].

A professora expõe uma dificuldade que é muito comum aos professores de maneira geral, tanto na universidade quanto na escola, diante do conteúdo definido: como fazer a escolha do que considera significativo. A visão panorâmica se relaciona também com a preocupação em dar conta de um conteúdo ou tema ainda muito desconhecido dos alunos, mas que aparece em muitos concursos e livros didáticos. O panorâmico aqui é no sentido de conhecer grande parte das coisas para ser capaz de, se for o caso, efetuar suas próprias escolhas no futuro. O professor tende a ter a preocupação de abordar tudo, o que é um grande problema para quem ministra uma disciplina que tem uma única entrada na grade curricular.

A opção por um curso panorâmico também seria uma estratégia para romper com os cursos muito vinculados à área ou recorte de pesquisa do professor que ministra a disciplina, os chamados cursos "monográficos". A professora Andrea entende que esse não seria o melhor caminho no caso de uma única disciplina obrigatória dada na graduação.

Os professores afirmam ser comum, por vezes, que o recorte estabelecido para o curso se relacione diretamente com suas pesquisas de mestrado ou doutorado, o que promoveria um mergulho intelectual mais vertical em um determinado tema, rompendo com uma visão panorâmica da disciplina. Esse tipo de abordagem mais específica, e muitas vezes mais próxima dos interesses de pesquisa dos professores, foi entendido como devendo ser uma característica das disciplinas de laboratório de pesquisa ou disciplinas optativas, por exemplo, que são escolhidas pelo aluno para completar sua grade de formação. Poder escolher esse tipo de disciplina e abordagem é fundamental em um curso de história em que os alunos têm um primeiro contato com recortes temáticos que vão estimular, muitas vezes, futuras pesquisas de mestrado e doutorado e também diferentes práticas profissionais.

A questão de como deveria ser a abordagem e a distribuição das disciplinas nos remete a uma tensão que envolveu a implantação de um novo currículo de história na UFF, no início dos anos 1990. O documento, em suas considerações iniciais, sinalizava que era impossível dar conta de toda a história e privilegiava a divisão entre núcleo básico (com três semestres)[88] e núcleo de especialização (dividido em abordagens temática e cronológica). Depois de três anos de implantação, uma comissão ouviu alunos e professores para fazer uma avaliação do currículo. Segundo o documento apresentado pela comissão:

> I. A principal crítica dos estudantes, endossada pelo depoimento de alguns professores, diz respeito ao Ciclo Básico, considerado insuficiente para ministrar os conteúdos necessários, quer às opções de eixos que os alunos devem fazer após o terceiro semestre, quer, mais amplamente, à formação de profissionais na área de História (professor/pesquisador). Trata-se, pois, de uma crítica que enfatiza a exiguidade dos 3 semestres dedicados ao Ciclo Básico, sugerindo a inclusão de novas disciplinas e ampliação, em pelo menos um semestre, do tempo dedicado àquele ciclo.

88 Entre as disciplinas do núcleo básico, estavam, por exemplo, história do Brasil I, II e III, história da América, história antiga e história medieval.

II. A crítica acima mencionada vem reforçada da queixa, exclusivamente discente, de que alguns ou vários professores não contemplam os eixos temáticos contidos nas ementas das disciplinas do Ciclo Básico, ministrando cursos monográficos que dificultam as escolhas que os alunos devem fazer tão logo concluam o terceiro semestre.[89]

A crítica feita a este currículo nos revela o entendimento de como deveria ser um curso de graduação em história e qual o papel das disciplinas específicas. Os alunos relataram que as disciplinas do ciclo básico deveriam ministrar "conteúdos básicos", respeitando os eixos temáticos e se afastando de cursos monográficos. Essas críticas apontavam para a necessidade de uma visão mais panorâmica dos conteúdos, que desse conta de abarcar o maior número possível de temas para que os alunos, depois de terminado o ciclo básico, pudessem escolher as disciplinas do núcleo de especialização, estas, sim, mais verticalizadas. Muitos defenderam que o curso precisava ser panorâmico e que a especialização deveria ocorrer apenas na pós-graduação.

Reivindicava-se também um ciclo básico mais estendido, com pelo menos mais um semestre, pois três semestres seriam insuficientes para "a formação de profissionais na área de História (professor/pesquisador)". É interessante perceber o peso atribuído às disciplinas do ciclo básico na formação profissional. Estas seriam uma base de sustentação importante tanto para uma futura ação docente como professores da educação básica, que iriam precisar daquele conhecimento para ministrar suas aulas, quanto para a realização das escolhas dos temas no campo da pesquisa acadêmica.

---

89 Informações extraídas do documento intitulado Relatório da Comissão de Avaliação do Atual Curriculum do Departamento de História.

Em sua entrevista, a professora Claudia afirmou que a preocupação deve ser montar um curso voltado para a compreensão de estruturas básicas, por exemplo, a lógica da organização da sociedade colonial brasileira e suas várias interpretações. A professora defende muito claramente a estruturação de um curso com base na discussão historiográfica. Podemos observar esses aspectos neste trecho de sua entrevista:

> Uma coisa que eu sempre converso com eles em função da nossa modernidade é que o conteúdo está muito acessível [...] os fatos chegam até eles. O problema é: o que fazer com eles. A interpretação. Eu procuro canalizar o curso mais como uma disciplina que procura entender as estruturas básicas da sociedade colonial brasileira para entender a lógica e verificar como isso foi diferentemente interpretado. A questão da historiografia. Então, para os alunos de história (porque eu também dou esta disciplina para os alunos de museologia) [...] para a história, é basicamente historiográfico. Até para chamar a atenção para a nossa importância ali, porque se você for só trabalhar a questão processual, a isso eles têm acesso fácil. [...] para trabalhar com eles a leitura para perceberem e compreenderem qual era a tese e o argumento daquele autor e como isso vai ser questionado por outro autor subsequente. E mostrando para eles que o que é colocado em um momento é visto como algo bem moderno, e com o passar do tempo, passa a ser deslocado, mas que novas interpretações só surgem a partir daquilo que foi colocado antes. Numa escala evolutiva, Caio Prado, Fernando Novais, Ciro, Fragoso, vou nos que considero basilares e trabalho com eles, porque é bem abstrato para eles compreender esta questão da discussão. Então eu procuro apresentar o contexto de produção daquele autor, quem era aquele autor, se era historiador ou não, quais os livros [Rodrigues, 2018, entrevista].

Atualmente é comum ouvirmos que é possível acessar facilmente os conteúdos de história em *sites* de busca na internet. Contudo, ler e coletar dados sobre os eventos históricos não significa ter a capacidade de interpretá-los. A professora Claudia explica que a abordagem processual não seria a melhor escolha. Os conteúdos seriam de fácil acesso para os alunos. Trabalhar nessa perspectiva estaria, de certa maneira, aproximando o processo de ensino-aprendizagem de um curso de graduação em história de caraterísticas do ensino de história da educação básica, em que a abordagem factual e processual é muitas vezes utilizada pelos professores. Os professores de um curso de graduação em história teriam um papel importante e diferenciado no processo de compreensão de tais conteúdos.

Na graduação, os alunos entram em contato com temas estudados, em certa medida, na educação básica e que fazem parte dos conteúdos abordados nos vestibulares e no Exame Nacional do Ensino Médio (Enem). Entre esses temas, estariam, por exemplo, a expansão marítima, a sociedade colonial brasileira, a abolição da escravidão e a proclamação da República. Como seria a abordagem desses e de outros conteúdos em um curso de graduação? Na perspectiva da professora Claudia, é importante demarcar uma diferença. Tal diferença estaria pautada na percepção da história como um conhecimento científico, construído a partir de uma dinâmica própria. Existiria a preocupação em fazer com que os alunos compreendessem como se dá a construção do conhecimento histórico. Segundo ela, esse processo envolveria o reconhecimento de um debate historiográfico entre dois ou mais historiadores. O objetivo seria mostrar como o tema foi tratado de forma diferente pela historiografia, trabalhar com os alunos a leitura e a identificação da tese e dos argumentos do autor e mostrar como essa tese vai ser questionada mais à frente, apresentando um movimento típico do conhecimento científico, feito de consensos provisórios, seguidos da descoberta de novas fontes e de novas interpretações.

A opção de trabalhar nessa perspectiva e não na apresentação da questão processual estaria relacionada também a um aspecto interessante: fazer com que os alunos percebam a importância dos professores de um curso de história. Um de seus objetivos é a própria valorização do papel do professor universitário. Ela parte do princípio de que o professor da graduação tem como um de seus papéis ensinar a interpretar e conhecer o debate historiográfico, pois os conteúdos em si seriam de fácil acesso pelos alunos. Esse aspecto caracterizaria uma diferença entre a universidade e outras formas de apreensão do conhecimento.

Existiria um objetivo comum entre os professores: ensinar como se constrói o conhecimento histórico. É importante que o aluno da graduação saiba que a história não é apenas contar uma história. Não é apenas a narrativa sobre os fatos. Esse tipo de prática, fortemente presente no trabalho dos professores das disciplinas específicas, estaria dialogando com a valorização da pesquisa e do próprio pensamento científico. Nas últimas décadas, a perspectiva de entender a história como conhecimento também está presente na educação básica. Um bom exemplo é o Programa Nacional do Livro Didático (PNLD), que avalia os livros didáticos que serão utilizados nas escolas públicas do país. Na avaliação, no caso de história, o positivo é tratar no livro a construção do conhecimento, fazer com que o aluno perceba que existe uma escrita da história regida por regras próprias de um campo de estudo.

Outro objetivo da disciplina, presente na fala da professora Claudia, é desconstruir certas noções consideradas erradas ou ultrapassadas e que são comumente vistas em livros didáticos e nas aulas dos professores da educação básica. Isso estaria relacionado à ideia de identificar "defasagens" na história que é ensinada na escola. Como comenta a professora Claudia,

> [...] na verdade, eu procuro ao longo do curso desmontar uma série de noções e pré-noções que os alunos trazem e que ainda são ensinadas no ensino básico, por incrível que pareça, [...] aí vou apontando para eles as interpretações [Rodrigues, 2018, entrevista].

Preocupação semelhante é manifestada pela professora Juliana:

> [...] procuro *linkar* esta discussão que eu esteja fazendo com o que eu imagino que são coisas inclusive que estão cristalizadas nos livros didáticos nas avaliações que ainda persistem. [...] No caso de história da América, há pouco espaço nos livros didáticos, e, quando há, ainda com uma leitura de lá não sei quando, então, especialmente em função disso [...] Dei para eles como opção de avaliação uma avaliação do livro didático; não é obrigatório, eu entendo que nem todo aluno necessariamente vai querer ser professor, então [...] eles vão decidir se vão fazer uma espécie de prova oral [...] ou uma apresentação pequena, uma análise de livro didático [...] Já fiz como atividade em sala, mas como alternativa de avaliação à prova oral, que é clássico da minha avaliação; eu nunca tinha feito, vai ser a primeira vez [Almeida, 2018, entrevista].

As relações entre o ensino de história e a produção do conhecimento em história, e entre escola e universidade têm sido alvo de muitos estudos nos últimos anos, que são apresentados em encontros e simpósios. Guimarães (2009:35) ressalta que na pauta desses encontros está o "diálogo entre profissionais do ensino fundamental e médio e o pesquisador e professor universitário, a fim de que estes dois mundos não permaneçam estranhos entre si". O autor apresenta algumas hipóteses para explicar o interesse por esse diálogo.

> [...] a crise do ensino de história, pouco sensível às enormes transformações por que passou o campo nos últimos anos em termos do avanço da pesquisa acadêmica. Em direta relação com esse problema, a constatação de uma enorme defasagem entre o que se produz na universidade, fruto em grande parte do avanço dos programas de pós-graduação, e seus resultados para o ensino de história realizado nos colégios. Essas constatações obrigam-nos a refletir sobre a relação entre a universidade e o sistema de ensino, lugar fundamental para a formação de futuros quadros da população universitária [Guimarães, 2009:35-36].

Podemos estabelecer uma relação entre as palavras das professoras Claudia e Juliana com o trecho citado. Guimarães aponta que uma explicação possível para a crise no ensino da história seria fruto de um distanciamento entre história escolar e história acadêmica. A palavra defasagem é utilizada para a caracterização dessa questão. A perspectiva de que os saberes acadêmicos seriam uma fonte de legitimação dos saberes escolares parece muito forte. Essa ideia também está presente em análises envolvendo o tratamento dos conteúdos nos livros didáticos. Para Luís Reznik (2009:411),

> é lugar-comum, entre historiadores e professores de história, a afirmação, geralmente em tom queixoso, de que livros didáticos de história para a educação básica apresentem conteúdos defasados em relação ao conhecimento produzido pelas universidades. Certamente, estamos diante de uma questão já clássica nos debates acadêmicos: qual a relação que se estabelece – e se estabeleceu ao longo da história – entre historiografia acadêmica e a historiografia escolar, entendida a primeira como o conjunto dos conhecimentos produzidos e das narrativas difundidas a partir da pesquisa realizada nas universidades e centros de pesquisa; e a última, como o conjunto de conhecimentos e narrativas voltados para o público escolar.

Segundo o autor, em relação aos livros didáticos, não faz sentido falar em atraso ou simplificação. A historiografia didática estaria acompanhando as interpretações de historiadores de cada época. Além disso, a historiografia didática, assim como a história escolar, teria finalidades próprias. Uma das hipóteses apontadas por Reznik (2009:428) é a de que o

> surgimento da pós-graduação em história no Brasil e a ampliação da pesquisa universitária, por um lado, e a crítica às grandes sínteses, por outro, levaram a uma separação maior entre manuais escolares e narrativas universitárias/acadêmicas, após 1980.

Diferentemente da historiografia universitária, que "avançou na profusão de temas, territórios e objetos", a historiografia didática, segundo o autor, precisou "permanecer nas suas funções unificadoras".

Pensando nos processos próprios de construção dos saberes históricos escolares, a perspectiva da necessidade de "atualização" frente aos saberes que estariam "defasados" ou às noções que não foram plenamente constituídas (pré-noções) nos remete à complexa questão sobre a transposição didática, abordada anteriormente. Em que medida a história escolar teria de dialogar com as "novidades", "atualizações" ou mesmo os debates da pesquisa historiográfica?

No final dos anos 1990, as pesquisas historiográficas que enfatizavam a importância de falar sobre o protagonismo das pessoas escravizadas na luta pela abolição da escravidão e, mais recentemente, as pesquisas sobre a ditadura civil-militar trouxeram novas perspectivas de abordagem para essas temáticas. Hoje, muitas dessas pesquisas estariam consolidadas nos meios acadêmicos e em grande medida fariam parte da construção dos conhecimentos históricos escolares. Nem sempre as discussões historiográficas se constituem em consensos mínimos entre os próprios historiadores para chegarem ao espaço didático e escolar como questões que precisariam ser ensinadas e aprendidas. Qual seria o tempo entre a construção desses novos entendimentos historiográficos, sua consolidação no campo e sua presença na composição dos saberes escolares? Tal pergunta é difícil de ser respondida. Apesar disso, é fundamental incluirmos esse tipo de questionamento quando pensamos a formação inicial de um futuro professor.

O objetivo de fazer com que os alunos reconheçam os textos e autores que abordam determinados temas considerados basilares da formação do historiador esteve presente nas entrevistas. Essa perspectiva está relacionada, por exemplo, à fala de Ricardo sobre os pressupostos do seu curso.

> Como é que eu fiz o curso? Eu escolhi o primeiro pressuposto do curso, que é: estuda quem quer e aprende quem quer. E o que eu quero deles? Que eles assistam às aulas e prestem atenção nas aulas. Mais do que isso, o segundo passo para isso, seria ler o Hobsbawm, e o terceiro passo, acompanhar o restante da bibliografia [...] Tem uma bibliografia básica [Salles, 2018, entrevista].

Esta visão entende que uma boa formação passaria necessariamente pela preocupação em fazer com que os alunos reconheçam e consigam interpretar os autores considerados "clássicos", sem os quais sua formação seria considerada incompleta.

> [...] e, também, uma preocupação de apresentar determinados clássicos para os alunos. Quando eu trabalho Primeira República eu sempre dou o José Murilo, dou o Vitor Nunes Leal, o Boris Fausto, algumas obras que marcaram, gosto de apresentar para os alunos balanços historiográficos [Ferreira, 2018, entrevista].

A professora Marieta demonstra claramente um compromisso com os clássicos, que se aproxima do objetivo do professor Ricardo quando fala da importância de que seu aluno leia o historiador Eric Hobsbawm. Por sua vez, a professora Claudia tem um compromisso diferente - embora vá aos clássicos, seu compromisso maior é com o debate historiográfico. Ela estaria submetendo os clássicos a este debate próprio do campo da pesquisa histórica.

A opção por cursos panorâmicos de base historiográfica e factual em vez de cursos com recortes mais específicos, chamados de cursos monográficos, representou uma preocupação genuína com a formação dos alunos, tanto para o bacharelado quanto para a licenciatura. No caso dos licenciandos, essa necessidade estaria relacionada ao fato de que os alunos, como futuros professores, precisariam adquirir uma chamada visão mais ampla dos conteúdos que futuramente seriam trabalhados por eles na educação básica. Tal preocupação estaria relacionada mais às disciplinas obrigatórias do que às optativas.

> Então eu sempre tive a preocupação de não fazer cursos monográficos, pelo menos nas obrigatórias. Mas sim fazer cursos onde eu priorizava uma base factual. Ao mesmo tempo eu sempre tive muita preocupação de fazer trabalhos de discussão historiográfica sobre os temas que eu explorava. Então, por exemplo, eu trabalhar com a proclamação da República, ou melhor dizendo, com a implantação da República no Brasil. Então, eu sempre me preocupava de adotar dois, três autores que tivessem abordagens diferentes sobre esta temática, debate historiográfico. Eu achava que era importante que os alunos primeiro tivessem noção do que é o conhecimento histórico, pois nossos alunos que vêm do ensino médio ainda têm uma visão bastante problemática que é achar que a história é uma coisa dada, sem esta preocupação que a história é um conteúdo construído, evidentemente construído dentro de determinadas regras, determinados princípios [Ferreira, 2018, entrevista].

Para a professora Marieta, as disciplinas de um curso de licenciatura deveriam ter a preocupação com uma formação geral, como uma ferramenta para sua futura ação docente. Esta visão geral, panorâmica, está também calcada na perspectiva do balanço historiográfico sobre determinado tema.

A investigação de Monteiro sobre a relação que os professores de história da educação básica estabelecem com os saberes que ensinam nos ajuda a pensar essas questões descortinando matizes que são próprias da história escolar. No âmbito escolar, a dimensão educativa estaria ditando a seleção e a organização dos conteúdos submetidos a uma "lógica da cultura escolar com seus imperativos relacionados ao calendário e às exigências de avaliação, e não a questões de pesquisa para produção de conhecimento novo" (Monteiro, 2007:171). Esse processo envolve narrativas de professores que articulam fatos para que os alunos atribuam sentidos ao que está sendo ensinado, desvinculados das questões das pesquisas historiográficas que originaram aquele conhecimento.

Analisando as aulas de professores, Monteiro afirma ser comum o uso de comparações e analogias com situações do presente ou remetendo a um conhecimento estudado. "Não ficou muito evidente uma preocupação em superar visões equivocadas, mas, sim, ensinar o que precisava ser aprendido para o vestibular" (Monteiro, 2007:171) A ideia presente era a de tornar o conhecimento familiar e, assim, compreensível.

Dessa forma, na escola, os conhecimentos estariam sendo organizados com base em outra racionalidade, que envolveria diversos processos, entre eles a despersonalização.

> No que se refere à despersonalização, uma das características do saber ensinado identificada por Chevalard, Moniot lembra que ela "ameaça" também os historiadores, permanentemente confrontados

> com a exigência de elucidar os processos de produção do conhecimento e de produção do passado, para superar a tendência de operar na representação de um passado objetivado [Monteiro, 2007:106].

Neste trecho a autora desenvolve uma das categorias propostas por Chevalard, que ilumina os processos que fazem com que os saberes possam ser objetos de ensino escolar. A despersonalização se refere a uma dissociação entre o pensamento e sua produção discursiva em que "o 'saber a ensinar' e o 'saber ensinado' não representam referências de autoria que são fundamentais no espaço acadêmico" (Monteiro, 2007:86). No caso da universidade, a preocupação com uma visão panorâmica historiográfica sobre o tema e o reconhecimento dos autores clássicos foram considerados pilares importantes da formação do profissional da área de história. Portanto, uma boa formação envolveria os aspectos relacionados à compreensão de que o conhecimento histórico é uma construção, uma elaboração do passado.

O processo de despersonalização não seria uma marca da história ensinada no âmbito universitário e nem mesmo faria parte de uma reflexão sobre as características do ensino da história escolar. Além das diferentes racionalidades observadas, caberiam aqui algumas perguntas importantes quando refletimos sobre a formação de professores. Em que medida essa formação estaria dialogando com os processos próprios da construção do saber histórico escolar? Percebemos claramente que, para os professores, os cursos de história devem se preocupar com a construção de uma base sólida dos conhecimentos historiográficos – este seria o objetivo fundamental das disciplinas específicas. Mas como pensar sobre as questões do ensino e sobre o diálogo entre esta base e as necessidades dos futuros professores, para que eles possam operar na perspectiva de sua desconstrução na dinâmica da docência escolar? Isso deveria ser uma preocupação também das disciplinas específicas?

A questão conceitual e a construção de um raciocínio histórico também foram preocupações presentes na fala de alguns professores. A comparação entre diferentes sociedades que viveram em um mesmo período afastaria o aluno de modelos preconcebidos, fazendo com que ele conseguisse perceber as lógicas próprias de cada sociedade.

> Minimamente, que o aluno tenha a capacidade de raciocínio em história. O que eu chamo de raciocínio? Que ele tenha a capacidade de comparar, através daquilo que eu chamo de método comparativo, comparar as lógicas das diferentes sociedades, Portugal, Inglaterra, França, enfim [...] tentar fazer com que o aluno minimamente entenda este período de Moderna não tanto através de modelos pré-fabricados como absolutismo, sociedade agrária com base no campesinato, pretendo ir um pouco mais além disso, tentando demonstrar que apesar de ter alguns pontos semelhantes entre estas sociedades, elas possuíam lógicas distintas [...] através disso apresentar minimante para o aluno um raciocínio em história, seja a questão da temporalidade, seja a questão também em uma mesma temporalidade [...] fazer com que eles entendam que o século XVII não é único em todos os cantos da Europa [Fragoso, 2018, entrevista].

O professor João destaca a importância de não se trabalhar, por exemplo, o século XVII com modelos interpretativos preconcebidos. É necessário que os alunos consigam compreender os modos de vida de outras sociedades em diferentes tempos e espaços, comparando diversas lógicas de organização social. Isso faria parte do que o professor chama de um raciocínio histórico.

O esforço se daria no sentido de construção de um futuro historiador que consiga perceber que não existiria um modelo único de sociedade em um determinado período, mas que em um mesmo século, como citado na entrevista, existiriam diferentes tipos de sociedades, que esse período "não é único em todos os cantos". Essa perspectiva seria uma daquelas para a compreensão da construção do conhecimento histórico. Compreender as múltiplas temporalidades contidas em um mesmo período cronológico está entre as operações intelectuais mais importantes no processo de tornar-se um historiador, comparando semelhanças e diferenças entre as sociedades e rompendo com uma visão evolucionista e positivista.

Esta preocupação está relacionada ao fato de muitos conceitos serem trabalhados na escola de uma forma considerada errada ou simplista. Um dos desafios do professor da educação básica é a escolha de caminhos didáticos que contribuam para a construção desse raciocínio histórico. Na escola, é comum os professores terem dificuldades em desenvolver com os alunos a compreensão de conceitos como liberalismo, absolutismo e a questão das temporalidades. Pensar que as características do século XVIII não são as mesmas nos diferentes lugares é só um exemplo desses desafios. O próprio material didático, muitas vezes, não é um aliado em tal tarefa.

A discussão sobre os conceitos, partindo do fato de que possuem uma história, é uma preocupação importante e que se constitui como um dos objetivos das disciplinas específicas em um curso de graduação. A polissemia e o debate dos sentidos e significados da construção da história e dos conceitos históricos, mais uma vez, ganham destaque entre os objetivos.

> Eu tenho muita preocupação com a questão dos conceitos. Porque eu acho, como a gente está formando professores, que tenho a obrigação de dar conta na formação deles é justamente é mostrar que a História

> tem uma história, que os conceitos que eles usam em sala de aula com os alunos têm também uma história. Eu me preocupo muito com o aparato conceitual dos alunos. Portanto, os meus cursos têm, de uma maneira geral, muita preocupação com isso, com a discussão dos conceitos. É claro que tem a discussão dos conteúdos, mas o meu exercício maior é com a questão dos conceitos [Tavares, 2018, entrevista].

Podemos observar a preocupação com a definição de conceitos também na fala da professora Juliana. Antes de analisar os processos de independência das Américas, a professora discute o conceito de revolução.

> Na disciplina de história da América II, o que eu estabeleço como ponto é comparar os processos de independência das 13 colônias inglesas, da América espanhola e do Haiti, através do conceito de revolução. Então, eu inicio com o conceito de revolução e depois vou estudando os três casos. Depois, eu vou estudando um pouco sobre as relações raciais, mas o foco é comparar os três movimentos [Almeida, 2018, entrevista].

Como apontamos, o saber histórico escolar não é uma mera transposição do saber acadêmico. Um dos maiores desafios enfrentados pelos professores está relacionado à mobilização dos conhecimentos ou saberes disciplinares aprendidos na universidade, como aqueles sobre o debate historiográfico a respeito de um evento ou conceito. A polissemia, considerada extremamente necessária para a compreensão das múltiplas interpretações, muitas vezes apresenta-se como um desafio para o professor da educação básica. Existe, principalmente no início da profissão, uma dificuldade em mobilizar os conhecimentos aprendidos na universidade. Como pensar nos diferentes entendimentos de um conceito quando estamos trabalhando em uma turma de alunos na faixa dos 13 e 14 anos? Na educação básica, essas questões envolveriam operações intelectuais complexas e muito sofisticadas até mesmo para alunos do ensino médio. O material didático, muitas vezes, não trabalha nessa perspectiva, mas sim com uma abordagem cronológica e linear, característica presente na BNCC do ensino fundamental. Como trabalhar essa polissemia? Quais os sentidos atribuídos a essa operação intelectual no ensino da história escolar?

Os estudos de Flávia Eloisa Caimi nos ajudam a pensar a perspectiva dos conceitos relacionadas ao ensino de história.

> Sendo a História uma disciplina escolar, que se expressa essencialmente por meio de conceitos científicos, é fundamental que a escola e o professor estejam atentos ao modo como se processa a conceptualização, nesta idade de transição entre a fase operatório-concreta e o pensamento formal (11-13 anos), em que se encontram os alunos das séries finais do ensino fundamental. Há uma tendência entre nós, professores, de assumir uma posição estática diante do ensino de conceitos, tratando-os como definições verbais prontas, que podem ser encontradas nos dicionários e nos livros. [...] É preciso considerar que conceitos são essencialmente esquemas de ações, não informações que se possam incorporar externamente, somando-se dados da realidade [Caimi, 2006:34].

Ela analisa essa questão usando como exemplo a história de um aluno que, diante de uma questão que solicitava (V) ou (F) na frase "A Cultura Bárbara, a Antiguidade Clássica e o Cristianismo formaram a Europa Medieval", marcou (F). Ele não conseguiu relacionar o conceito de "cultura greco-romana" ao conceito de "antiguidade clássica" (Caimi, 2006:32). Ele só conseguiu reconhecer o primeiro, pois fez uma relação com o que havia estudado em sala sobre "as relações econômicas, políticas e sociais dos povos gregos e dos romanos, com os elementos de influência nesta cultura emergente, que é a feudal" (Caimi, 2006:35). No que se refere "à 'antiguidade clássica', nenhum significado foi construído, nenhuma relação foi estabelecida, logo, tal conceito foi solenemente ignorado naquele instante do processo de cognição" (Caimi, 2006:35) do aluno. Nesse sentido, mobilizar os conceitos estaria envolvendo o estabelecimento de relações.

O objetivo aqui não é entrar no debate conceitual, mas, sim, apontar as preocupações em relação ao ensino dos conceitos que farão parte da dinâmica da docência do futuro professor de história. Não temos dúvida de que a discussão sobre os conceitos, a polissemia e a história que possuem é peça-chave na formação. O aluno da graduação e futuro professor, além de conhecer os conceitos e sua história, precisa ser capaz de refletir e analisar sobre suas futuras escolhas, sobre o tipo de exercício ou recorte epistemológico que ele terá de fazer para favorecer a compreensão do aluno e estabelecer relações. Mas de que maneira essas operações poderiam dialogar com aspectos ligados às construções epistemológicas próprias dos conteúdos específicos? Qual a sua relação com as questões próprias do ensino? As conclusões desse debate não se traduziriam em uma definição de caminhos ou modelos prescritos de quais conceitos usar ou como usar, e que linhas teóricas seguir, mas sim em um momento, dentro de seu processo de formação, em que esse aluno faria um exercício reflexivo sobre uma ação intelectual e epistemológica própria de todo futuro professor de história.

Existiria uma defesa de que as temáticas que se relacionam com o ensino de história estariam localizadas nas disciplinas de laboratório e estágio supervisionado, em que o aluno vai ter de "colocar em prática" o que aprendeu. Essa defesa acaba, em certa medida, tirando das disciplinas específicas a responsabilidade sobre o que poderíamos chamar de uma prática epistemológica mais preocupada com o ensino, diretamente relacionada às ações cotidianas do professor da educação básica. Tais práticas estariam, em nosso entendimento, intrinsecamente ligadas aos objetivos de um curso que forma professores de história.

Caimi aponta para a necessidade de a formação inicial investir na construção de posicionamentos epistemológicos relacionados aos processos cognitivos dos alunos de graduação, não apenas nas disciplinas de estágio, mas ao longo do curso (Caimi, 2009). É importante que o aluno, futuro professor, seja estimulado e aprenda a construir categorias intelectuais e modos de ação criativos e críticos a partir daquilo que se aprende. Esse aspecto seria importante para acabar com a dicotomia que ainda existe entre teoria e prática. Acredita-se ainda que as disciplinas específicas estariam ligadas às operações ditas teóricas, mas é importante perceber que elas estão em profundo diálogo com a prática do futuro docente.

Uma perspectiva presente nas entrevistas se refere a uma ação "intuitiva" relacionada ao exercício da docência nesses cursos. É comum a afirmação de que os professores, quando começam a dar aulas, façam escolhas pedagógicas ainda marcadas por um traço mais intuitivo; com o passar do tempo, essas escolhas iriam se tornando mais conscientes.

> Eu tenho uma perspectiva, até porque eu sempre me preocupei, mas nos últimos anos mais claramente. No começo da minha carreira eu fazia isso meio intuitivamente; depois, à medida que o tempo foi passando, eu fui tendo mais consciência disso. Eu acho que a gente tem um curso que é de licenciatura e, como tal, a gente deve dar para o aluno. Mesmo quando eu não tinha muita clareza, eu tinha ideia que a gente tinha que dar para os alunos uma formação geral, onde ele tivesse ferramentas para ele poder vir a ser um bom professor [Ferreira, 2018, entrevista].

Este também é um problema enfrentado por professores da educação básica: dar aula no ensino superior envolveria necessidades de enfrentar formas de ensinar que favoreçam o processo de ensino-aprendizagem. Então, implica, de alguma forma, aprender a ensinar, tal qual o professor na escola. Tardif aponta os anos iniciais da docência como fundamentais na estruturação do saber da experiência, que começa a ser construído antes, na formação inicial e, principalmente, na passagem pelos bancos escolares. Para ele, esses saberes "brotam da experiência e são por ela validados. Eles incorporam-se à experiência individual e coletiva sob a forma de *habitus* e de habilidades, de saber-fazer e saber-ser" (Tardif, 2002:39). O professor, como qualquer outra profissão, aprende também com a socialização, com outros profissionais mais experientes.

A passagem de uma perspectiva intuitiva para uma ação consciente estaria dialogando com uma preocupação com a história que vai ser ensinada pelos alunos futuros professores. Como salienta Roldão, é importante que os professores, incluindo aí os professores formadores, desenvolvam uma visão estratégica em suas ações de ensino, entendida não apenas em uma dimensão prática ou metodológica, mas relacionada com a construção de uma intencionalidade problematizadora da ação docente, uma razão pedagógica.[90] Tal visão está relacionada ao desenvolvimento de uma metacognição, uma espécie de questionamento intelectual, um "olhar sobre o processo" ligado a uma habilidade para mobilizar os conhecimentos, planejar uma estratégia de abordagem e também de avaliar, refletir, analisar os resultados, manter ou mudar rotas de ação docente.

---

90 Sobre o conceito de estratégia, conferir a análise feita no capítulo 2 das ideias de Maria do Céu Roldão.

Nas entrevistas, os professores demonstram preocupação com a história que vai ser ensinada por seus alunos que estão se formando professores. Contudo, em diversos relatos, essa preocupação não consegue se traduzir em uma ação efetiva e sistematizada em seus cronogramas e programas de curso. Podemos observar isso, por exemplo, quando a professora Claudia, perguntada se existiria algum tipo de ação mais sistematizada em relação à questão do ensino incluída em seu programa de curso, responde:

> Não, não é sistematizado [...], não é nada sistematizado, já vai porque está introjetado, até porque se o graduando vai fazer licenciatura ele vai dar aula, mas se ele não conseguir pensar minimamente que aquele conteúdo não é dado, ele é produzido, existem várias interpretações. É o que eu sempre digo, vocês precisam saber disso, porque quando vocês forem escolher um livro didático, ter que produzir um texto sobre determinado assunto, vocês têm que saber sobre que linha vocês estão seguindo, vocês não podem fazer um texto para os alunos ou trabalhar um livro didático sem se situar em relação a isso, [...] não tem nada sistematizado [Rodrigues, 2018, entrevista].

Tal postura também aparece nas palavras da professora Maria Letícia, que diz que em sua prática de docente universitária não existiria nada muito planejado em relação ao ensino.

> Eu penso nisso, talvez não de forma muito planejada, mas eu levo em conta. Porque, por acaso, a ementa desta disciplina engloba temas muito clássicos no ensino e dos temas de concurso do Enem, guerra do Paraguai, Abolição, temas assim que têm muita produção e que são muito recorrentes nos exames do ensino médio [...] Tem visões muito cristalizadas sobre estes temas que eu tento discutir um pouco o que

> os historiadores têm trabalhado com isso [...]. Mas não é nada muito planejado. Eu penso isso, eu discuto isso, quer dizer, é uma questão que quando eu apresento o início do curso eu falo sobre isso, eu falo que são temas muito importantes, mas eu estou mais preocupada com a leitura da historiografia e da concepção do que os historiadores estão discutindo [Correa, 2018, entrevista].

Também para a professora Juliana esta não seria uma ação sistematizada.

> Isso não, porque talvez eu não tenha encontrado uma estratégia para isso [...] Cada vez mais [eu tenho isso em vista]. Nunca foi uma coisa que estivesse ausente, mas cada vez mais eu penso sobre isso [...]. Mas ter como perspectiva a questão do ensino [...] eu sempre tive, mas como eu disse é um crescente pelo próprio amadurecimento [Almeida, 2018, entrevista].

Nas entrevistas apresentadas, percebemos que a preocupação com o ensino está presente, mas não de uma forma sistematizada. Ela ainda estaria amadurecendo nas práticas de muitos professores. Existiria certa normalização da não sistematização quanto às questões que envolvem a perspectiva do ensino, ou seja, a recorrência dessa fala aponta para um silenciamento que acaba por dar voz a outras escolhas. Ao mesmo tempo, parece haver uma convergência de posições e um esforço de sistematização em torno dos objetivos relacionados ao entendimento de como se dá a escrita da história, das regras para a produção desse conhecimento, seus debates e suas interpretações. Esse aspecto, assim como a questão da perspectiva intuitiva, estaria relacionado às dimensões tácitas de conhecimento que integrariam os saberes docentes.

> Mas sobre esse conhecimento tácito importa saber exercer, pela *meta-análise* referida, a desconstrução, desocultação e articulação necessárias à sua passagem a *saber articulado* e *sistemático*, passível de comunicação, transmissão, discussão na comunidade de pares e perante outros – sem o que o seu desenvolvimento resulta impossível ou diminuto, perdendo-se infindáveis energias e progressos relevantes do conhecimento produzido pelos docentes, por força desta limitação, muito forte na classe, e explicável, entre outros factores, pelo praticismo que historicamente se associou à representação social do professor [Roldão, 2007:101, grifos no original].

Nessa passagem, Roldão está preocupada em analisar aspectos que compõem o conhecimento profissional dos professores. A construção dos conhecimentos profissionais e das intencionalidades da ação docente envolveriam a passagem de conhecimentos tácitos aos saberes articulados e sistematizados. Somente dessa forma eles se tornariam passíveis de comunicação e circulação entre os pares. Este seria um passo importante para uma discussão coletiva dentro e fora das instituições. A dificuldade que reside nesse processo de desocultação, reflexão e articulação se constitui em obstáculo para pensar a formação de professores e o próprio papel do professor formador, bem como as pautas de discussão coletiva que deveriam envolver esse debate.

Nos cursos analisados, as disciplinas específicas são oferecidas para licenciandos e bacharelandos. Sendo assim, os objetivos dessas disciplinas deveriam estar relacionados às duas formações.[91] Mas como ficariam as questões ligadas às especificidades de cada uma dessas formações? Existiriam especificidades? Pensar sobre isso nos remete à ideia de que esses objetivos são, ao mesmo tempo,

91 Excetuando-se a Uerj/FFP, que só tem o curso de licenciatura.

individuais, próprios de cada disciplina, e, também, coletivos, dizem respeito aos objetivos curriculares, portanto mais amplos, que dialogariam com o conjunto de professores do curso. Apesar dos esforços no sentido de garantir uma boa formação para os alunos, o que observamos nos relatos, de maneira geral, é que as pautas de discussão das instâncias colegiadas dentro dos cursos de história e o próprio processo de construção das disciplinas estariam, de certa forma, distantes de um debate mais consistente em relação à questão do ensino e da formação de professores.

O curso da Uerj/FFP seria marcado por uma diferença em relação aos outros cursos. As professoras entrevistadas apontaram a significativa preocupação com o ensino de história dentro do departamento. Segundo a professora Célia,

> Mais uma vez, eu acho que a FFP é especial por causa disso, porque na verdade a gente tem um núcleo muito forte ligado ao ensino de história que pauta muitas das questões dentro do departamento, inclusive concursos e tudo mais. [...] esta é uma preocupação constante dentro do departamento, dentro das reuniões do departamento [Tavares, 2018, entrevista].

Contudo, de forma geral, esse movimento não estaria atrelado a uma mudança efetiva no que se refere à sistematização das questões do ensino na organização dos objetivos das disciplinas específicas. Os professores relatam que deveria haver uma discussão maior sobre essas questões. Dizem que não se sentem à vontade para conduzi-las. Apontam para a necessidade de uma integração maior.

> A gente tem muita autonomia e tem até pouca integração com as disciplinas da parte de ensino, com as práticas, [...] então eu acho pouco integrado. Acho que é uma preocupação que os alunos trazem porque

acho que os alunos da FFP são muito comprometidos de estarem fazendo a formação, de estarem na licenciatura, mas não acho que seja uma preocupação das específicas. Acho que é realmente pouco integrado [Correa, 2018, entrevista].

A professora Andrea aponta questões importantes para refletirmos sobre este problema.

Não existe nenhum movimento de propriamente discutir coletivamente, não só a questão da formação do professor, mas da formação em geral do professor ou do não professor. Eu acho que as universidades, em geral, não têm muito espaço para isso, não por falta de vontade, talvez, mas acho que cada um está sempre tão preocupado com a sua própria disciplina, com sua própria pesquisa, "matando um leão por dia", precariedade para todos os lados da universidade. Muitas vezes, os diretores e os coordenadores estão tendo que lidar com as demandas do dia a dia, burocráticas, e isso consome tudo. É uma pena. Porque uma reflexão de como a gente forma... Quem a gente forma? [Marzano, 2018, entrevista].

Vemos hoje uma universidade marcada pela lógica do produtivismo, em que a pesquisa acadêmica, ligada à produção do conhecimento específico na área, estaria sendo muito mais valorizada, em termos de financiamentos e publicações, do que iniciativas e ações relacionadas ao ensino. Por outro lado, as demandas burocráticas por ajuste de programas e currículos não se constituíram de fato como um espaço para a construção de novas culturas institucionais que incluíssem uma discussão mais sistematizada sobre a formação de maneira geral e do ensino de história mais especificamente. Que profissionais estamos formando? Quais intencionalidades e razões pedagógicas estariam envolvendo nosso trabalho coletivo de formação no espaço universitário?

Planejamento do curso e metodologias adotadas

Na maior parte das entrevistas, os professores organizam suas aulas no formato de aulas expositivas, usando apresentações de Power-Point, nas quais são trabalhados aspectos factuais, documentais e teóricos. A opção por aulas expositivas em história é comum nas universidades e também na educação básica. Isso reforça o princípio de que um bom professor de história é aquele que sabe contar uma boa história. Também conhecido como "aulas magistrais", esse formato de aula é um dos mais antigos, tendo nascido com a própria universidade.

> A lição magistral, como método de ensino, nasceu com a própria universidade, recolhendo e desenvolvendo a técnica de *lectio* utilizada nas escolas catedrais e monacais. A *lectio*, como a palavra indica, era a leitura – comentário de um texto escolhido para servir de base ao curso [Ribeiro, s.d.:189].

É comum os professores serem influenciados pelo tipo de aula que tiveram ao longo de sua vida escolar e universitária. Quando se tornam professores, acabam reproduzindo a mesma prática. Alguns dos professores entrevistados admitiram ter um formato de aula dito tradicional, em que o professor seria aquele que expõe o conteúdo e os alunos têm uma postura de receptores daquelas informações, podendo interagir e tirar dúvidas. Apesar de indicarem a realização de algumas mudanças ao longo do tempo, a autodenominação de "professor antigo" ou "professora antiquada" introduzia as falas ao serem perguntados como eram suas aulas. Segundo Ricardo:

> Em termos de como o curso funciona, eu inicialmente era um curso bem.... eu sou um professor antigo, e depois que os alunos, há muitos

anos, que eu achei que tinha sido ruim porque eu [...] fico sentado dando aula, tinha uma coisa muito expositiva e os alunos falaram que isso não era um problema, o problema era tentar acompanhar onde eu estava na ementa [...] aí eu tomei a liberdade de não mudar muito isso. Mas mudei, tem uns cinco anos. Eu mudei um pouco o que era o perfil do meu curso. A gente tem aula de quatro horas, eu já me acostumei a isso, mas eu acho que ninguém aguenta uma aula de quatro horas [...] Me adaptei ao formato de quatro horas e mudei muito a cara do meu curso. Como é que eu fiz o curso? Eu escolhi, o primeiro pressuposto do curso é "estuda quem quer e aprende quem quer" [...] Então o que eu queria? Eu quero que os alunos assistam à aula, prestem atenção na aula a partir desse objetivo, e que eles peguem os principais processos e eventos do século XIX, as principais questões desse século XIX europeu. A partir disso eu pensei em fazer um formato de oito aulas que eu chamei de "aulas conferências". Todas essas aulas eu uso PowerPoint, pontuando os eventos, os processos, os nomes dos historiadores, as ideias. Eu mudo os PowerPoint, vou aperfeiçoando, eu crescentemente tenho usado arte do século XIX para ilustrar as aulas [Salles, 2018, entrevista].

A professora Célia observa:

Eu faço um pouco de tudo. Eu, na verdade, sou uma professora muito antiquada. Eu tenho autocrítica [...] eu não sei delegar muito aos alunos as iniciativas do processo de ensino-aprendizagem. Eu sei que isso não é certo, não é correto [...] Eu sou professora do tipo careta que dá o conteúdo no quadro, que dá aula expositiva muito preocupada com isso e tem lá as escalas de leitura combinadas com os alunos desde o primeiro dia de aula e fazer os debates sobre estas leituras que a gente deixou como leituras mínimas, e, claro, a gente faz umas indicações complementares para cada tema. Eu às vezes escolho um debate especificamente para criar uma condição de discussão em sala de aula. Por exemplo, tem um debate que eu gosto muito de fazer em Moderna II que é sobre o conceito de absolutismo [Tavares, 2018, entrevista].

Essas falas indicam o reconhecimento de que estariam adotando práticas que não deveriam ser adotadas de forma tão recorrente. Ao falarem isso, professores admitem que existem outras formas de construção de aulas reconhecidas como mais eficazes e menos tradicionais para garantir a aprendizagem do aluno. A professora Célia informa que não se sente no lugar de mediadora do processo de aprendizagem dos alunos. Na verdade, o sentido de antiquada aqui é o de ser protagonista do processo – faz resumos no quadro, aula expositiva e discute textos, não integrando tanto os alunos na dinâmica das aulas. Os debates seriam os momentos de uma maior interação. Nesse aspecto, existiria uma diferença em relação às aulas-conferências apresentadas na fala do professor Ricardo.

Podemos perceber também diferenças entre a educação básica e a universidade, no que se refere ao processo de ensino-aprendizagem. Na educação básica, existe um consenso sobre a necessidade de reflexão acerca de como ensinar, visto que em qualquer curso de licenciatura existem disciplinas como as didáticas gerais e específicas, metodologia e os estágios. No caso do ensino superior, por todos participarem da mesma comunidade de historiadores, imagina-se não ser necessária a mediação didática. A experiência em sala de aula e a didática, muitas vezes, não entram como requisitos para a escolha dos professores que vão dar aulas no curso de graduação. Em geral, nos concursos, o peso maior da avaliação recai sobre a produção acadêmica e sobre o conhecimento acerca de um tema ou área específica.

Os trechos das entrevistas nos fazem pensar sobre alguns aspectos do processo de ensino-aprendizagem dentro dos cursos das universidades, entre eles a caracterização da atividade do docente universitário relacionada a uma concepção conteudista. Nessa perspectiva, os conteúdos conceituais aparecem em primeiro lugar, ou como uma preocupação principal.

Na primeira entrevista, o professor Ricardo usa a expressão "aulas-conferências" para caracterizar seu tipo de aula. É interessante perceber que as conferências se caracterizam como uma espécie de palestra ou exposição de conhecimentos para um público ouvinte. É um tipo de aula muito comum na França. As aulas-conferências e os seminários. Nos anos 1970, as conferências proferidas por Michel Foucault lotavam o auditório do Collège de France. Era comum os franceses publicarem livros que eram as anotações de suas aulas. Esse tipo de aula também é muito comum nos Estados Unidos, com turmas imensas. Em certo sentido, poderia sugerir uma redução das possibilidades de interação pedagógica entre o professor e os alunos, provocando certo distanciamento entre os sujeitos envolvidos no processo de ensino-aprendizagem. O professor Ricardo revela uma grande preocupação em levar para as aulas apresentações em PowerPoint com conteúdo planejado sempre de forma atualizada. Seus objetivos de ensino surgem de forma muito clara na entrevista. Contudo, a questão da aprendizagem estaria associada ao desejo do aluno em aprender.

O período de duração das aulas em geral é de duas a quatro horas. No curso da Unirio, as aulas são de quatro horas. Segundo os professores, esse tempo, considerado extenso, dificultaria muitas vezes o trabalho do professor para manter a atenção dos alunos, principalmente em aulas mais expositivas. Para a professora Andrea:

> As aulas são aulas muito longas porque a gente trabalha aqui com aulas de quatro horas [...] Eu geralmente faço a aula dividida em duas partes:

> a primeira parte é uma aula expositiva [...] Eu dou alguns exemplos, mas tento uma abordagem panorâmica [...], essa é a primeira parte da aula expositiva. Eu deixo a outra parte da aula, em que eu boto um texto, aí sim um texto monográfico que discuta o assunto específico. Por exemplo, na aula passada eu trabalhei a cristianização do Reino do Congo. O debate do texto eu tento fazer algum aprofundamento, para não ficar só no panorâmico. Isso acontece ao longo do curso [...] eu apresento o programa no início do curso com bibliografia, com o cronograma, e aí eles vão acompanhando [Marzano, 2018, entrevista].

A professora Andrea utiliza como estratégia para lidar com as aulas extensas a divisão em dois momentos. Na primeira parte, as aulas seriam expositivas, abordando de forma panorâmica o conteúdo. Na segunda parte, a estratégia seria a discussão de textos de uma forma mais verticalizada para aprofundar alguns dos temas apresentados anteriormente.

A maior parte dos professores entrevistados disse que as leituras dos textos de referência constantes na bibliografia dos programas não seriam cobradas em aula. O motivo para isso seria que, de modo geral, os alunos não leem os textos. Essa também é uma queixa dos professores da educação básica. A falta de leitura faz com que os professores não centrem suas escolhas pedagógicas no debate de texto em sala de aula e, sim, em um tipo de aula mais expositiva. Para garantir o andamento da aula, os professores acabam por apresentar os principais pontos do texto. Dessa forma, não dependeriam da participação dos alunos no debate. Sobre a cobrança e o aproveitamento da leitura, a professora Andrea aponta uma questão interessante:

> Eu tenho repensado muito isso, porque eu tenho repensado [...] no curso de África, e em todos os outros estudos também, eu acho que

> a gente fica dando uma aula [...] muito conteudista [...] assim eu dou aulas muito conteudistas e se os alunos não abrem a boca sobre o texto eu continuo falando [...] Aí eu percebi e resolvi parar tudo para fazer isso que foi trabalhar com a turma: quais são os elementos que você tem que trabalhar no texto para discutir o texto e que servem também para escrever um texto, o plano de escrita de um texto? Como é que se faz? O que todo texto historiográfico vai ter? Um tema, uma questão historiográfica, fontes, referências teóricas. Eles estão no quinto e no sexto períodos, mas o que eu vejo é que quando você puxa um debate de um texto, muitas vezes não é que o aluno não leu, ele leu o texto, mas ele pega uma questão pontual do texto, às vezes até secundária, antes dele começar a discutir uma visão geral do texto ele puxa uma questão secundária e faz uma pergunta [...] Eu acho que essa dificuldade que faz uma aula de debate não render. A gente acha que é só porque o aluno não lê. Eu acho que às vezes ele lê. O que ele não consegue, e é isso que eu tentei trabalhar, e eu acho que vale a pena até sacrificar conteúdo assim, mas trabalhar isso. O que é discutir texto? Qual é a primeira coisa que você vai falar quando vai discutir um texto? São as questões centrais, né? Do texto, o tema [Marzano, 2018, entrevista].

Na percepção da professora Andrea, as aulas de debate de texto se tornavam complicadas, pois os alunos não participavam como deveriam. O problema estaria relacionado não a uma falta de compromisso do aluno com a leitura marcada para a aula, mas sim com uma dificuldade de compreensão dos textos. Segundo ela, é muito comum que os alunos, ao lerem os textos, não consigam identificar aspectos fundamentais, como: quais seriam a questão central do texto, os objetivos do autor e suas referências teóricas? Os elementos estruturantes da leitura e compreensão dos textos historiográficos. O fato de serem alunos do quinto e do sexto períodos era, na visão da professora, um agravante para essa questão. Esses alunos já deveriam saber os procedimentos de uma leitura acadêmica, que envolve certa forma de apropriação, uma aprendizagem que precisa ser desenvolvida ao longo do curso.

Essa percepção de que o problema está ali para ser resolvido, mas que a resolução deveria ter sido feita antes, é muito comum entre os professores. Na escola, essa questão está relacionada, muitas vezes, à passagem de um segmento para outro. Quem deveria ter ensinado determinado procedimento? Em que momento? Essa é uma tarefa de alguns ou de todos?

> Essa é minha preocupação de ter uma abordagem panorâmica e, às vezes, fica uma preocupação mais com o conteúdo. Eu tenho dúvidas se essa é a melhor preocupação. Ler e não conseguir debater o texto. [...] Qual o tema? Qual o recorte cronológico? Que fonte eu vou utilizar, de que maneira, como é que estão? Qual é a pergunta? Eles só vão se dar conta disso quando conseguirem encontrar esses elementos no texto [...] eu acho que é por isso que os debates não rendem. Mas não é tanto só porque eles não leem, muitos não leem [Marzano, 2018, entrevista].

Outro aspecto que podemos analisar é a compreensão da aula como um momento de ensino de conteúdos conceituais, mas também de conteúdos procedimentais. O ensino dos procedimentos muitas vezes é entendido como um "desvio de rota", algo não planejado, mas extremamente necessário para seguir adiante. As reflexões em torno dos conteúdos que fazem parte do processo de ensino-aprendizagem são importantes para analisarmos as questões colocadas nas entrevistas. Zabala aponta que o termo conteúdo foi normalmente utilizado para tratar daquilo "que se deve aprender" e esteve sempre relacionado aos conhecimentos de fatos, eventos, nomes, conceitos, teoremas etc. Este sentido considerado "estritamente disciplinar e cognitivo" vem sendo utilizado como "única forma de definir as intenções educacionais" (Zabala, 1998:34). Zabala defende que deveríamos nos afastar desse entendimento mais restrito da noção de conteúdo e nos aproximar de uma noção mais ampliada. É necessário entendermos conteúdo como

> tudo quanto se tem que aprender para alcançar determinados objetivos que não apenas abrangem as capacidades cognitivas, como também incluem as demais capacidades. Deste modo, os conteúdos de aprendizagem não se reduzem unicamente às contribuições de disciplinas ou matérias tradicionais. [...] Portanto, ao responder à pergunta "o que devo aprender?" devemos falar de conteúdos de natureza muito variada: dados, habilidades, técnicas, atitudes, conceitos etc. [Zabala, 1998:34].

Nesta perspectiva, os conteúdos seriam agrupados em conceituais, procedimentais e atitudinais e se relacionam com o que é preciso *saber, saber fazer* e *saber ser*. Para o autor, esses conteúdos poderiam ser utilizados em diferentes etapas do sistema educacional, que vai da educação infantil ao ensino superior, com porcentagens de presença e importância diferentes em cada nível.

> Certamente, a distribuição da importância relativa dos distintos conteúdos não é a mesma em cada um dos diferentes períodos. O mais provável é que nos cursos iniciais exista uma distribuição mais equilibrada dos diversos conteúdos, ou que se dê prioridade aos procedimentais e atitudinais acima dos conceituais, e que à medida que vai se avançando nos níveis de escolarização se incremente o peso dos conteúdos conceituais em detrimento dos procedimentais e atitudinais [Zabala, 1998:34].

No Brasil, essa perspectiva ganhou relevância nas últimas décadas também por influência dos Parâmetros Curriculares Nacionais (PCN), que trouxeram, para dentro das escolas, uma discussão mais ampla sobre os conteúdos e sua natureza. Estes documentos apontam para a necessidade de pensar o processo de ensino-aprendizagem alicerçado não apenas em conteúdos conceituais, mas também conteúdos procedimentais e atitudinais.

> É importante deixar claro que, na escolha dos conteúdos a serem trabalhados, é preciso considerá-los numa perspectiva mais ampla, que leve em conta o papel, não somente dos conteúdos de natureza conceitual – que têm sido tradicionalmente predominantes –, mas também dos de natureza procedimental e atitudinal [Brasil. Secretaria de Educação Fundamental, 1998:75].

Os conteúdos de natureza conceitual são aqueles que envolvem a "abordagem de conceitos, fatos e princípios, referem-se à construção ativa das capacidades intelectuais para operar com símbolos, signos, ideias, imagens que permitem representar a realidade" (Zabala, 1998:34). Esse tipo de aprendizagem se daria por aproximações sucessivas. A aprendizagem desses conteúdos está diretamente relacionada aos conteúdos de natureza procedimental, que expressam um saber fazer e que envolvem tomar decisões e realizar uma série de ações tais "como realizar uma pesquisa, desenvolver um experimento, fazer um resumo" (Brasil. Secretaria de Educação Fundamental, 1998:76).

> No entanto, conteúdos procedimentais são abordados muitas vezes de maneira equivocada, não sendo tratados como objeto de ensino, que necessitam de intervenção direta do professor para serem de fato aprendidos. O aprendizado de procedimentos é, por vezes, conside-

> rado como algo espontâneo, dependente das habilidades individuais; outras vezes, ensinam-se procedimentos acreditando estar ensinando conceitos.
>
> A consideração dos conteúdos procedimentais no processo de ensino é de fundamental importância, pois permite incluir conhecimentos que têm sido tradicionalmente excluídos do ensino, como documentação, organização, comparação dos dados, argumentação, verificação, revisão de textos escritos, dentre outros [Brasil. Secretaria de Educação Fundamental, 1998:76-77].

Os conteúdos de natureza atitudinal estariam em estreita relação com os anteriores. Eles envolvem o aprendizado de atitudes, normas e valores. A universidade, assim como a escola, estaria aqui também sendo entendida como um "contexto socializador, gerador de atitudes relativas ao conhecimento, ao professor, aos colegas, às disciplinas, às tarefas e à sociedade" (Brasil. Secretaria de Educação Fundamental, 1998:77).

Os conteúdos conceituais sempre fizeram parte do que podemos chamar de um *ethos* também escolar. Os conteúdos procedimentais e atitudinais é que eram novidades. As reflexões acerca dos conteúdos passaram a fazer parte, nas últimas décadas, de um repertório de ações pedagógicas de muitos professores da educação básica. Entre avanços e recuos, essa ainda é uma discussão importante quando tratamos de currículo escolar e de formas de ensino e aprendizagem.

No que se refere à educação superior, percebemos uma total distância em relação a essa discussão. De maneira geral, as práticas profissionais dos professores ainda estariam muito centradas nos chamados conteúdos conceituais. A perspectiva de trabalhar com conteúdos procedimentais e atitudinais nos cursos de história envolveria a aprendizagem de como ler um texto acadêmico, fazer um fichamento, um resumo ou uma resenha, desenvolver trabalhos individuais ou em grupo, pesquisar em arquivos e bibliotecas.

Como coloca Zabala, ainda seria necessário, nos níveis mais avançados de escolarização, como nos cursos de graduação, por exemplo, fazer um investimento em conteúdos procedimentais e atitudinais, mesmo que em menor grau se comparados com os estágios iniciais de escolarização.

O que observamos nos cursos analisados é que, de maneira geral, a preocupação com a questão dos procedimentos está presente. Ela poderia ser dividida em duas naturezas diferentes e complementares. Uma primeira preocupação estaria direcionada aos aspectos mais específicos do fazer historiográfico, como a análise de fontes históricas, por exemplo. Os professores, em sua maioria, disseram que costumam analisar documentos de época em sala de aula. O trabalho com fontes foi considerado importante na maior parte das entrevistas.

> A gente trabalha muito com documentação. Tem muita documentação, documentação sobre política, documentos abolicionistas, então tem muita coisa, muito texto que eu acho legal trabalhar. Eu prefiro imprimir e distribuir, porque as pessoas levam e anotam. Eu não gosto de fazer o PowerPoint da aula. Às vezes eu acho legal mostrar a imagem, quando é imagem eu acho legal distribuir e mostrar ao mesmo tempo, mas quando é documento textual eu prefiro distribuir [Correa, 2018, entrevista].

Outra preocupação estaria relacionada ao ensino de procedimentos ligados a como deve ser lido um texto historiográfico; como apresentar os aspectos principais de um texto, sua questão/problema, os argumentos utilizados pelo autor, o debate teórico apresentado, além de como fazer um fichamento e uma resenha.

Este segundo grupo de procedimentos é pensado de maneira não sistematizada, na medida em que existiria um entendimento de que aquele aluno "já deveria saber". As entrevistas demonstram um espanto e uma preocupação com o fato de os alunos que estão no meio do curso ainda não saberem ler um texto ou redigir uma resenha, por exemplo. Os professores acabam tomando para si essa tarefa, mas, muitas vezes, pensam que tal tarefa os estaria distanciando dos objetivos planejados para o curso, fazendo-os "parar de dar o conteúdo" para ensinar aos alunos esses procedimentos.

A não sistematização ou planejamento dessas questões não significa dizer que o professor não se preocupa com o processo de ensino. Percebemos que os professores entrevistados são, sim, muito engajados em suas práticas docentes, buscando fazer o melhor que podem. As problematizações da prática docente não estariam na procura de um modelo de ação. Também não estariam se referindo a reflexões sobre a prática ou escolhas sobre condutas pedagógicas a serem seguidas individualmente. Elas devem ser compreendidas de uma forma mais coletiva, dentro de um contexto social e político maior, que possuiria limites e também possibilidades.

Tal posição chama atenção para a necessária discussão sobre os currículos de formação de professores e, em sentido amplo, os objetivos de uma graduação em história. As mudanças de perspectiva em relação a esses elementos relacionados ao processo de ensino-aprendizagem nas universidades estariam envolvendo a ampliação desse debate dentro e fora dessas instituições. Em outras palavras, envolveriam uma rearticulação entre as políticas públicas educacionais, os currículos e as práticas dos professores formadores.

As ideias levantadas nos remetem às discussões apresentadas sobre o professor reflexivo. Percebemos que seria necessário ampliar e ressignificar o exercício reflexivo que os professores fazem sobre suas ações. Esse exercício é fundamental para compreender problemas de aprendizagem, rever objetivos de ensino, escolher caminhos teóricos e metodológicos e, com isso, compreender melhor as ações docentes, as razões pedagógicas e os próprios sentidos da formação. A pesquisa sobre o trabalho pedagógico, como nos lembra Nóvoa (2009), não pode ser pensada como uma ação individualizada, mas como um processo coletivo que envolveria grupos e equipes de trabalho, tempo e condições específicas para isso.

Papel das disciplinas específicas na formação de professores

Pensar sobre objetivos e planejamento é também pensar no papel das disciplinas específicas na formação de professores de história. Um dos assuntos tratados nas entrevistas foi justamente se estas disciplinas também formariam docentes de história. Para a professora Andrea:

> Elas também formam. Também é importante. [...]. Mas eu acho sim que estas disciplinas também formam professores. Nesse sentido, de que grandes questões, marcos cronológicos, eu acho que o aluno tem que aprender, seria aquele mínimo necessário que ele tem que ter quando sair do curso. Acho que também forma, mas falta, sem dúvida nenhuma, uma reflexão. O que seria ensinar a África? Uma reflexão não porque eu acho que é uma reflexão que aparece na minha disciplina, mas, como fazer isso na prática? O que é trabalhar com criança determinados conceitos? [...] O que eu acho até que é interessante [...] esse é o ideal, mas a gente está longe disso [Marzano, 2018, entrevista].

Aqui existem dois pontos interessantes. O primeiro é que, sim, as disciplinas de história também formam professores, pelo fato de ser necessário conhecer o que vai se ensinar. É o que a professora chama de "mínimo necessário". O segundo é que seria necessário pensar sobre como trabalhar o conteúdo presente na disciplina na educação básica, o que não é feito. Nas palavras de Andrea, é clara a perspectiva de que os professores das disciplinas específicas formam professores, mas que ainda faltaria uma reflexão maior sobre essa questão.

Todos os professores são profissionais respeitados e reconhecidos em suas áreas de pesquisa, extremamente preocupados em oferecer o melhor para seus alunos. O empenho na construção dos cursos ficou evidente em seus relatos. Os professores reconhecem a importância de suas disciplinas na formação de um professor, mas, ao mesmo tempo, percebem incompletudes em relação a uma reflexão mais específica sobre isso e sobre as questões do ensino de história. A professora Juliana, quando perguntada sobre o papel das disciplinas específicas, reconhece a importância e o engajamento dos professores, mas aponta para uma falta de reflexão coletiva sobre isso.

> A gente não se pensa como um professor de um curso de licenciatura. A gente faz ali, eu tenho que dar história da América, eu vou ali e faço o melhor, superbem, mas não tem uma reflexão coletiva sobre o fato de que estamos formando professores [Almeida, 2018, entrevista].

A prática do docente universitário é, de forma geral, revestida de muitas dúvidas sobre as características que são próprias da história escolar e sobre o modo como se opera a construção desse conhecimento. Para o professor João:

> Eu acho que ambos os cursos [...] Existiam as disciplinas pedagógicas chamadas disciplinas de licenciatura e o bacharelado. Não existiam

grandes diferenças. Eu nunca tive uma orientação para se ter uma postura diferente para a licenciatura diante daquilo que chamamos de bacharelado. A minha posição é que tanto a licenciatura quanto o bacharelado [...] O meu público-alvo vai para a sala de aula. O que ele precisa para ser um bom docente do ensino básico? Ter uma ideia crítica, daí essa discussão historiográfica. Na medida do possível, ter a discussão historiográfica [...] comparar autores, demonstrar que não existe a verdade, ela é construída [...] a interpretação de um fenômeno é algo sempre em mudança, e essa interpretação como pano de fundo, um grande debate. Isso é a primeira coisa que eu estou chamando aqui de espírito crítico. Em segundo lugar [...] ter a capacidade de pensar uma sociedade diferente da sua, ser capaz de pensar a História como um país estrangeiro, ter um olhar para o outro, para o diferente, [...] Essas duas coisas que eu acho que são fundamentais. Mas, agora, se você me perguntar [...] como ele vai apresentar isto para um aluno de seis anos, sete anos, isso não é problema meu, eu vou te falar muito francamente, eu não fui treinado para isso. Como ele vai apresentar..., eu acho que ele deve até apresentar quem foi são Tomás de Aquino, o que é a ideia de comunidade política etc. e tal, e se um garoto de seis, sete anos tem neurônios conectados, aí é uma questão técnica, uma questão didática, que eu não estou habilitado para isso. Não fui treinado para isso. Talvez a próxima geração de profissionais da universidade, eles sejam habilitados para isso. Mas eu não fui habilitado, e eu sinceramente acho que se você está na graduação o aluno deve apresentar, aprender a dar aula para o ensino básico, para o ensino médio, enfim, de uma forma compreensiva. Mas isso não significa necessariamente que alguns tópicos sejam suprimidos [Fragoso, 2018, entrevista].

O professor João reconhece algumas limitações e aponta para o que de fato pode ensinar aos seus alunos. Para ele, os instrumentos para formar um bom professor estariam ligados à ideia de construção de um "espírito crítico" capaz de questionar verdades estabelecidas, compreender os debates historiográficos, comparar autores e interpretações, pensar na história como um "país estrangeiro". O bom professor, formado nos cursos de história, deveria ser capaz de compreender os mecanismos que envolvem a construção do conhecimento histórico. Neste sentido, ele acredita fazer isso, mas, ao mesmo tempo, percebe que as questões referentes ao ensino de história são importantes e deveriam ser melhor enfrentadas. Apesar de não se sentir habilitado para isso, o professor reconhece que a formação inicial precisa também se dedicar à reflexão sobre o processo de ensino-aprendizagem e que talvez outras pessoas dentro do curso estivessem melhor preparadas para tanto. Ele expõe que não teria sido "treinado para isso" e vê possibilidades de mudanças nessa direção com as futuras gerações. Essas percepções nos remetem às discussões sobre o modelo de formação calcado no 3 + 1, em que é atribuída às disciplinas pedagógicas a responsabilidade pelo trabalho de didatização dos conhecimentos específicos.

Aqui estaria presente uma noção de didática como técnica de transposição. Preocupado com a docência universitária, Zabala nos traz algumas reflexões sobre questões que atravessam essa atividade profissional, como a dialética pesquisa/docência e a construção de uma identidade profissional muito mais calcada na imagem de um "especialista da disciplina" do que de um "didata da disciplina" (Zabala, 2004:130). Aspectos subjetivos, mas também coletivos e institucionais, colaborariam com a construção dessas identidades.

Historicamente, o processo de escolha de professores para ocupar as cadeiras de uma disciplina específica em muitas universidades não leva em consideração ou, pelo menos, não está calcado em critérios que avaliem as habilidades pedagógicas do futuro docente. A prova-aula testa a capacidade de o candidato construir uma boa aula. Contudo, em alguns casos, dependendo da banca, o domínio científico de determinada área do conhecimento seria quase exclusivamente o critério avaliado.

Para a professora Marieta, a relação entre as disciplinas específicas e a questão do ensino tem mudado recentemente, passando a ser uma preocupação maior dos professores. A preocupação em associar uma visão historiográfica às questões do ensino de história, que inicialmente era intuitiva, foi ganhando contorno ao longo da carreira no magistério.

> Então essa coisa de você estar preocupado com formar professores não era uma coisa que estava no nosso horizonte. Eu até achava, intuitivamente, eu não tinha uma clareza tão grande disso, eu tinha essa preocupação que eu achava que o curso deveria ter uma visão de conjunto, ter uma visão historiográfica, deveria de alguma forma dar um conteúdo que aquela pessoa poderia ou fazer, ser um bom professor da educação básica ou da universidade, ou fazer um concurso para o mestrado para alguma coisa [Ferreira, 2018, entrevista].

As colocações da professora Marieta são importantes para voltarmos à análise que fizemos sobre a trajetória dos primeiros cursos de história no Brasil. Eles teriam surgido associados à formação de professores para o ensino secundário. Com o passar do tempo, principalmente com o crescimento dos programas de pós-graduação a partir das décadas de 1980 e 1990, e sua aceleração nos últimos 15 anos, essa feição ganharia novos contornos com as questões de ensino ficando, de certa forma, em segundo plano. As questões do ensino se tornaram secundarizadas.

Por outro lado, Marieta defende o papel dos conteúdos específicos na formação, pois os futuros professores precisam deles para construírem, futuramente, suas aulas.

> Eu também acho que ninguém ensina o que não sabe. Da mesma maneira que saber não resolve o problema de ensinar, mas também uma coisa que é muito dominante na área de educação é de achar que, se você dominar determinados métodos, determinadas metodologias de ensino, que você vai ser um bom professor, e eu acho que não é isso, eu acho que você tem que ser uma pessoa que tem uma formação na área que você vai trabalhar, seja de matemática, de física, de química [...] eu acho que tem que haver uma aproximação muito grande de quem trabalha com ensino de história com os cursos de história [Ferreira, 2018, entrevista].

A professora ressalta a necessária aproximação entre os especialistas em ensino e os professores das disciplinas específicas dos cursos de história. Essa fala nos remete ao antigo debate em relação ao que seria formar um bom professor. O que é necessário o aluno ter na formação inicial? Como compartilhar as responsabilidades sobre essa formação?

Para a professora Regina, os cursos estariam muito calcados em conteúdos específicos, não conseguindo dar autonomia para os alunos terem um espaço de criação em relação às questões sobre o ensino. Tais questões ganhariam algum relevo nas disciplinas optativas oferecidas por esses professores.

> Porque a formação não dá autonomia, não dá criação. Então eu acho assim, quando esta formação está engessada na informação, a gente deixa de dar autonomia e deixa de trazer um professor mais autoral, um professor que pensa fora da caixinha [...] eu acho que esse salto deve ser trabalhado desde o início da formação inicial, e não é. Eu procuro fazer isso com os alunos, principalmente, nas minhas disciplinas optativas, que aí eu tenho um tempo mais lato [Bustamante, 2018, entrevista].

Influenciada pelo crescimento do campo de estudos sobre ensino de história, uma parte dos professores das disciplinas específicas entendeu que essas discussões não poderiam ficar de fora da formação inicial. Uma fala muito comum foi a iniciativa de elaborar e oferecer cursos optativos para dar conta da discussão sobre ensino. Essas disciplinas foram interpretadas como um espaço importante no currículo dos cursos para os professores que tivessem essa preocupação poderem tratar de questões como o uso do livro didático, por exemplo.

> Eu acho que começaram a se modificar um pouco. Eu comecei a pensar ou pelo menos a falar mais com os alunos sobre isso. Da necessidade de eles estarem atentos de como era dar aula, de como eles pegariam aqueles assuntos, e transformar aquilo em conhecimento. Aí eu comecei a dar [...] eu não acho que eu fiz tanto esforço, de colocar dentro da minha disciplina uma unidade, um seminário que tratasse de ensino da prática do ensino de história, mas eu comecei a dar disciplinas optativas tipo livro didático, história da disciplina história... aproximar um pouco os alunos... porque a maioria dos outros cursos passa batido, não discute o problema do que é o livro didático. O que que o livro didático traz? O que que seria um bom livro didático para ser adotado na escola? Então eu comecei a trabalhar um pouco com estas coisas [Ferreira, 2018, entrevista].

Esta feição mais direcionada para uma perspectiva de formação de professores está associada ao fato de essas disciplinas possuírem uma ementa mais aberta. Tratar do ensino dessa forma seria mais autorizado ou viável. Haveria mais tempo disponível, diferentemente do que ocorreria nas disciplinas específicas obrigatórias, haja vista a quantidade de conteúdos que teriam de ser ministrados em um curto intervalo de tempo.

Com a exceção do curso da Uerj/FFP, os planejamentos dos cursos das disciplinas específicas das demais universidades têm de se deparar com a questão da dupla formação: bacharelado e licenciatura. Adequar conteúdos, metodologias, enfoques e avaliações que atendam às demandas dessa dupla formação é um desafio a ser enfrentado. De maneira geral, o que se observou foi um planejamento único, sem um direcionamento ou sistematização que se voltem mais especificamente para atender a uma ou outra formação. A professora Claudia relata que não existiriam muitas diferenças no trabalho cotidiano com turmas compostas por alunos dos cursos de bacharelado e licenciatura.

> Eu não consigo ver muita diferença entre a forma de você trabalhar no dia a dia do ensino básico e na graduação de história, pelo menos no caso da minha disciplina. Eu não sou exclusivamente didática, mas eu sei que eu deveria ter um conteúdo com um percentual de aplicação prática, que pode eventualmente ser contemplado quando eu peço um seminário para avaliar livro didático, mas é assistemático. Pensar material didático, por exemplo, eu nunca fiz, especificamente sobre esse assunto, no sentido de "Vamos produzir um texto...". Isso poderia ser interessante, nunca apliquei, estou pensando isso aqui agora com você. "Ao invés de eu pedir que vocês façam trabalho de natureza monográfica para ver se vocês sabem fazer referência, citar, ser claro, ter coerência etc., vocês vão produzir um capítulo de livro didático. Como vocês fariam isso para um aluno de sétimo ano?" Aí, se você pensar por este lado, você vê que tem diferença entre você ensinar história do Brasil I para uma turma de licenciatura e ensinar história do Brasil para uma turma de bacharelado. Essa versão da licenciatura eu nunca fiz. E aí, se você pensa por esse lado, realmente é específico [Rodrigues, 2018, entrevista].

Sobre a questão de os alunos que optaram pela licenciatura saírem perdendo, a professora reforça:

> Nesse aspecto sim, porque você vê como seria melhor se eu pedisse isso, eu só não vou pedir agora porque eu já pedi, mas olha! Sabe que daria tempo! Achei interessante. Renata, achei interessante! [Rodrigues, 2018, entrevista].

Neste trecho e em outras entrevistas, percebemos que existe, sim, uma preocupação com o ensino, sobre como aqueles alunos, futuros professores, vão lidar epistemologicamente com aquele conhecimento. Contudo, essa preocupação se mostra atomizada, como uma espécie de isolamento no que se refere a essas preocupações, como se cada professor individualmente pensasse sobre isso, mas coletivamente não houvesse uma ação organizada e sistematizada para a finalidade de formar professores. O professor frequentemente tem um trabalho isolado, tanto na universidade quanto na educação básica.

As chamadas ações rotineiras são uma marca ainda muito presente na profissão, sem que haja uma reflexão mais rigorosa sobre elas, dificultando a construção de alternativas dentro de um universo de possibilidades.[92] Essas colocações nos remetem à questão apontada anteriormente, relacionada aos estudos de Nóvoa. Em sua crítica às ideias de Schön, ele aponta para a necessidade de fazer uma reflexão contextualizada e coletiva sobre as ações pedagógicas. Nóvoa considera vital reinventar a dimensão coletiva da profissão. Para isso, é importante considerar as condições institucionais e os papéis que cada professor teria de assumir

92 Essas questões nos remetem ao debate, presente no capítulo 2, sobre as ideias de John Dewey e Donald Schön.

no seu cotidiano de trabalho. Nesse sentido, toda a prática do professor deveria ser entendida de uma forma mais ampla, pois estaria necessariamente carregada de condições políticas, sociais e institucionais determinadas pelo contexto no qual suas ações estão inseridas. Com isso, os esforços em direção a qualquer mudança devem passar pelo entendimento desse contexto e das relações que ali se estabelecem.

Indissociabilidade entre ensino e pesquisa

Uma das chaves de leitura para as questões tratadas no livro foi a chamada indissociabilidade entre ensino e pesquisa, expressão cunhada no momento de elaboração do documento da Anpuh e que está presente em muitas falas dos professores entrevistados. Existiria um tensionamento entre os objetivos impostos pelas diretrizes (DCNFP e DCNH) e um modelo de formação pautado no *ethos* da indissociabilidade entre ensino e pesquisa.

Segundo Marieta Ferreira, essa perspectiva remonta ao crescimento da pós-graduação. Antes desse desenvolvimento, os cursos estavam direcionados para a formação de professores para a educação básica. Depois, teria começado a se delinear um novo modelo de curso de história, "em que a pós-graduação e as atividades de pesquisa passavam lentamente a ocupar um lugar-chave" (Ferreira, 2016:31), muitas vezes em detrimento da graduação.

> Essa ideia da formação do professor não estava muito no horizonte. Inclusive, alguns colegas diziam assim: "A gente não tem que se preocupar porque nós somos a UFRJ"; "Nós somos a maior universidade do país"; "Nós somos um dos primeiros cursos que foram criados"; "Nós temos que ensinar para os nossos alunos teoria"; "Nós temos

> que ensinar para os nossos alunos historiografia"; "Aqui não é lugar de ficar ensinando como vai ensinar, isso ele vai aprender em outro momento, em outro lugar". E de uma certa forma isso ainda [...] é uma visão, persiste. [...] Uma coisa que estimulava muito esta secundarização da licenciatura era a ideia de que você tinha o bacharelado e a licenciatura juntos [Ferreira, 2018, entrevista].

Com o crescimento das pós-graduações, a partir dos anos 1980 e 1990, a tendência de valorização da pesquisa em detrimento da docência cresceu enormemente. Começaram a existir situações de resistência de alguns professores em trabalhar com a graduação. As atividades de orientação e pesquisa abriam uma possibilidade real de articulação entre docência universitária e pesquisa acadêmica. Os professores, cada vez mais, se tornavam também orientadores de novos estudos. Os principais historiadores do país deixam sua marca pelas teses que defenderam, por sua produção historiográfica e pelo trabalho de orientação, que garantiriam uma espécie de perpetuação desses profissionais pelo fato de também serem reconhecidos e lembrados por meio de seus orientandos.

Nas graduações, essas mudanças foram também sentidas e começou a haver um direcionamento cada vez maior para as atividades de pesquisa, com a introdução das monografias de final de curso. A preocupação maior passava a ser formar pesquisadores que futuramente iriam ingressar nos programas de pós-graduação.

> O ingresso de novas gerações nos programas de pós-graduação nos anos 1970 e, posteriormente, nos quadros das universidades trouxe, sem dúvida, uma melhor qualificação de seus profissionais, cada vez mais voltados para pesquisas inovadoras e para o ensino da pós-graduação. No entanto, a priorização da carreira acadêmica e uma excessiva especialização temática dos objetos de investigação

> colocavam em um plano secundário a formação dos docentes. A preocupação de formar alunos que fossem atuar como professores nos níveis médios e que deveriam receber conhecimentos que permitissem a sua melhor preparação para o magistério ficava cada vez mais desvalorizada [Ferreira, 2016:33-34].

Essa análise demonstra uma tendência a secundarizar a formação de docentes. Formar alunos para serem professores da educação básica ficava, dessa forma, cada vez mais desvalorizado. Acentuava-se uma separação entre os cursos de graduação e as faculdades de educação responsáveis pelos conteúdos pedagógicos. De certa forma, teria havido uma mudança no *ethos* acadêmico, em que a questão da pesquisa e da construção do conhecimento histórico ganhava um peso bastante importante. Se construía aí a ideia de uma indissociabilidade entre ensino e pesquisa. O estatuto da história como ciência se afirmava. Uma espécie de medida intelectual indicava que, quanto mais próximo desta ideia o curso estivesse, mais respeitado ele seria.

No final dos anos 1990, e com as diretrizes do início dos anos 2000, o debate em torno da questão da integração das duas formações ficou mais forte. Era necessária uma defesa, nos meios acadêmicos, de um modelo que pensasse a indissociabilidade entre ensino e pesquisa como definidor de um determinado *ethos* de formação em história.

Analisando as falas dos professores, todos, sem exceção, se consideram formadores de professores. Mas qual seria o entendimento do que é a formação de um professor de história? Para eles, formar envolve fazer com que o aluno de graduação consiga construir, ao longo do curso, um raciocínio histórico, no sentido de formar um pensamento crítico e compreender como se constrói o conhecimento histórico, suas interpretações e práticas de pesquisa.

Todos apontam para essa direção. Nesse sentido, existiria uma aproximação com a ideia de uma indissociabilidade do binômio ensino e pesquisa. Contudo, as falas demonstram também que esse binômio nem sempre estaria equilibrado. A professora Claudia, quando perguntada sobre a questão da indissociabilidade, afirma:

> Mas [...] eu faço totalmente ao contrário, então eu entro nessa justificativa que não é indissociável, não é realmente, mas apesar de professor ser historiador e vice-versa, aquela coisa que a gente sempre ouve, seria viável fazer algo especificamente. Agora, para uma turma, como você falou, que tem uma disciplina, a gente não dá Brasil I para bacharelado e Brasil I para licenciatura, isso é um problema da nossa grade, na medida em que não tem isso, você acaba mesclando, e na mescla você iguala pela questão historiográfica. Aí eles saem perdendo [Rodrigues, 2018, entrevista].

A professora aponta para esse desequilíbrio, em que as questões relacionadas ao ensino ficariam em um plano diferente em relação às questões historiográficas. Para a professora Regina, a indissociabilidade é um problema que precisa ser enfrentado para que haja alguma mudança mais efetiva.

> Isso é uma balela, eu não acredito nisso não. [...] A partir de 2002, com a reforma, quando você tem um curso específico para as licenciaturas, uma entrada, uma finalidade, aí na avaliação do MEC começa a se perceber isso. Que os cursos não estavam preparados, porque você não tem, e isso é uma dificuldade muito grande para a reforma curricular, não sei se o curso de história está atentando para isso... Se você tiver um curso muito diferente do bacharelado para a licenciatura, não há professores suficientes para dar conta de dois cursos tão diferenciados. Há um conservadorismo, uma lei da inércia [...] para mudar alguma

> coisa, você precisa de energia para colocar em movimento, e isso não é feito [Rodrigues, 2018, entrevista].

Os objetivos específicos da licenciatura, presentes nas DCNH, representaram, de certa maneira, um rompimento ou, pelo menos, um tensionamento na questão da indissociabilidade. Pensar em cursos diferentes para a licenciatura e o bacharelado se tornava um obstáculo muito difícil de ser superado. A própria estrutura do curso não permitia isso.

A professora Marieta explica que existia, entre os professores, o objetivo de fornecer uma visão de conjunto que serviria tanto para a pesquisa quanto para o ensino. A separação entre bacharelado e licenciatura teria sido muito mal recebida pelos historiadores, como se, dessa forma, pudesse ocorrer um empobrecimento dos cursos de licenciatura. Como expõe Marieta, seria um "pecado sem reparação".

> Então, nessa primeira grande fase, a questão do ensino não estava no horizonte, no nosso *mindset*. Mesmo eu. Eu tinha esta preocupação de ser um curso mais abrangente, que desse uma visão de conjunto para os alunos, ajudasse os alunos a ler, entender melhor os autores, a confrontar os autores, mas é uma coisa que tanto servia para pesquisa quanto para o ensino. Mas, na verdade, havia durante muito tempo uma confusão que era a seguinte: você dizer que iria separar a licenciatura de bacharelado era um crime. Você estava cometendo um pecado sem reparação [Ferreira, 2018, entrevista].

A professora aponta, de forma crítica, para uma visão de formação que se tornou comum em um determinado momento, centrada na ideia de indissociabilidade entre ensino e pesquisa. A partir dessa visão, acreditava-se que o futuro professor, formado dentro dessa perspectiva, não teria dificuldades em exercer a docência.

Ser um bom pesquisador ou historiador garantiria os instrumentos necessários para ser um bom professor. Segundo essa lógica, as questões pedagógicas eram vistas como algo complementar, que somariam esforços na construção profissional do historiador e seriam desenvolvidas pelas disciplinas dos departamentos ou faculdades de educação.

A professora Marieta, afinada com os estudos sobre o ensino de história, ressalta a visão de que a sala de aula da educação básica seria um lugar de criação e pesquisa, ainda que esta seja diferente da pesquisa historiográfica.

> Exatamente de que ensino e pesquisa para dar aula é a mesma coisa. Isso também foi muito problemático. Isso não dava prioridade, não dava relevo a essa discussão que é bastante vitoriosa, que a sala de aula é um lugar também de criação. Ela também é o lugar de pesquisa. Pode ser até uma pesquisa de uma natureza diferenciada. Principalmente, eu acho que as pessoas têm que ter uma consciência, que eu acho que é difícil, que o fato de você saber muito sobre um conteúdo não quer dizer que você saiba transmitir este conteúdo para uma turma [...] da educação básica. Como é que você faz esta transmissão desse conhecimento? As pessoas não se tocam disso. [...] Para resguardar a pesquisa. E outra para falar que a pesquisa no ensino era igual a pesquisa historiográfica, com fontes primárias, pesquisa acadêmica. Havia sempre uma orientação, uma postura de negar qualquer diferenciação entre história acadêmica e história escolar. Então, na medida em que você nega isso, você não tem que ter nenhum compromisso com o ensino. Então basta você conhecer os conteúdos que você pode ser um ótimo professor [Ferreira, 2018, entrevista].

Para a professora Marieta, é preciso reconhecermos a importância das pesquisas sobre o ensino de história, que avançaram muito nos últimos anos. Tais estudos apontam a sala de aula da educação básica como um espaço de pesquisa e construção do conhecimento. Esse reconhecimento abriu caminho para reflexões pautadas na identificação de semelhanças entre a pesquisa no ensino e a pesquisa historiográfica. Essa aproximação acabou, em certo aspecto, silenciando diferenças importantes. Sobre isso a professora discorre que, muitas vezes, ocorre uma negação das diferenças entre a história acadêmica e a história escolar. Ao se negar essa diferença, o compromisso com o ensino, de certa forma, deixaria de existir. Ao acharmos que algo já é feito, ele deixa de ser objeto de reflexão permanente. Com isso, qualquer tipo de mudança nesse cenário se tornaria muito mais difícil. De certa forma, nem o ensino nem a pesquisa sobre o ensino estariam sendo considerados quando pensamos no binômio ensino e pesquisa.

> Em função dessa consciência que eu tenho, eu imagino que a maioria dos alunos se tornem professores. E eu não acredito que ser um bom pesquisador seja suficiente para ser professor nem na universidade. [...]. Mas eu acho que eles não saem muito prontos nem para uma coisa nem para outra. Por uma série de dificuldades, deles próprios, da sua própria formação anterior, e dificuldades do curso. [...]. De fato, eu acho que as disciplinas se preocupam mais com o bacharelado, em formar um pesquisador, mas acho que nem isso. [...]. Eu acho que falta reflexão mesmo, uma reflexão sistemática sobre quem a gente quer formar. Acho que falta, porque eu acho que a gente não pode dizer que exista um movimento no sentido sistemático coletivo de formação do pesquisador. Os alunos saem daqui e a gente vê isso nos ingressos para o mestrado e para o doutorado E aí a gente diz: "Muitas vezes os nossos alunos não conseguem isso, não conseguem debater um texto, escrever". Nem isso se discute tanto quanto se deveria [Marzano, 2018, entrevista].

A construção de um *ethos* de formação

As entrevistas foram muito esclarecedoras e apontaram algumas chaves de leitura para esta questão. Todos os professores se reconheceram como formadores de professores. Apesar disso, admitem que ainda faltam reflexões sobre as questões referentes ao ensino de história, que é reconhecido como um campo de estudos importante e que avançou muito nos últimos anos. Os professores, apesar de se reconhecerem como formadores de professores, assumiram existir ainda incompletudes em relação às questões do ensino, uma dificuldade em lidar com as questões didático-pedagógicas.

Este discurso reforça um *ethos* de formação calcado na valorização dos elementos que embasam a construção do conhecimento histórico e a própria pesquisa acadêmica/historiográfica, condição que daria suporte para sua inserção no universo do conhecimento científico, garantindo um *status* social diferente e forte. Em outras palavras, para os professores dessas disciplinas, eles estariam, sim, formando professores, mas ao pensarem e falarem em o quanto e em como formam, ancoram esse processo nos elementos relacionados à construção do conhecimento histórico, e, ao fazerem isso, estariam constituindo um *ethos* de formação pautado nessas premissas. Alguns professores apontaram problemas relacionados também à formação do bacharel, falaram da necessidade de refletir sobre suas características e especificidades. É importante deixar claro que, nos cursos pesquisados, percebemos o engajamento e a preocupação de todos os professores em estarem oferecendo o melhor que podem para seus alunos. Pensar sobre as incompletudes de forma nenhuma diminui a importância de suas práticas docentes. O que estamos propondo vai na direção da abertura de canais de reflexão sobre a formação, ainda alvo de muitos questionamentos.

Os professores apontaram que a preocupação com o ensino de história estava presente na organização dos cursos, mas que muitas vezes as ações em relação ao ensino não estariam sistematizadas, ou não fariam parte, por exemplo, dos pontos do programa do curso que iriam ser explorados ao longo do semestre, com um momento de discussão específica e com leituras atribuídas. Também não fariam parte da estruturação das disciplinas, dialogando com os conteúdos do programa. A perspectiva do ensino estaria presente em algumas aulas como um encaminhamento para a apresentação de um conteúdo ou debate que futuramente o aluno fará, como professor, em sala de aula, ou em avaliações que previam uma análise dos conteúdos nos livros didáticos. Para alguns, haveria o entendimento de que esse trabalho, mais direcionado para o ensino, já estivesse sendo feito pelas disciplinas de laboratório de ensino, de estágios ou pelas disciplinas de didática. Essa atribuição estaria relacionada a uma compreensão de que, dentro do departamento, essas disciplinas e linhas de pesquisa em ensino de história estariam mais bem preparadas para isso, podendo pautar essas questões nas instâncias colegiadas. Para outros, ainda que entendam essa tarefa como sua, admitem que não saberiam muito como executá-la. Equacionar essas e outras questões é muito importante para um curso de licenciatura. Como seriam resolvidas essas incompletudes em relação ao ensino? A quem caberia essa tarefa? Entendemos que essa tarefa cabe a todos os professores do curso, sem exceção. Ela faria parte da própria concepção do que é um curso de formação de professores.

É comum ouvirmos dos professores da educação básica que não se sentem preparados para a sala de aula, que tiveram muitas dificuldades em relacionar a história acadêmica à história que teriam de ensinar para seus alunos. É o que mostram depoimentos como este: "Do que aprendi na faculdade, aplico muito pouco em sala de aula. São realidades muito distantes".[93] Por outro lado, os alunos demonstram um respeito à pesquisa acadêmica e uma admiração por seus professores universitários que os ajudaram a construir um pensamento crítico e a ter uma leitura sobre os processos históricos. O que estaria por trás dessa aparente contradição?

Nas entrevistas, conseguimos observar que estaria faltando uma centralidade em relação às questões do ensino; elas estariam presentes, mas de forma periférica e não sistematizada. Na organização das disciplinas e na dinâmica das docências, vemos constituído um determinado *ethos* de formação, que coloca no centro do processo de ensino-aprendizagem dos cursos de história a questão da construção do conhecimento e, em certa medida, desloca para as margens a questão do ensino. Esse deslocamento estaria ancorado na ideia da indissociabilidade entre ensino e pesquisa, perspectiva que acaba por ocultar as questões próprias do ensino de história.

Entendemos ser essa uma reflexão fundamental ao pensarmos sobre as políticas públicas e suas relações com as mudanças nos currículos e nas categorias institucionais dos cursos de história. Os objetivos de colocar especificidades para as licenciaturas não poderiam dialogar apenas com a distribuição e incorporação das 400 horas de prática no currículo ou com a criação de novas disciplinas. Reconhecemos que esforços acadêmicos significativos foram feitos nessa direção, por exemplo, a presença de linhas de pesquisa em ensino no Departamento de História, a criação de disciplinas de laboratórios de ensino, os estágios como parte integrante das disciplinas do curso de história. Todas essas mudanças foram muito importantes.

---

93 Trecho de um depoimento feito por um professor de história que fazia pós-graduação na época. O professor tinha experiência de dois anos de magistério, atuando nas redes municipal e estadual do Rio de Janeiro. A entrevista foi realizada em 2012 por um aluno do curso de licenciatura em história da Unirio, modalidade semipresencial.

Contudo, essa questão, presente nas diretrizes, estaria esbarrando também em temas complexos, que envolvem os diferentes sujeitos desse processo e a própria dinâmica da docência universitária. As análises deste livro, nesse sentido, apontam para a necessidade de pensarmos sobre o *ethos* de formação constituído por esses cursos, que precisaria ser reconhecido e repensado. Entendemos que não poderemos avançar nas reflexões sobre a formação de professores sem tocarmos nessas questões.

Pensar sobre a formação implica pensar na constituição de um novo *ethos* de formação, em que o ensino de fato esteja no centro do processo. Isso não significaria abandonar a ideia de indissociabilidade ente ensino e pesquisa, mas sim ressignificar as partes do binômio, que devem ser pensadas como faces de uma mesma moeda. Um deveria incluir o outro. Ambos, ensino e pesquisa, devem ser alvos prioritários dentro do processo de formação de professores.

Além disso, é importante que essas questões sejam valorizadas dentro e fora dos espaços acadêmicos e que sejam foco de discussões e reelaborações coletivas permanentes. Tudo isso envolveria a construção de novas intencionalidades e estratégias que seriam individuais, mas também diriam respeito ao curso como um todo, em que o *ensino de* e *o ser professor de* deixassem de ser uma terra estrangeira e passassem a ser algo íntimo e conhecido.

Considerações finais

A pergunta inicial, presente no título, precisa ser respondida. Afinal, a quem cabe formar o professor de história? Mesmo tendo percorrido este caminho de análises e questionamentos, essa não é uma pergunta fácil de ser respondida, pois envolve diferentes territórios de formação, espaços contestados, marcados por tensões e disputas em torno das significações em relação à formação de professores. Todos os envolvidos foram percebidos como sujeitos históricos, homens e mulheres do seu tempo, com ações individuais, mas também coletivas, influenciando e sendo influenciados pelas práticas políticas e sociais. E também como sujeitos inseridos dentro de uma coletividade profissional e institucional, marcados pelos limites e possibilidades. Os cursos de história analisados serviram como uma chave de interpretação, um recorte significativo que poderia fornecer elementos para pensarmos a formação e a relação com as políticas de uma forma mais ampla. Na verdade, a pergunta servia como um mote para pensarmos na construção de um determinado *ethos* de formação.

Pensar sobre a construção de um *ethos* nos impôs a necessidade de perceber também o que estava nas entrelinhas, analisar os aspectos tácitos dos discursos e práticas sociais. As pistas a serem decifradas, por vezes, estavam muito claras, mas em outros momentos pareciam enigmas que precisavam ser revelados. Fazendo uma relação da história com o paradigma indiciário, era necessário perceber o não dito, decifrar o que parecia oculto, que não estava presente de forma clara e que, conscientemente ou não, era silenciado nos discursos (Duby, 1988). Parecia-nos importante analisar o que estaria por trás de determinadas pistas ou sinais, que poderiam nos ajudar a desvendar e compreender as dinâmicas sociais envolvidas na formação de professores de história.

O suposto fracasso da educação básica vem, há algumas décadas, recaindo sobre a formação inicial de professores. Ela vem sendo responsabilizada por vários problemas, como as reprovações e os baixos índices nos exames nacionais e internacionais feitos pelos alunos do ensino fundamental e do ensino médio. Nesse período, houve uma grande mobilização interna e externa em torno dessa questão. Órgãos internacionais, governo brasileiro e grupos da sociedade civil têm se debruçado em torno da qualificação da educação. Essa mobilização gerou uma série de resoluções, pareceres e diretrizes que buscavam resolver tais questões a partir de mudanças no perfil dos cursos de formação de professores.

As políticas públicas partem desse entendimento e propõem mudanças que vão na direção de uma rearticulação entre teoria e prática. Ajustar esse binômio vem se apresentando como uma solução para a resolução do problema da formação. As mudanças propostas nas diretrizes de 2002 (DCNFP) não pareceram suficientes para dar conta dessas questões. Em 2015, a Resolução CNE/CP nº 2/2015 instituiu novas diretrizes que trouxeram outras mudanças, ampliando a carga horária dos cursos de licenciatura de 2.800 para 3.200 horas. Além disso, as novas diretrizes propõem uma articulação entre formação inicial e continuada e apontam para a necessidade de as instituições de ensino superior construírem projetos institucionais de formação de professores, uma iniciativa que pretende abrir caminho para propostas formativas que envolvam a articulação entre os diversos segmentos da universidade e a educação básica.

Neste contexto de mudanças, vimos o surgimento de vários estudos sobre os processos de formação, que tinham como foco de suas análises a organização de projetos de formação inicial ou continuada de professores de história, a maneira como esses professores mobilizam seus saberes e também sobre as relações entre teoria e prática e história e ensino.[94] O caminho aberto por essas pesquisas foi muito importante para nosso trabalho, contudo percebemos que algumas indagações precisavam ainda ser respondidas ou pensadas segundo novas perspectivas.

Nos anos 1980, o processo de redemocratização no Brasil marcou o fim das licenciaturas curtas e o surgimento das licenciaturas plenas de história. A constituição de licenciaturas plenas envolvia também a construção de um perfil de curso que pudesse afastá-lo de uma visão de formação aligeirada ou tecnicista, aproximando-o cada vez mais do entendimento dos cursos de graduação como um lugar em que se pensava e se produzia conhecimento histórico. Esse movimento estava em profundo diálogo com o crescimento dos programas de pós-graduação e o desenvolvimento das pesquisas no campo da história. Era um momento importante de consolidação científica do campo.

A formação de um historiador pesquisador era a tônica desse processo. A legitimidade e o reconhecimentos dos cursos passava pelo estabelecimento de laços, cada vez mais próximos, com a pesquisa. Os cursos de graduação começavam a ser marcados por uma lógica da especialização que iria conduzir o aluno para suas futuras pesquisas de mestrado e doutorado, percebidas como caminhos "naturais" daquele perfil de formação que se pretendia hegemonizar. Naquele momento, as questões do ensino de história

94 Sobre o panorama das pesquisas recentes em formação de professores, ver Pacievitch (2018).

não pareciam preocupar a organização dos currículos e as ações dos docentes universitários. Muitos entendiam que essas questões já estavam sendo tratadas dentro dos departamentos ou faculdades de educação, quando o aluno cursava as disciplinas pedagógicas, no conhecido modelo 3 + 1. Muitos de nossos contemporâneos foram formados dentro dessa lógica. O *ethos* do professor pesquisador começava a se constituir.

Os debates em torno da necessidade de formação marcaram os anos 1990 e o início dos anos 2000. As mudanças curriculares provocadas pela necessidade de ampliação das horas de prática, com a inclusão de um repertório teórico e prático do ensino de história e uma aproximação dos aspectos didático-pedagógicos, exigia, por parte dos cursos de história, uma compreensão de como os sujeitos ali envolvidos entendiam a formação de um professor de história e, a partir desse entendimento, qual trabalho que realizavam no cotidiano de suas docências. As reflexões sobre esta dinâmica de compreensão dos currículos em diálogo com a ação do docente universitário fizeram com que percebêssemos que um *ethos* de formação estava sendo forjado e que identificar as características desse *ethos* se constituía como um elemento fundamental para compreendermos o processo.

Uma pista que consideramos importante foi investigar os saberes mobilizados pelos professores dos cursos de história na dinâmica de suas docências universitárias. O debate sobre os saberes docentes esteve, em geral, associado à docência na educação básica. Nossa proposta foi trazer esta reflexão para dentro dos muros da universidade, analisar os saberes e práticas do docente nos cursos de graduação em história e examinar como esses saberes estariam articulados com os currículos dos cursos. Percebemos que os professores também são constituídos de saberes plurais, oriundos da formação profissional do historiador, dos textos historiográficos, da experiência de pesquisador, da formação para o magistério e também da experiência de professor universitário construída na prática de trabalho e na socialização profissional. Somados a esses saberes, ainda existiriam aqueles relacionados a suas histórias de vida e a suas vivências escolares.

Nesse sentido, essa pluralidade estaria constituindo suas docências e, ao mesmo tempo, dialogando com os currículos dos cursos, num processo de construção e reconstrução permanentes. Ajustando o foco da análise, é importante perceber como esses currículos e sujeitos envolvidos na sua construção e dinâmica cotidiana estavam entendendo a formação de um professor de história. O que significava formar um professor de história? O recorte escolhido foi a questão da estruturação das grades, as relações estabelecidas com as determinações das diretrizes e o aspecto da indissociabilidade entre ensino e pesquisa. Nos três cursos analisados, percebemos que existia uma forte vinculação com a lógica da indissociabilidade, com a formação de um profissional único, historiador e professor. As preocupações com o ensino como parte desse binômio também estavam presentes. A pesquisa em ensino de história é reconhecida pela comunidade de historiadores, e hoje esse campo de estudos está consolidado. Esse reconhecimento esteve presente nas falas de todos os professores e coordenadores/diretores entrevistados e se expressou no sentido da valorização das disciplinas e linhas de pesquisa ligadas ao ensino de história.

A análise dos cursos nos remeteu à reflexão sobre a organização das disciplinas específicas, suas relações com a formação de professores e as relações que estabeleciam com o ensino de história. Importava perceber as intencionalidades e estratégias dos docentes em torno de suas escolhas de abordagem dos conteúdos. Quais razões pedagógicas estariam envolvendo o trabalho com os alunos da graduação? Analisar os objetivos e as razões dessas escolhas nos aproximaria da compreensão do que significava formar professores para os docentes universitários.

Pesquisando a bibliografia sobre a formação de professores, percebemos que as disciplinas direcionadas ao domínio científico do conhecimento eram tratadas de forma aligeirada ou não estavam presentes nas análises sobre formação. Encontramos estudos mais direcionados para a análise das disciplinas pedagógicas e para as experiências nos estágios supervisionados. Lançar luz sobre essas questões estaria, nesse sentido, somando esforços a esses estudos e contribuindo na direção da construção de diálogos capazes de questionar uma dada visão apartada do processo de formação, ainda muito influenciada pelo chamado modelo 3 + 1, em que a perspectiva do ensino estaria centrada nas disciplinas pedagógicas oferecidas nos departamentos ou faculdades de educação, em que falar de ensino seria falar dessas disciplinas. Dessa forma, entendemos que ao analisarmos as dinâmicas das disciplinas estamos contribuindo para que as relações desse território (contestado) de formação sejam pensadas de outro ponto de vista, diminuindo as distâncias entre os sujeitos envolvidos no processo, na direção de uma formação conjunta e articulada.

Todos os docentes entrevistados se percebiam como formadores de professores. Entretanto, muitos admitiram incompletudes que passam pelo reconhecimento de um distanciamento em relação às questões do ensino. Muitas vezes, alegavam que não se sentiam preparados para isso e que tinham dúvidas sobre como conduzir essa aproximação. Foi comum o relato de tentativas nessa direção. Por outro lado, ao analisar as características dos cursos, as interpretações dos professores e as reflexões sobre as disciplinas específicas, percebemos existirem convergências quanto aos significados da formação de um professor de história. Em determinados aspectos, não existiram muitas dúvidas quanto ao que precisava ser feito; os professores compreendiam que essas disciplinas deveriam garantir que, ao final do curso, o aluno fosse capaz de desenvolver um olhar crítico associado a um raciocínio histórico, entender os significados dos principais conceitos e perceber que eles também têm uma história, perceber as diferentes temporalidades. Além disso, o aluno formado deveria compreender a história como construção de conhecimento e que esse conhecimento estaria envolvendo metodologias de trabalho específicas do ofício do historiador. As questões do ensino estariam, assim, entrelaçadas nesses grandes objetivos, mas sem uma centralidade.

Em vários relatos, percebemos que não existia uma ação mais planejada em relação ao ensino de história, que em geral era tratado de forma pontual e não sistematizada. Muitos mencionaram mudanças recentes na organização de suas disciplinas, que começaram a incluir debates sobre o ensino. Argumentavam que essas discussões estavam se ampliando e era importante que estivessem presentes de alguma forma em seus cursos. Em geral, as preocupações mais recentes, manifestadas pelos professores, envolviam principalmente o planejamento de atividades com livros didáticos numa perspectiva de comparação de conteúdos universitários e escolares.

Diante desse quadro de interpretação, percebemos que essas ações docentes se vinculam à constituição de um *ethos* de formação calcado na ideia de indissociabilidade entre ensino e pesquisa, na formação de um profissional único, capaz de compreender como se constrói o conhecimento na área e também capaz de ensinar os conteúdos que aprendeu. Contudo, as duas faces dessa mesma moeda não nos pareceram equilibradas, pois estariam, de certa forma, silenciando as questões próprias do ensino ou atribuindo o tratamento dessas questões a determinadas disciplinas dentro dos cursos. Mas essas questões deveriam estar relacionadas mesmo a todas as disciplinas dos cursos de história? O fato de estarem sendo trabalhadas, por exemplo, pelas disciplinas de laboratório de ensino ou nas disciplinas didático-pedagógicas já seria suficiente?

As respostas a essas questões não são nada fáceis. Pensar sobre elas nos exige um olhar sobre como os professores de história da educação básica percebem suas dificuldades no trabalho cotidiano e em que medida esses desafios estariam relacionados à etapa inicial de formação. Para isso, é importante dialogar com as pesquisas sobre como os professores egressos dos cursos compreendem as dificuldades do início de suas docências e sobre as relações entre a escola e o processo de formação. Ainda hoje, muitos estudos apontam para a reivindicação dos professores na direção de uma aproximação maior entre a universidade e a escola, indicando que existiria uma grande diferença entre o que aprenderam e o que vão ter de ensinar, não conseguindo, muitas vezes, ver uma relação entre a história acadêmica e a história escolar. Mudanças curriculares e projetos implementados nos últimos anos fizeram avançar e melhorar as relações entre escola e universidade, com, por exemplo, a atuação de professores nos projetos relacionados à iniciação à docência profissional. Contudo, persistiriam ainda incômodos em relação ao início da docência, relativos a um distanciamento que a formação teria das questões da escola.

O que fica claro é que as questões do ensino, na maior parte dos cursos, não estariam pautando os debates das instâncias colegiadas da mesma forma, ou com o mesmo peso, que as questões da pesquisa. Em nosso entendimento, o que vem ocorrendo, mesmo com as mudanças propostas pelas diretrizes, é ainda um olhar setorizado sobre essas questões, como se as determinações fossem responsáveis por criar novas setorizações, agora presentes no interior do curso de história. A persistência dos incômodos e estranhamentos reforça a necessidade de novos olhares sobre a importância da formação para o ensino.

Pensar sobre as questões do ensino não significa reduzi-lo a uma relação simples ou de oposição entre teoria e prática. É importante ressignificarmos a perspectiva teórico-prática das questões do ensino e pensarmos em termos de construção de novas e importantes epistemologias que estarão sempre em relação com a prática, sem que se resumam a ela. Nesse sentido, por tratarmos de cursos que têm o objetivo de formar professores, entendemos ser necessário que as questões do ensino de história estejam presentes em todos os momentos do percurso de formação, ou melhor, que esta seja uma tarefa de todos os professores. Não nos referimos apenas ao atendimento programático ou metodológico no interior das disciplinas, mas no sentido da constituição de um novo tom, caráter ou *ethos* de formação. Ver as questões de ensino como uma "terra estrangeira", nesse sentido, não contribuiria para nos percebermos todos como sujeitos envolvidos no processo coletivo de formação de professores, que é, ao mesmo tempo, de um e de todos.

O que estaria envolvendo os processos de mudança curricular nos cursos de história seria algo além da reconfiguração de disciplinas e carga horária. O que está em jogo é uma mudança de paradigma que passaria necessariamente por uma refundação do *ethos* de formação. Falar de uma refundação não significa abandonar a perspectiva da indissociabilidade entre ensino e pesquisa, cara aos debates dos historiadores em torno da formulação das DCNH, ou pensar em formações separadas de licenciatura e bacharelado. O importante é realizar um esforço de ressignificação, trazendo o ensino também para o centro do processo. Nessa perspectiva, as questões de ensino e as de pesquisa dividiriam a posição de sujeitos, num binômio equilibrado e indissociável. O *ethos* de formação pautado na indissociabilidade ganharia, assim, novos contornos e significados.

As novas exigências da legislação apontam para a construção de projetos que estariam articulando diferentes lugares de formação e também diferentes sujeitos, incluídos os professores da educação básica, professores das faculdades e/ou departamentos de educação e também professores dos cursos específicos. Algumas iniciativas importantes já vêm ocorrendo nesta direção. Essa conquista, em nosso entendimento, vai exigir um diálogo cada vez maior entre os sujeitos e uma reflexão cada vez mais articulada sobre os paradigmas formativos e a necessidade de construção de um novo *ethos* de formação.

Tal esforço estaria exigindo uma aproximação maior dos historiadores com o campo de pesquisas sobre o ensino de história. A aproximação de campos parece ser sempre uma tarefa difícil, mas ela já ocorreu antes na história. Analisar essas questões por este ponto de vista nos fez lembrar de mudanças paradigmáticas ocorridas aqui no Brasil nos anos 1980 e 1990, nas pesquisas históricas e no próprio ofício do historiador, com a influência do movimento conhecido como "nova história". Este nome dava título à coleção de ensaios editada por Jacques Le Goff que tratava de uma renovação da dita história tradicional, propondo "novos problemas, novas abordagens e novos objetos" (Burke, 1992:3). Esse movimento estava associado à chamada *École des Annales*, que agrupou vários estudiosos em torno da revista *Annales: Économies, Sociétés, Civilisations*. Esses pesquisadores, desde a década de 1920, já propunham novas abordagens, novas fontes e novos paradigmas para a pesquisa historiográfica. Tais mudanças aproximaram os historiadores de novas problemáticas, como a vida cotidiana e a inclusão de novos sujeitos com "uma história vista de baixo" (Burke, 1992:3). Também exigiram que os historiadores visitassem outros campos do conhecimento, como a antropologia, e começassem a trabalhar com documentos pouco tradicionais nas pesquisas, como a iconografia, a história oral e tantos outros.

Ao convocarmos essas memórias, estamos estabelecendo uma relação entre passado, presente e futuro. Hoje, quando pensamos no ofício do historiador, percebemos que a construção do conhecimento histórico a partir desses métodos e abordagens se encontra consolidada. Por outro lado, a aproximação com as questões do ensino de história estaria trazendo novos e importantes desafios para os cursos de história.

Fontes

Entrevistas

ALMEIDA, Juliana Beatriz. Entrevista concedida a Renata Augusta dos Santos Silva em 13 de abril de 2018 – 43:14 minutos gravados.

BUSTAMANTE, Regina Maria da Cunha. Entrevista concedida a Renata Augusta dos Santos Silva em 17 de abril de 2018 – 1:25:46 minutos gravados.

CORREA, Maria Letícia. Entrevista concedida a Renata Augusta dos Santos Silva em 4 de julho de 2018 – 27:11 minutos gravados.

CORTES, Norma. Entrevista concedida a Renata Augusta dos Santos Silva em 6 de março de 2018 – 59:32 minutos gravados.

FERREIRA, Marieta de Moraes. Entrevista concedida a Renata Augusta dos Santos Silva em 16 de abril de 2018 – 1:18:46 minutos gravados.

FRAGOSO, João Luiz Ribeiro. Entrevista concedida a Renata Augusta dos Santos Silva em 18 de junho de 2018 – 1:00:08 minutos gravados.

GONÇALVES, Margareth Almeida. Entrevista concedida a Renata Augusta dos Santos Silva em 29 de julho de 2016 – 1:23:44 minutos gravados.

MARZANO, Andrea Barbosa. Entrevista concedida a Renata Augusta dos Santos Silva em 17 de abril de 2018 – 43:13 minutos gravados.

MONTEIRO, Ana Maria Ferreira da Costa. Entrevista concedida a Renata Augusta dos Santos Silva em 2 de março de 2018 – 2:06:36 minutos gravados.

MUAZE, Mariana de Aguiar Ferreira. Entrevista concedida a Renata Augusta dos Santos Silva em 20 de abril de 2018 – 1:10:41 minutos gravados.

ROCHA, Helenice Aparecida Bastos. Entrevista concedida a Renata Augusta dos Santos Silva em 5 de fevereiro de 2018 – 55:44 minutos gravados.

RODRIGUES, Claudia. Entrevista concedida a Renata Augusta dos Santos Silva em 9 de maio de 2018 – 43:33 minutos gravados.

ROSA, Claudia Beltrão. Entrevista concedida a Renata Augusta dos Santos Silva em 11 de dezembro de 2015 – 58:23 minutos gravados.

SALLES, Ricardo. Entrevista concedida a Renata Augusta dos Santos Silva em 9 de abril de 2018 – 56:48 minutos gravados.

TAVARES, Célia Cristiana da Silva. Entrevista concedida a Renata Augusta dos Santos Silva em 15 de maio de 2018 – 37:57 minutos gravados.

Documentos do governo federal, das universidades e da Anpuh

ANPUH (Associação Nacional de História). Texto sobre a posição da Anpuh, 28 dez. 2001. *Diretrizes curriculares/formação de professores*. Informativo eletrônico. Disponível em: <www.anpuhpr.uepg.br>. Acesso em: 5 abr. 2018.

ATA da 15ª reunião do colegiado da Escola de História do Centro de Ciências Humanas e Sociais da Universidade Federal do Estado do Rio de Janeiro, ocorrida aos cinco dias do mês de maio de 2006.

BRASIL. *Base Nacional Comum Curricular*. Terceira Versão. Ensino Fundamental. Brasília: MEC/SEB, 2018.

_____. MEC. Texto elaborado pela Comissão de Especialistas do MEC, composta por: Ciro Flamarion Cardoso (UFF), Elizabeth Cancelli (USP) e Luíza Margareth Rago (Unicamp), membros da Anpuh. Texto modificado pelo Fórum Nacional de Coordenadores de Pós-Graduação em História, em 27 de novembro de 1998. Disponível em: <www.pr.anpuh.org/arquivo/download?ID_ARQUIVO=4394>. Acesso em: 27 jan. 2019.

_____. MEC/SESu. *Diagnóstico e avaliação dos cursos de história no Brasil*. Documento Final. Brasília,1986.

_____. Parecer CNE nº 776/1997, aprovado em 3 de dezembro de 1997.

_____. Parecer CNE nº 583/2001, aprovado em 4 de abril de 2001.

_____. Parecer CNE/CES nº 492/2001, aprovado em 3 de abril de 2001.

_____. Parecer CNE/CP nº 09/2001, aprovado em 8 de maio de 2001.

_____. Parecer CNE/CP nº 28/2001, aprovado em 2 de outubro de 2001.

_____. Resolução CNE/CES nº 02/2002, de 19 de fevereiro de 2002.

_____. Resolução CNE/CES nº 13/2002, de 13 de março de 2002.

_____. Resolução CNE/CP nº 1/2002, de 18 de fevereiro de 2002.

_____. Secretaria de Educação Fundamental. *Parâmetros Curriculares Nacionais*: terceiro e quarto ciclos do ensino fundamental – introdução aos parâmetros curriculares nacionais. Brasília: MEC/SEF, 1998.

UERJ/FFP. Projeto Político-Pedagógico do Curso de Licenciatura em História. São Gonçalo, RJ: Uerj/DCH, 2013.

UFF. Instituto de Ciências Humanas e Filosofia. Área de História. Curso de Graduação em História. *Diretrizes curriculares*. Disponível em: <www.historia.uff.br/grad/files/2010_uff-gghDiretrizesCurriculares.pdf>. Acesso em: 8 mar. 2016.

UFRJ. Documento do Instituto de História da Universidade Federal do Rio de Janeiro (UFRJ). Disponível em: <www.historia.ufrj.br/pdfs/Manual2012.1.pdf>. Acesso em: 8 mar. 2016.

UNIRIO. Projeto Pedagógico do Curso de História. Escola de História. Rio de Janeiro, 2009.

_____. Currículo do Curso de História da Unirio [S.d.].

Referências

BALL, S. J. Diretrizes políticas globais e relações políticas locais em educação. *Currículo sem Fronteiras*, v. 1, n. 2, 2001.

_____; BOWE, R. Subject departments and the "implementation" of National Curriculum Policy: an overview of the issues. *Journal of Curriculum Studies*, v. 24, n. 2, p. 97-115, 1992.

BEZERRA, Ciro; SILVA, Sandra Regina Paz da. Mercadorização e precarização do trabalho docente: contradições entre prática pedagógica e trabalho pedagógico. In: SEMINÁRIO DA REGULAÇÃO EDUCACIONAL E TRABALHO DOCENTE, VI., 2006, Rio de Janeiro. *Anais*... Rio de Janeiro: Redestrado, 2006.

BITTENCOURT, Circe Maria Fernandes. *Ensino de história*: fundamentos e métodos. São Paulo: Cortez, 2004.

BURKE, Peter. *A escrita da história*: novas perspectivas. São Paulo: Ed. Unesp, 1992.

BUSTAMANTE, Regina Maria da Cunha. Reflexões sobre o profissional de história: legislação e currículo da UFRJ. In: ENCONTRO REGIONAL DE HISTÓRIA, X., 2002, Rio de Janeiro. *Anais*... Rio de Janeiro: Associação Nacional de História – Núcleo Rio de Janeiro, GT de Ensino de História, 2002. Mimeo. Disponível em: <www.principo.org/reflexes-sobre-o-profissional-de-histria-legislaco-e-currculo-v2.html>. Acesso em: 5 abr. 2018.

CAIMI, Flávia Eloisa. Por que os alunos (não) aprendem história? Reflexões sobre ensino, aprendizagem e formação de professores de história. *Tempo*, v. 11, n. 21, 2006.

______. A aprendizagem profissional do professor de história: desafios da formação inicial. *Fronteiras*, v. 11, n. 20, 2009.

CAMPOS, S.; PESSOA, V. Discutindo a formação de professores e de professoras com Donald Schön. In: GERALDI, Corinta Maria Grisolia; FIORENTINI, Dario; PEREIRA, Elisabete Monteiro de A. (Org.). *Cartografias do trabalho docente*: professor(a)-pesquisador(a). São Paulo: Mercado de Letras, 1998.

CANDAU, Vera (Coord.). *Novos rumos da licenciatura*. Brasília: Inep/PUC-Rio, 1987. Pesquisa.

CHARTIER, Roger. *A história cultural*: entre práticas e representações. Lisboa: Difel, 1991.

COSTA, Aryana Lima. As prescrições para a formação de historiadores no Brasil. In: SIMPÓSIO NACIONAL DE HISTÓRIA, XXV., 2009, Fortaleza. *Anais*... Fortaleza: Anpuh, 2009. Mimeo.

CUNHA, Maria Isabel. Ensino como mediação da formação do professor universitário. In: ______. *Currículos de história pesquisados*. 2001. Disponível em: <http://historiadauff.wordpress.com/curriculo-minimo-de-historia-seeduc-rj/>; <www.historia.ufrj.br/graduacao.php>; <http://historiaunirio.com.br/>. Acesso em: maio 2018.

DUBY, Georges. En la historia de la Historia. In: ______. *Diálogo sobre la historia*: conversaciones con Guy Lardreau. Madri: Alianza, 1988.

FAVARO, Altari Alberto; TONIETO, Catarina; ROMAN, Marisa Fátima. A formação de professores reflexivos: a docência como objeto de investigação. *Educação*, v. 38, n. 2, p. 281, 2013.

FÁVERO, Maria de Lourdes de Albuquerque. A universidade no Brasil: das origens à reforma universitária de 1968. *Educar*, n. 28, 2006.

FERREIRA, Marieta de Moraes. Notas sobre a institucionalização dos cursos universitários de história no Rio de Janeiro. In: GUI-

MARÃES, Manoel Luiz Salgado (Org.). *Estudos sobre a escrita da história*. Rio de Janeiro: 7 Letras, 2006.

_____. *A história como ofício*: a constituição de um campo disciplinar. Rio de Janeiro: FGV Ed., 2013.

_____. O ensino da história, a formação de professores e a pós-graduação. *Anos 90*, v. 23, n. 44, p. 21-49, 2016.

FONSECA, Selva Guimarães. *Caminhos da história ensinada*. Campinas: Papirus, 1993.

_____. A formação do professor de história no Brasil. In: ENCONTRO "PERSPECTIVAS DO ENSINO DE HISTÓRIA", II., 1996, São Paulo. *Anais*... São Paulo: Feusp, 1996. p. 101-109.

_____. A formação do professor de história no Brasil: novas diretrizes, velhos problemas. In: REUNIÃO ANPED, 24., 2001, Caxambu. *Anais*.... Rio de Janeiro: Anped, 2001. Disponível em: <http://24reuniao.anped.org.br/tp.htm>. Acesso em: 12 maio 2013.

GEERTZ, Clifford. A religião como sistema cultural. In: _____. *A interpretação das culturas*. Rio de Janeiro: LTC, 2008.

GOMES, Angela de Castro. A escola republicana: entre luzes e sombras. In: _____; PANDOLFI, Dulce Chaves; ALBERTI, Verena (Org.). *A República no Brasil*. Rio de Janeiro: Nova Fronteira, 2002.

GÓMEZ, A. Pérez. O pensamento prático do professor: a formação do professor como profissional reflexivo. In: NÓVOA, António (Org.). *Os professores e sua formação*. Lisboa: Dom Quixote, 1995.

GOODSON, Ivor. *Currículo*: teoria e história. Petrópolis: Vozes, 1995.

_____. *A construção social do currículo*. Lisboa: Educa, 1997.

GUIMARÃES, Manoel Luiz Salgado. Escrita da história e ensino da história: tensões e paradoxos. In: ROCHA, Helenice; MAGALHÃES, Marcelo; GONTIJO, Rebeca (Org.). *A escrita da história escolar*: memória e historiografia. Rio de Janeiro: FGV Ed., 2009.

MACEDO, Elizabeth. Formação de professores e Diretrizes Curriculares Nacionais: para onde caminha a educação? *Teias*, v. 1, n. 2, 2000.

MAGALHÃES, Marcelo de Souza. Apontamentos para pensar o ensino de história hoje: reformas curriculares, ensino médio e formação do professor. *Tempo*, v. 11, n. 21, 2006.

MAINARDES, Jefferson. Abordagem do ciclo de políticas: uma contribuição para a análise de políticas educacionais. *Educação e Sociedade*, v. 27, n. 94, 2006.

MATTOS, Ilmar Rohloff. "Mas não somente assim!" Leitores, autores, aulas como texto e o ensino-aprendizagem de História. *Tempo*, v. 11, n. 21, 2006.

MENDONÇA, Ana Waleska. *Anísio Teixeira e a Universidade de Educação*. Rio de Janeiro: Eduerj, 2002.

MONTEIRO, Ana Maria. *Professores de história*: entre saberes e práticas. Rio de Janeiro: Mauad X, 2007.

_____. *Ensino de história*: entre história e memória. [S.l.: s.n.], 2009. Disponível em: <www.ufrrj.br/graduacao/prodocencia/publicacoes/pesquisa-pratica-educacional/artigos/artigo1.pdf>. Acesso em: 12 maio 2013.

_____. Formação de professores: entre demandas e projetos. *História Hoje*, v. 2, n. 3, p. 19-42, 2013.

NASCIMENTO, Thiago Rodrigues. História da educação, licenciatura em estudos socais e as "escalas de observação" do historiador. In: SIMPÓSIO NACIONAL DE HISTÓRIA, XXVI., 2011, São Paulo. *Anais...* São Paulo: Anpuh, 2011. Disponível em: <www.snh2011.anpuh.org/resources/anais/14/1300395183_ARQUIVO_HistoriadaEducacao,LicenciaturaemEstudosSociaiseasescalasdeobservacaodohistoriador.pdf>. Acesso em: 7 jan. 2019.

_____. A formação do professor de história no Brasil: percurso histórico e periodização. *História Hoje*, v. 2, n. 4, p. 286-287, 2013.

NEVES, Joana. A graduação em história: etapa do ensino de história voltada para a formação do professor/pesquisador. In.: ARIAS NETO, José Miguel (Org.). *Dez anos de pesquisa em ensino de história*. Londrina: Atrito Art, 2005.

NICODEMOS, Thiago Lima; SANTOS, Pedro Afonso C; PEREIRA, Mateus Henrique de Faria. *Uma introdução à história da historiografia brasileira*. Rio de Janeiro: FGV Ed., 2018.

NÓVOA, António S. (Org.). *Os professores e sua formação*. Lisboa: Dom Quixote, 1992.

_____. (Org.). *Profissão professor*. 2. ed. Porto: Porto Ed., 1995.

_____. *Formação de professores e trabalho pedagógico*. Lisboa: Educa, 2002.

_____. Os professores e o "novo" espaço público de educação. In: TARDIF, Maurice; LASSARD, Claude (Org.). *O ofício de professor*: história, perspectivas e desafios internacionais. Petrópolis: Vozes, 2008.

_____. Para uma formação de professores construída dentro da profissão. *Revista de Educación*, n. 350, 2009.

_____. Entrevista. *Jornal de Letras*, 30 abr./13 maio 2014. Disponível em: <http://aulp.org/Apostar_na_educacao_para_reinventar_Portugal___Entrevista_a_Antonio_Novoa>. Acesso em: 26 nov. 2018.

_____. O lugar da licenciatura. *Ensino Superior*, 8 nov. 2016.

OLIVEIRA, Margarida Maria Dias de. Anpuh: contribuições e limites nas definições sobre o ensino de história. *História & Ensino*, Londrina, v. 9, out. 2003.

PACIEVITCH, Caroline. Formação de professores de história no Brasil: um panorama de pesquisas. In: GIL, Carmem Zeli de Vargas; MASSONE, Marisa Raquel (Org.). *Múltiplas vozes na formação de professores de história*: experiências Brasil-Argentina. Porto Alegre: Est Edições, 2018.

PIMENTA, Selma Garrido. Professor reflexivo: construindo uma crítica. In: _____; GHEDIN, E. (Org.). *Professor reflexivo no Brasil*: gênese e crítica de um conceito. 3. ed. São Paulo: Cortez, 2005.

_____; GHEDIN, E. (Org.). *Professor reflexivo no Brasil*: gênese e crítica de um conceito. 3. ed. São Paulo: Cortez, 2005.

POPKEWITZ, T. S. Profissionalização e formação de professores: algumas notas sobre a sua história, ideologia e potencial. In: NÓVOA, António (Org.). *Os professores e sua formação*. Lisboa: Dom Quixote, 1995.

REZNIK, Luís. *Tecendo o amanhã*: a história do Brasil no ensino secundário: programas e livros didáticos. 1931 a 1945. Dissertação (mestrado em história) – Programa de Pós-graduação em História, UFF, Niterói, 1992.

_____. História da historiografia: a era Vargas nos livros didáticos. In: ROCHA, Helenice; MAGALHÃES, Marcelo; GONTIJO, Rebeca (Org.). *A escrita da história escolar*: memória e historiografia. Rio de Janeiro: FGV Ed., 2009.

RIBEIRO, Célia. *A aula magistral ou simplesmente a aula expositiva*. Universidade Católica Portuguesa, Departamento de Letras. [S.d.]. Disponível em: <http://hdl.handle.net/10316.2/23557>. Acesso em: 27 dez. 2018.

RIBEIRO, Lucas Mello Carvalho; LUCERO, Ariana; GONTIJO, Eduardo Dias. O *ethos* homérico, a cultura da vergonha e a cultura da culpa. *Psyche*, v. 12, n. 22, 2008.

RICCI, Claudia Sapag. Historiador e/ou professor de história: a formação nos cursos de graduação de história. *História Hoje*, v. 4, n. 7, 2015.

ROLDÃO, Maria do Céu. Profissionalidade docente em análise – especificidades dos ensinos superior e não superior. *Nuances*: estudos sobre educação, v. 12, n. 13, 2005.

______. Função docente: natureza e construção do conhecimento profissional. *Revista Brasileira de Educação*, v. 12, n. 34, 2007.

SCHÖN, Donald. Formar professores como profissionais reflexivos. In: NÓVOA, António (Org.). *Os professores e sua formação*. Lisboa: Dom Quixote, 1995.

______. *Educando o profissional reflexivo*: um novo design para o ensino e a aprendizagem. Porto Alegre: Artmed, 2000.

SHULMAN, Lee. Conocimiento y enseñanza: fundamentos de la nueva reforma. *Profesorado*: revista de currículum y formación del profesorado, v. 9, n. 2, 2005.

SILVA, Cristiani Bereta; ROSSATO, Luciana. A didática da história e o desafio de ensinar e aprender na formação docente inicial. *História Hoje*, v. 2, n. 3, 2013.

SOUZA, Alana; SOARES, Sandro. A religião como sistema cultural: Clifford Geertz. *Antropologia da Religião*, UFPE, 7 abr. 2012. Disponível em: <https://antropologiadareligiaoufpe.wordpress.com/2012/04/07/162/>. Acesso em: maio 2016.

TARDIF, Maurice. Saberes profissionais dos professores e conhecimentos universitários: elementos para uma epistemologia da prática profissional dos professores e suas consequências em relação à formação para o magistério. *Revista Brasileira de Educação*, n. 13, jan./abr. 2000.

______. *Saberes docentes e formação profissional*. 2. ed. Petrópolis: Vozes, 2002.

ZABALA, Antoni. *A prática educativa*: como ensinar. Porto Alegre: Artes Médicas, 1998.

______. *O ensino universitário*: seu cenário e seus protagonistas. Porto Alegre: Artes Médicas, 2004.

ZEICHNER, Ken. Repensando as conexões entre a formação na universidade e as experiências de campo na formação de professores em faculdades e universidades. *Educação*, v. 35, n. 3, 2010.

Siglas

Anpuh	Associação Nacional de História
BNCC	Base Nacional Comum Curricular
DCNs	Diretrizes Curriculares Nacionais
DCNFP	Diretrizes Curriculares Nacionais para Formação de Professores
DCNH	Diretrizes Curriculares Nacionais dos Cursos de História
Enpeh	Encontro Nacional de Pesquisadores do Ensino de História
FNFi	Faculdade Nacional de Filosofia
IFCS	Instituto de Filosofia e Ciências Sociais
IH	Instituto de História
LDB	Lei de Diretrizes e Bases da Educação Nacional (nº 9.304/1996)
Lepeh	Laboratório de Pesquisa e Ensino de História
MEC	Ministério da Educação
PCN	Parâmetros Curriculares Nacionais
Pibid	Programa Institucional de Bolsas de Iniciação à Docência
PNE	Plano Nacional de Educação
SESu	Secretaria de Educação Superior
UB	Universidade do Brasil
UDF	Universidade do Distrito Federal

Uerj	Universidade do Estado do Rio de Janeiro
Uerj/FFP	Universidade do Estado do Rio de Janeiro/Faculdade de Formação de Professores
UFF	Universidade Federal Fluminense
UFRJ	Universidade Federal do Rio de Janeiro
UFRRJ	Universidade Federal Rural do Rio de Janeiro
Unirio	Universidade Federal do Estado do Rio de Janeiro

Anexo. Roteiro de entrevista com professores das disciplinas específicas

Roteiro de entrevista com professores das disciplinas específicas	
Nome	
Instituição	
Data	
Cessão de direitos	
Formação e área de pesquisa	
Disciplina oferecida na graduação	
Período	
Perguntas gerais	
1. Quais os objetivos da disciplina?	
2. Como você planeja o seu curso? (leituras, tipo de aula etc.)	
3. Grande parte dos alunos vai fazer a complementação da licenciatura. Como esta questão impacta na construção do curso? Como é organizado epistemologicamente/metodologicamente um curso levando em consideração o fato de que os alunos são futuros professores de história da educação básica e futuros bacharéis?	
4. Dentro do seu curso existe uma preocupação com o ensino? Você trabalha com alguma estratégia mais voltada para o ensino? ( ) sim ( ) não ( ) às vezes. Caso a resposta seja SIM, como foi a experiência?	
5. Como você avalia a importância das disciplinas específicas (história do Brasil, moderna etc.) na formação do professor de história? Essas disciplinas também formam professores? ( ) sim ( ) não ( ) também. Em que medida?	
6. O que você entende por ensino de história ?	
7. Como se forma um professor de história? (Ou: a quem caber formar um professor de história?)	
8. O que é para você a ideia de indissociabilidade ensino/pesquisa? (Só se o professor usá-la como argumento.)	

Este livro foi impresso nas oficinas gráficas da Editora Vozes Ltda.,
Rua Frei Luís, 100 – Petrópolis, RJ.